GREEN STYLE

UN STYLE EN VERT | GRÜNER STIL | GROENE STIJL

Godefriduskaai 22
2000 Antwerp
Belgium
Tel.: +32 3 226 66 73
Fax: + 32 3 226 53 65
www.booqs.be
info@booqs.be

ISBN: 978-94-60650-09-3
WD: D/2009/11978/010
(Q010)

Editorial coordinator: Simone K. Schleifer
Editorial coordinator assistant:
Aitana Lleonart
Editor & texts: Marta Serrats
Art direction: Mireia Casanovas Soley
Design and layout coordination:
Claudia Martínez Alonso
Layout: Cristina Simó
Translation: Cillero & De Motta

Editorial project:

LOFT publications
Via Laietana, 32, 4.º, of. 92
08003 Barcelona, Spain
Tel.: +34 932 688 088
Fax: +34 932 687 073
loft@loftpublications.com
www.loftpublications.com

Printed in China

GREEN STYLE

UN STYLE EN VERT | GRÜNER STIL | GROENE STIJL

booQs

Green Style is a book that brings together the work of designers, architects and companies who all orientate their efforts towards sustainable development.

Until recent decades, nature was seen to be an inexhaustible source of fossil fuels. This notion is what William McDonough and Michael Braungart —authors of the book *Cradle to Cradle: Remaking the Way We Make Things* (North Point Press, 2003)— call the 'cradle to grave' effect. In contrast, the 'cradle to cradle' system proposed by these authors, already being applied in industrial processes, and architecture and design, advocates the exploitation of waste as a raw material in itself, avoiding the use of polluting energies. An example of a cradle to cradle manufacturing system might be sneakers that are designed to be subsequently turned into new shoes or transformed into fertiliser for our gardens.

Green Style covers the six sectors where we must place greater emphasis on increasing our ecological footprint: architecture and design; science and technology; automobiles and transport; fashion and beauty; travel and nature; food and health.

Environmentally favorable actions —such as planting trees— can be taken to offset the impact of emissions generated by these sectors and neutralize this damaging effect. Today, many companies and governments are involved in what is called 'green trade'. And for just 20 dollars, environmentalist organizations will plant trees for those wishing to compensate for emitting greenhouse gases.

The terms 'eco' and 'ecological' today crop up repeatedly in our vocabulary. And although in some languages the word 'sustainability' continues to be highlighted as an error in Microsoft Word (or does not appear in its dictionary, as is the case for Spanish), it is essential that there should be a positive awareness of the need for change. Only in this way will it be possible to meet the needs of today without compromising those of future generations. This is the definition of 'sustainable development' or 'sustainability', just as it appeared for the first time in the Brundtland Report of the United Nations in 1986.

Green Style rassemble des designers, des architectes et des entreprises qui influencent le développement durable par leur travail.

Jusqu'à présent, la nature était perçue comme une source inépuisable de « ressources fossiles » ; c'est ce que William McDonough et Michael Braungart, auteurs du livre *Cradle to Cradle: Remaking the Way We Make Things* (North Point Press, 2003), appellent *cradle to grave* (du berceau à la tombe). À l'inverse, le système *cradle to cradle* (du berceau au berceau), proposé par les auteurs, et déjà appliqué à l'architecture et au design ainsi qu'aux processus industriels, propose de tirer parti des déchets comme matière première et éviter l'utilisation d'énergies polluantes. Par exemple, des chaussures de sport devraient être conçues pour ensuite fertiliser notre jardin ou se transformer en chaussures neuves.

Green Style recouvre les six domaines qui exigent le plus de travail pour améliorer l'empreinte écologique : architecture et design, science et technologie, voitures et transport, mode et beauté, voyages et nature, alimentation et santé.

Pour compenser les émissions que génèrent ces secteurs, il existe des actions bénéfiques pour l'environnement, qui neutralisent l'agression, comme la plantation d'arbres. De nombreuses entreprises et des gouvernements sont impliqués dans le « commerce vert ». Pour 20 dollars, des organisations environnementales plantent des arbres pour ceux qui souhaitent compenser les émissions de gaz à effet de serre.

Ce qui est certain c'est qu'aujourd'hui « écolo » et « écologique » sont des termes récurrents et même si dans certaines langues, le mot « durabilité » apparaît encore comme une faute sous Microsoft Word (ou n'apparaît pas dans le dictionnaire, comme c'est le cas en espagnol), il est important qu'une conscience positive du changement se fasse jour. Ce n'est qu'à ce prix que l'on parviendra à répondre aux besoins du présent sans compromettre les générations futures, et c'est précisément ce qui caractérise le concept de « développement durable » ou de « durabilité », tel qu'il est apparu pour la première fois dans le Rapport Brundtland de l'Organisation des Nations Unies, en 1986.

Bei *Green Style* treffen Designer, Architekten und Unternehmen zusammen, die bei ihrer Arbeit die nachhaltige Entwicklung im Blick behalten.

Bisher war die Natur als unerschöpfliche Quelle «fossiler Ressourcen» aufgefasst worden, was von William McDonough und Michael Braungart, den Autoren des Buchs *Cradle to Cradle: Remaking the Way We Make Things* (North Point Press, 2003), *cradle to grave* (von der Wiege zum Grab) genannt wird. Im Gegensatz dazu schlägt das System *cradle to cradle* (von der Wiege zur Wiege) der gleichen Autoren, angewandt auf Architektur und Design sowie auf industrielle Verfahren, vor, Abfälle als Rohstoffe zu nutzen und die Verwendung umweltbelastender Energien zu vermeiden. So sollten zum Beispiel ein Paar Sportschuhe so gestaltet sein, dass sie später unseren Garten düngen oder in neue Schuhe verwandelt werden können.

Green Style beschäftigt sich mit den sechs Bereichen, in denen am meisten zu tun ist, um den ökologischen Fußabdruck zu verstärken: Architektur und Design, Wissenschaft und Technologie, Autos und Transport, Mode und Schönheit, Reisen und Natur, Ernährung und Gesundheit.

Um die von diesen Sektoren erzeugten Emissionen auszugleichen, werden Maßnahmen getroffen, die der Umwelt zugute kommen und die Aggression neutralisieren wie etwa das Anpflanzen von Bäumen. Zahlreiche Unternehmen und Regierungen beteiligen sich am «grünen Handel». Für 20 Dollar pflanzen Umweltschutzgruppen Bäume für diejenigen, die die Emission von Treibhausgasen kompensieren möchten.

Jedenfalls steht fest, dass «Öko» und «ökologisch» gegenwärtig sehr häufig gebrauchte Begriffe sind, und auch wenn Microsoft Word in einigen Sprachen das Wort «Nachhaltigkeit» als Fehler markiert (oder es nicht im Wörterbuch erscheint wie im Fall von Spanisch), so ist es doch wichtig, dass ein positives Bewusstsein des Wandels besteht. Nur so wird es uns gelingen, den Bedarf der Gegenwart zu decken, ohne die künftigen Generationen in Mitleidenschaft zu ziehen, genau das, was der Begriff «nachhaltige Entwicklung» oder «Nachhaltigkeit» aussagt, wie er zum ersten Mal im Brundtland-Bericht der Vereinten Nationen 1986 verwendet wurde.

Green Style brengt ontwerpers, architecten en bedrijven bij elkaar die met hun werk de aandacht vestigen op duurzame ontwikkeling.

Tot nu toe werd de natuur gezien als een onuitputtelijke bron van «fossiele reserves»; hetgeen door William McDonough en Michael Braungart, auteurs van het boek *Cradle to Cradle: Remaking the Way We Make Things* (North Point Press, 2003), *cradle to grave* (van wieg tot graf) wordt genoemd. Het *cradle to cradle* (wieg tot wieg)-systeem, dat door dezelfde auteurs wordt voorgesteld en dat al wordt toegepast in architectuur en design, alsmede in industriële processen, stelt daarentegen voor om afval te benutten als grondstof en om het gebruik van vervuilende energie te verminderen. Zo zouden bijvoorbeeld sportschoenen moeten worden ontworpen waarmee later onze moestuin kan worden bemest of die worden omgevormd tot nieuwe schoenen.

Green Style houdt zich bezig met de zes sectoren waarin het meest moet worden gewerkt om de ecologische voetafdruk te vergroten: architectuur en design, wetenschap en technologie, voertuigen en vervoer, mode en schoonheid, reizen en natuur, voeding en gezondheid.

Om de emissies die deze sectoren genereren te compenseren kunnen er milieuvriendelijke maatregelen worden getroffen, om de impact te neutraliseren, zoals het planten van bomen. Er zijn talrijke bedrijven en regeringen die betrokken zijn bij de «groene handel». Voor 20 dollar planten milieu-instellingen bomen voor degenen die de emissie van broeikasgassen willen compenseren.

Het is duidelijk dat «eco» en «milieuvriendelijk» termen zijn die tegenwoordig erg vaak gebruikt worden. Hoewel in sommige talen het woord «duurzaamheid» nog steeds wordt aangemerkt als fout in Microsoft Word (of het staat niet in het woordenboek, zoals gebeurt met het Spaanse woord "sostenibilidad" bijvoorbeeld), is het belangrijk dat er een positief bewustzijn voor verandering bestaat. Alleen op die manier zullen we erin slagen om te voldoen aan de behoeftes van het heden, zonder die van toekomstige generaties uit het oog te verliezen. Dat is precies het concept «duurzame ontwikkeling» of «duurzaamheid», zoals dat voor het eerst werd genoemd in het Brundtland-rapport van de Verenigde Naties in 1986.

ARCHITECTURE & DESIGN

The future of sustainable architecture and design resides in designing cradle to cradle products with a 100% green life cycle, and in minimizing the environmental impact of architectural structures by using eco-construction techniques. The following selection of works demonstrates today's international outlook in this sector.

Créer des produits *cradle to cradle* (du berceau au berceau), avec un cycle de vie entièrement « vert », ou bien minimiser l'impact de l'architecture sur l'environnement par la bio construction, c'est l'avenir de l'architecture et du design durables. La sélection qui suit est un échantillon du programme international actuel dans ce domaine.

Produkte nach dem Prinzip *cradle to cradle* (von der Wiege zur Wiege) mit einem rundum «grünen» Lebenszyklus zu entwerfen und die Auswirkungen der Architektur auf die Umwelt mittels des biologischen Bauens möglichst gering zu halten: darin besteht die Zukunft nachhaltiger Architektur und Gestaltung. Die hier vorgestellten Beispiele stellen eine Auswahl aus dem aktuellen internationalen Panorama auf diesem Sektor dar.

Het ontwerpen van producten volgens het principe *cradle to cradle* (wieg tot wieg), met een geheel «groene» levenscyclus of het tot een minimum terugbrengen van de gevolgen van de architectuur voor de omgeving door bioconstructie, is de toekomst voor duurzame architectuur en duurzaam ontwerpen. De navolgende selectie is een voorbeeld van het huidige internationale perspectief in deze sector.

Harmonia//57

© Nelson Kon, Beto Consorte, Greg Bousquet

The vertical façade of this office block, located to the west of São Paulo, is composed of a layer of vegetation. The building collects and reuses rainwater for irrigation and this reaches the plants through a system of pipes that runs all the way round the building.

Die Außenhaut dieses Büro-Komplexes im Westen von Sao Paulo ist aus einer Vegetationsschicht zusammengesetzt. Sie fängt das Regenwasser auf und nutzt es zur Bewässerung. Das Wasser gelangt über ein Rohrsystem, das über das ganze Gebäude verläuft, zu den Pflanzen.

La paroi verticale de cet ensemble de bureaux, situé à l'ouest de São Paulo, est recouverte d'une couche de végétation. Elle capte et réutilise les eaux de pluies pour l'irrigation et arrose les plantes par le biais d'un réseau de tuyaux qui entoure le bâtiment.

Het verticale oppervlak van dit kantorencomplex, gelegen ten westen van São Paulo, bestaat uit een plantaardige laag. Het verzamelt en hergebruikt regenwater voor bevloeiing en bereikt de planten via een leidingstelsel dat langs de gehele omtrek van het gebouw loopt.

Triptyque
Sâo Paulo, Brasil – Paris, France
www.triptyque.com

Rainwater harvesting, microclimate improvement, CO_2 reduction, thermal insulation, habitat for animals and microorganisms / Collecte des eaux de pluie, amélioration du microclimat, réduction des émissions de CO_2, isolation thermique, habitat naturel d'animaux et de micro-organismes / Regenwassernutzung, Verbesserung des Mikroklimas, CO_2-Reduktion, Wärmeisolierung, Habitat für Tiere und Mikroorganismen / Opvang van regenwater, verbetering van het microklimaat, CO_2-reductie, warmteisolatie, habitat voor dieren en microorganismen

The façade has a piped irrigation system that reutilizes harvested rainwater.

La façade dispose d'un système d'irrigation qui réutilise les eaux de pluie collectées.

Die Fassade verfügt über ein Bewässerungssystem aus Rohren, die das aufgesammelte Regenwasser wiederverwenden.

De gevel beschikt over een irrigatiesysteem via leidingen die het verzamelde regenwater opnieuw gebruiken.

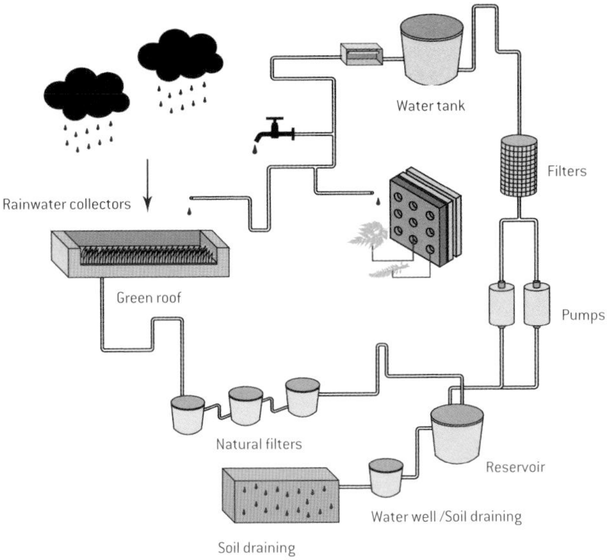
Water tank
Filters
Rainwater collectors
Green roof
Pumps
Natural filters
Reservoir
Water well /Soil draining
Soil draining

Diagram

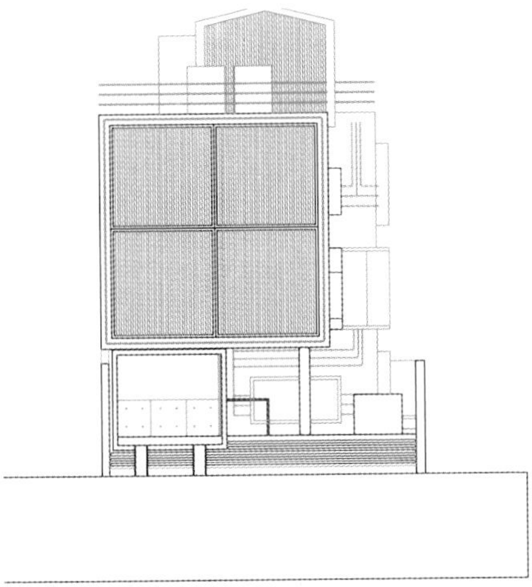
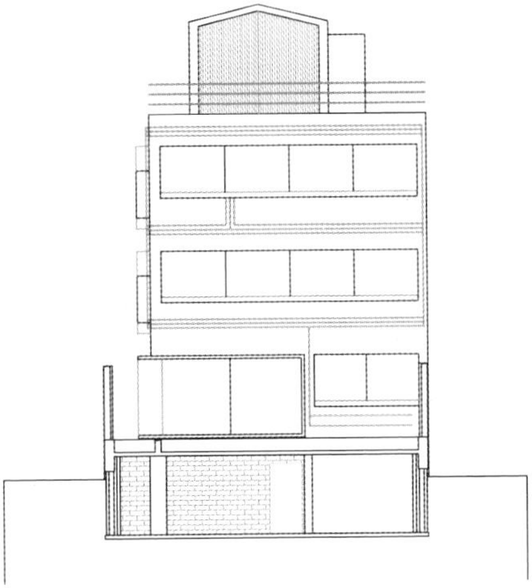

Elevation

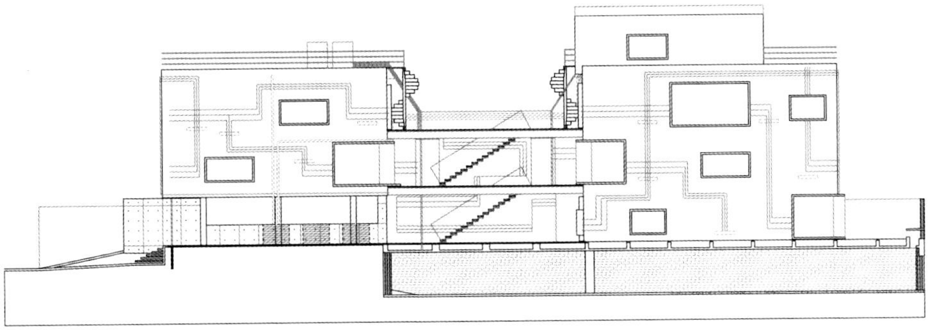

Section

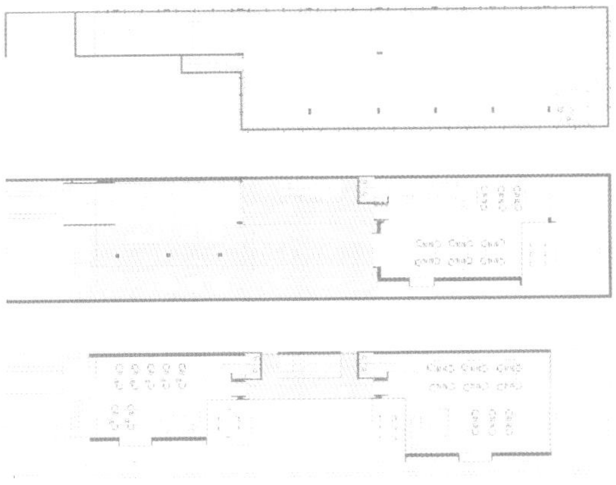

Stories

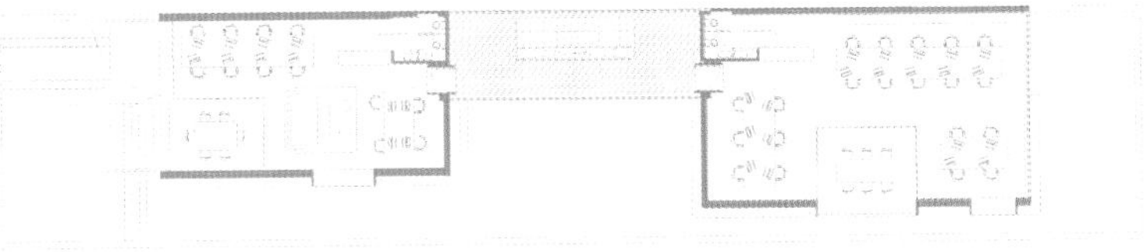

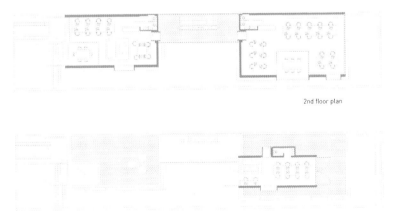

2nd floor plan

Stories

Eden Bio

© David Boureau

Eden Bio is a social housing project consisting of 100 apartments and studios, community centers and a small restaurant. The project incorporates vertical gardens formed by climbing plants of the wisteria family.

Eden Bio ist ein Projekt des sozialen Wohnungsbaus, das aus 100 Apartments und Studios, Gemeinschaftszentren und einem kleinen Restaurant besteht. In den Komplex sind vertikale Gärten aus Kletterpflanzen der Gattung *Wisteria* eingegliedert.

Eden Bio est un projet social qui regroupe 100 appartements et studios, des centres communautaires et un petit restaurant. L'ensemble comprend des jardins verticaux formés par des plantes grimpantes de type *glycine*.

Eden Bio is een sociaal woonproject bestaand uit 100 appartementen en studio's, gemeenschappelijke ruimten en een klein restaurant. Het woonblok bevat verticale tuinen gevormd door klimplanten van het soort *wisteria* (blauwe regen).

Edouard François
Paris, France
www.edouardfrancois.com

Air purification, biodiversity, low CO_2 emissions / Épuration de l'air, biodiversité, réduction des émissions de CO_2 / Luftreinigung, Biodiversität, CO_2-Reduktion / Luchtzuivering, biodiversiteit, CO_2-reductie

The wood latticework enclosing the group of houses becomes a fort densely populated by climbing plants.

Das Holzgitter, das den Wohnungsblock umgibt, wird zu einer dichtbewachsenen Festung aus Rankpflanzen.

Les cloisons en bois qui entourent l'ensemble des habitations se transforment en une fortification envahie par les plantes grimpantes.

Het houten latwerk om het woningencomplex heen zal veranderen in een met klimplanten volgegroeide schutting.

Each window has a sill to place plants and each apartment has a south-facing balcony.

Chaque fenêtre dispose d'un rebord pour placer des plantes et chaque appartement est équipé d'un balcon orienté vers le sud.

Zu jedem Fenster gehört eine Fensterbank für Blumen und jedes Appartement besitzt einen nach Süden gelegenen Balkon.

Elk raam beschikt over een vensterbank om er planten op te zetten en elk appartement heeft een balkon op het zuiden.

art sur

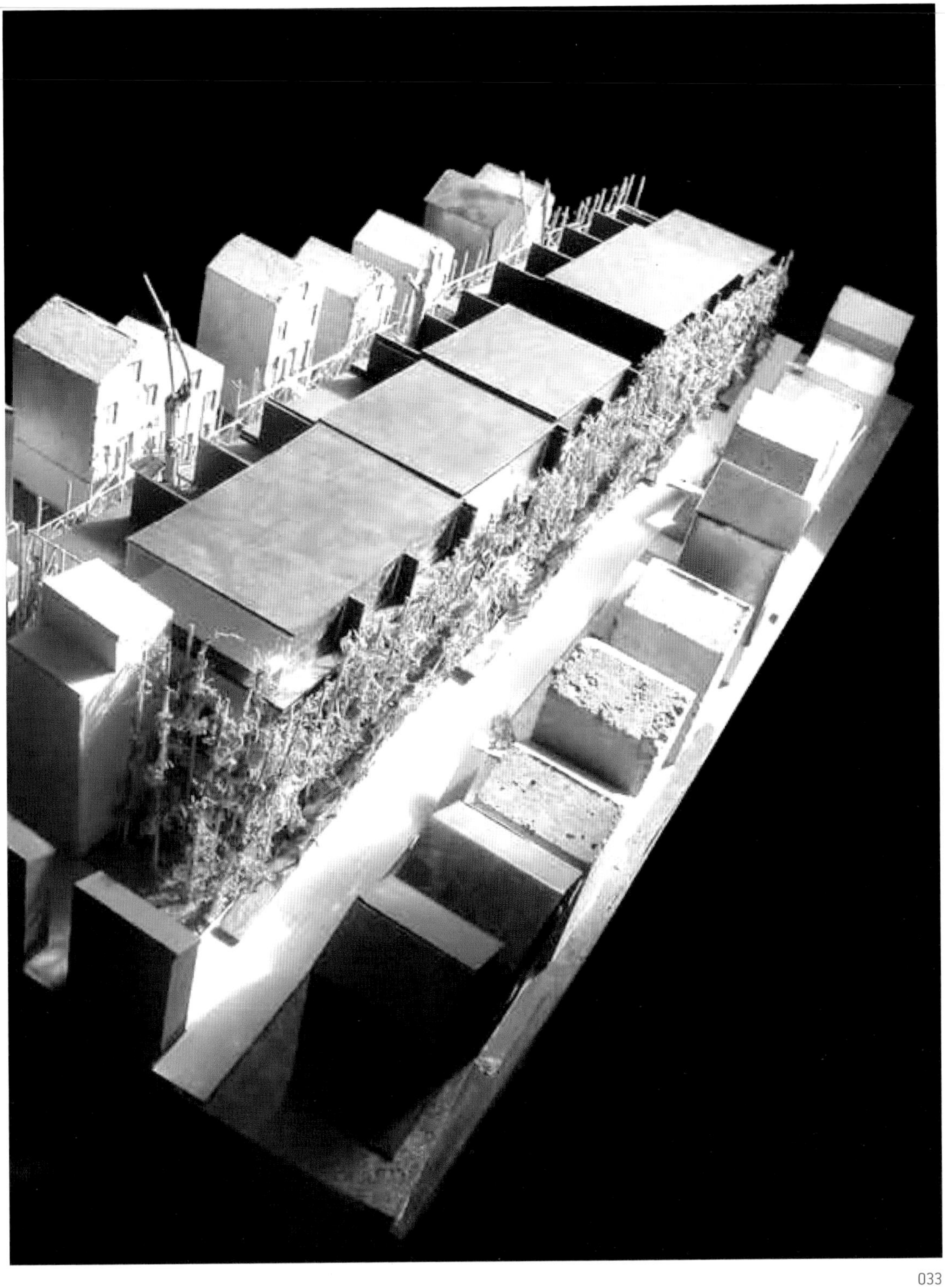

California Academy of Sciences

© Tom Griffith, Tom Fox

The California Academy of Sciences by the architect Renzo Piano is located in San Francisco's Golden Gate Park and is considered one of the greenest buildings in the world. The Academy blends views of nature with technical innovations of a style of architecture in tune with biodiversity, fundamental values of the dissemination of science.

Die *California Academy of Sciences* des Architekten Renzo Piano im Golden Gate Park von San Francisco wird als eines der grünsten Gebäude der Welt betrachtet. Die Akademie mischt auf perfekte Weise die natürlichen Aspekte mit technischen Innovationen einer Architektur, die die Artenvielfalt respektiert und somit grundlegende Werte für die Verbreitung der Wissenschaft repräsentiert.

La *California Academy of Sciences*, de l'architecte Renzo Piano, se situe dans le Golden Gate Park de San Francisco et est considérée comme l'une des constructions les plus écologiques du monde. L'Académie allie à la perfection les visées naturelles aux innovations techniques d'une architecture respectueuse de la biodiversité, des valeurs fondamentales pour la diffusion de la science.

De *California Academy of Sciences*, van de architect Renzo Piano, gelegen in het Golden Gate Park te San Francisco, wordt beschouwd als een van de groenste gebouwen ter wereld. De Academie combineert perfect het natuurlijke aanzicht met technische innovaties van een architectuur die overeenstemt met de biodiversiteit, fundamentele waarden voor de verspreiding van de wetenschap.

@ **Renzo Piano Building Workshop, Stantec Architecture (San Francisco)**
San Francisco, USA
www.rpbw.com

90% recycling of rubble from the previous building, transfer of 32,000 metric tons of sand to the San Francisco dunes, 68% building insulation comes from recycled denim jeans, cross ventilation / Recyclage de 90 % des matériaux des décombres de l'ancien bâtiment, transfert de 32 000 tonnes de sable vers les dunes de San Francisco, 68 % de l'isolation du bâtiment provient de *jeans* recyclés, ventilation croisée / 90 % Wiederverwertung des Bauschutts des früheren Gebäudes, Beförderung von 32.000 Tonnen Sand zu den Dünen von San Francisco, 68 % der Gebäude-Isolierung stammt aus wiederverwerteten Jeans, Querlüftung / Recycling van 90% van het puin van het vorige gebouw, overdracht van 32.000 ton zand afkomstig van de duinen van San Francisco, 68% van de isolatie van het gebouw is afkomstig van gerecyclede *jeans*, kruisventilatie

The green roof, planted with local vegetation, has 60,000 photovoltaic cells that generate 213,000 kilowatts per hour, saving somewhere between 5 and 10% of grid electricity consumption.

Le toit, recouvert de végétation locale, compte 60 000 cellules photovoltaïques qui produisent 213 000 kilowatts par heure, ce qui génère une économie de 5 à 10 % d'électricité.

Das mit bodenständiger Vegetation begrünte Dach verfügt über 60.000 Photovoltaikzellen, die 213.000 Kilowatt pro Stunde erzeugen. Damit können zwischen 5 und 10 % Strom eingespart werden.

Het groene, met autochtone planten begroeide dak bevat 60.000 fotovoltaïsche cellen die 213.000 kilowatt per uur opleveren, wat een besparing van 5 tot 10% elektriciteit tot gevolg heeft.

Some 90% of interior offices have natural daylighting. The window panes have a low iron content, giving them a greenish hue.

90 % des intérieurs de bureaux utilisent la lumière naturelle. Les vitres des fenêtres contiennent une faible quantité de fer, ce qui leur confère une légère teinte verte.

90 % der innengelegenen Büros setzen Tageslicht ein. Das Fensterglas wurde mit geringem Eisengehalt gefertigt (indem die Scheiben grünlich getönt wurden).

90% van de binnenkantoren ontvangt natuurlijk licht. Het glas van de ramen heeft een laag ijzergehalte (waardoor de ruiten een groenige kleur krijgen).

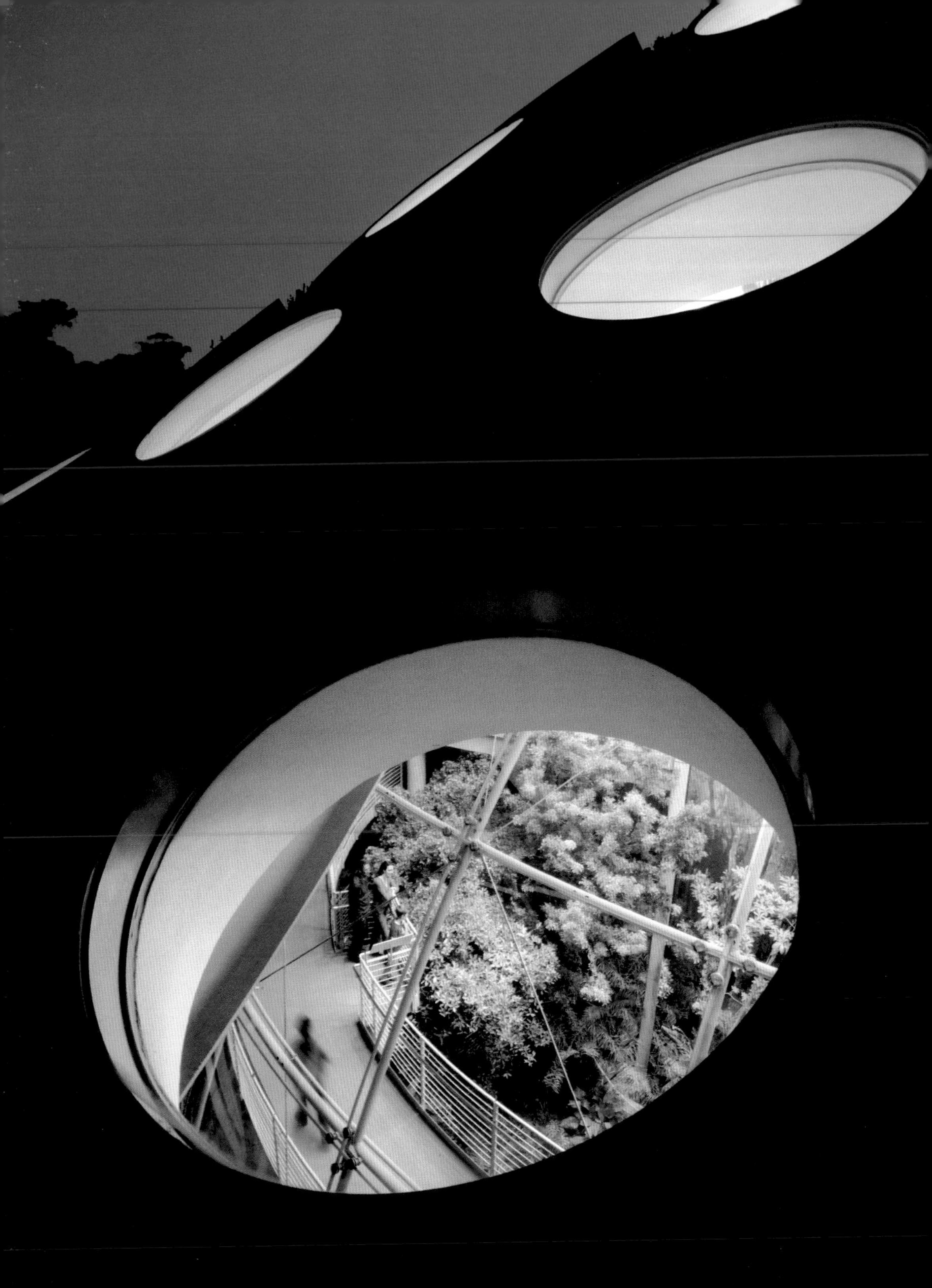

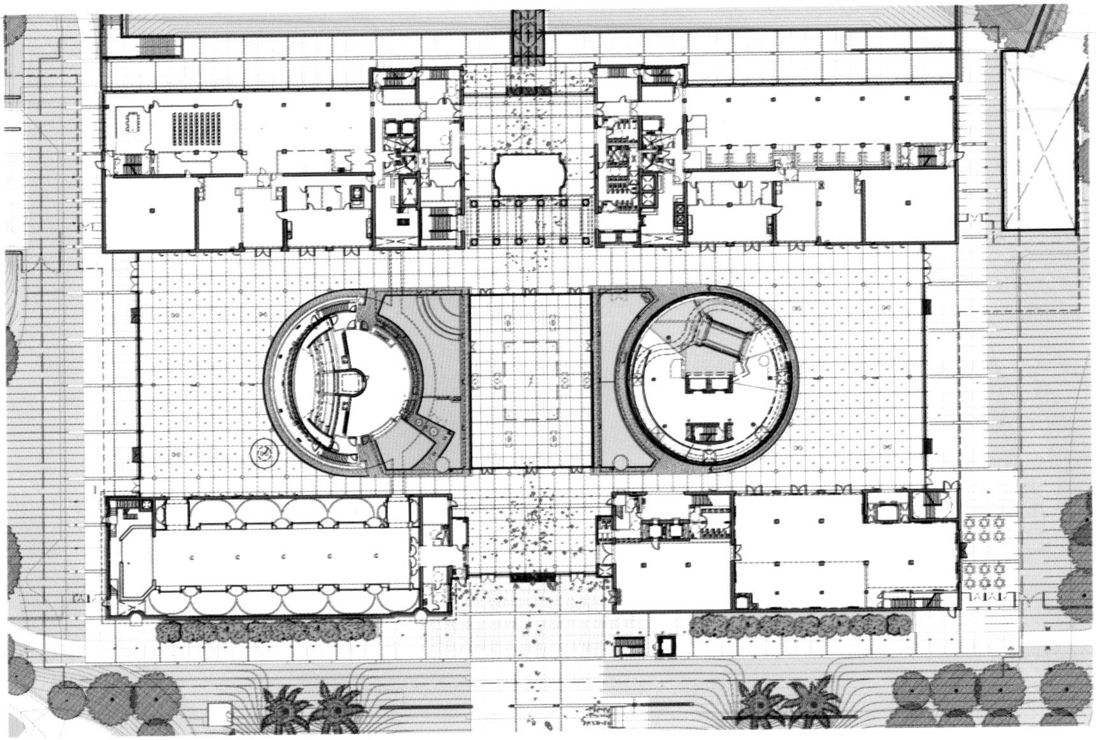

Floor plan

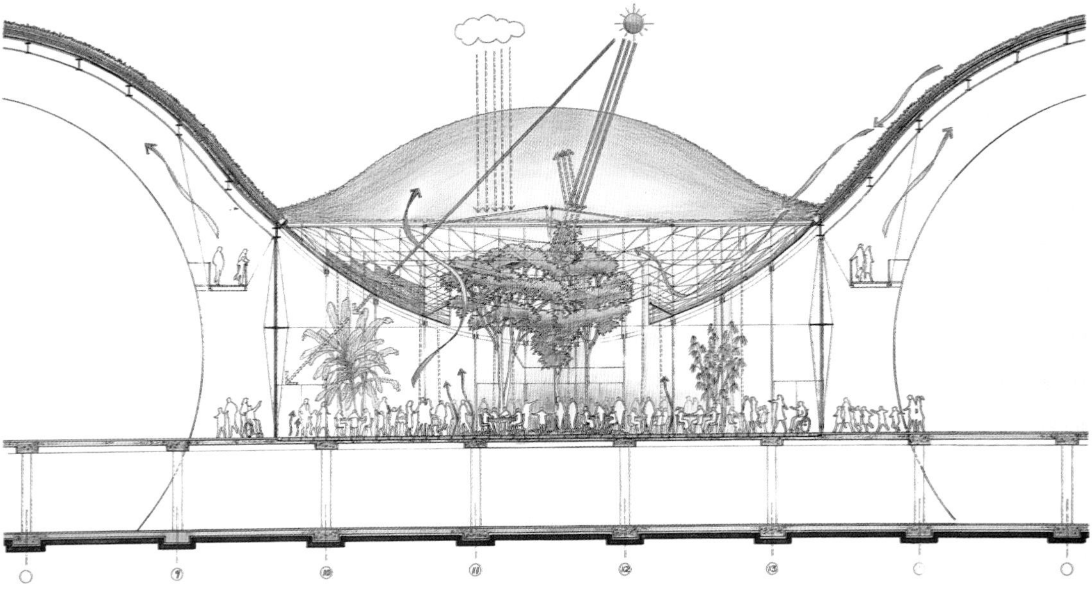

Section

FLEG Daikanyama

© Shigeo Ogawa, Koichi Torimura

This vegetation installation is at the FLEG Daikanyama exhibition center in the heart of Tokyo, a city where contact with the pace of nature tends to be lost. The installation optimizes the behavior of the building with its setting and improves ambient conditions.

Diese Pflanzen-Installation im Ausstellungszentrum FLEG Daikanyama befindet sich im Herzen von Tokio, wo man dazu neigt, den Kontakt mit dem Rhythmus der Natur zu verlieren. Die Installation optimiert das Verhältnis des Gebäudes zur Umgebung und verbessert die Umweltbedingungen.

Cette installation végétale, dans le centre d'expositions FLEG Daikanyama, se trouve en plein cœur de Tokyo, où le contact avec le rythme de la nature tend à se perdre. L'installation optimise le comportement du bâtiment avec l'environnement, améliorant les conditions environnementales.

Deze plantaardige installatie, op het tentoonstellingsgebouw FLEG Daikanyama, bevindt zich in het hart van Tokio, waar men geneigd is om het contact met het tempo van de natuur te verliezen. De installatie optimaliseert het gedrag van het gebouw ten opzichte van de omgeving en verbetert de omgevingscondities.

Taketo Shimohigoshi/A.A.E.
Tokyo, Japan
www.aae.jp

Microclimate improvement, CO_2 reduction, thermal insulation, habitat for animals and microorganisms / Amélioration du micro-climat, réduction des émissions de CO_2, isolation thermique, habitat pour les animaux et les micro-organismes / Verbesserung des Mikroklimas, Reduktion von CO_2, Wärmedämmung, Lebensraum für Tiere und Mikroorganismen / Verbetering van het microklimaat, CO_2-reductie, warmte-isolatie, habitat voor dieren en micro-organismen

In the entryway, transversal structures allow hydroponic plants to be grown. The irrigation system is independent.

Am Eingang ermöglichen Querstrukturen den hydroponischen Pflanzenanbau. Das Bewässerungssystem ist eigenständig.

Dans l'entrée, des sculptures transversales permettent la culture hydroponique des plantes. Leur système d'irrigation est autonome.

Bij de ingang maken dwarsstructuren het hydroponisch kweken van planten mogelijk. Het irrigatiesysteem is autonoom.

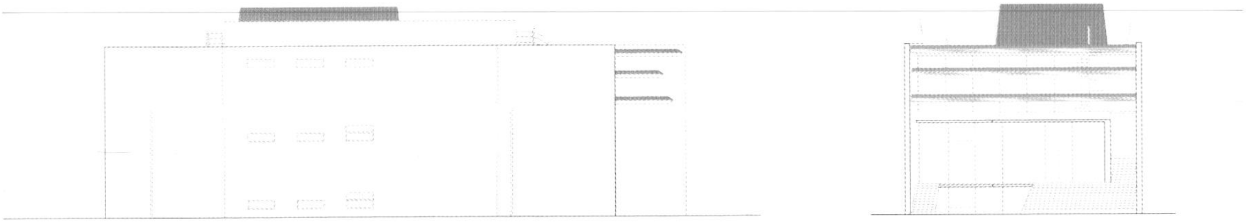

Elevation

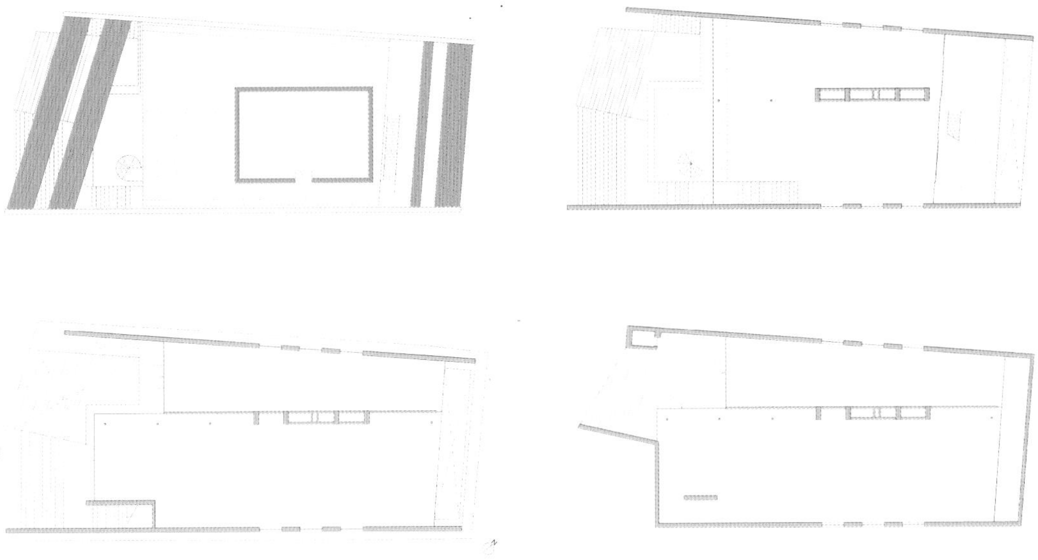

Stories

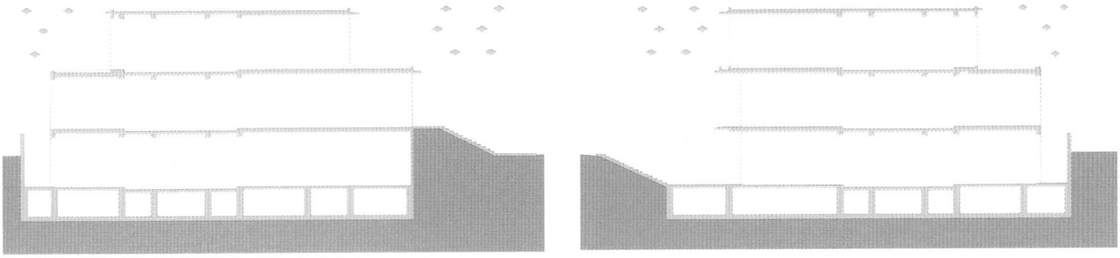

Section

Ecobulevar de Vallecas

© Emilio P. Doiztua, Roland Halbe

This project aims to achieve some degree of bioclimatic control along the main boulevard in the urban development project in Vallecas. This new urban design is intended to enhance the feeling of environmental comfort, to promote social interaction and to be more sustainable than conventional growth models for the city.

Der Entwurf hat die bioklimatische Aufbereitung des Haupt-Boulevards der Ensanche de Vallecas zum Ziel. Dieses neue Stadtdesign will den Umweltkomfort verbessern, den sozialen Austausch fördern und nachhaltiger sein als konventionelle Stadt-Wachstumsmodelle.

La proposition a pour objectif l'aménagement bioclimatique du boulevard principal de la zone d'expansion urbaine de Vallecas. Ce nouveau design urbain prétend améliorer le confort environnemental, promouvoir l'échange social et se veut plus durable que les modèles traditionnels de croissance de la ville.

Het doel van dit project is de bioklimatologische aanpassing van de hoofdboulevard van de stadsuitbreiding Vallecas. Dit nieuwe stadsontwerp beoogt het milieucomfort te verbeteren, de sociale uitwisseling te bevorderen en duurzamer te zijn dan de traditionele modellen van stadsuitbreiding.

Belinda Tato, Jose Luis Vallejo, Diego García-Setién/Ecosistema Urbano
Madrid, Spain
www.ecosistemaurbano.com

Most materials are recycled / La plupart des matériaux ont été recyclés / Die meisten stammen aus Recycling / De meeste zijn van gerecyclede oorsprong

Recycling, renewable energies, passive air conditioning systems, sustainable mobility systems / Recyclage, énergies renouvelables, climatisation par systèmes passifs, mobilité durable / Recycling, erneuerbare Energien, Klimatisierung durch passive Systeme, umweltgerechte Mobilität / Recycling, hernieuwbare energie, klimaatregeling d.m.v. passieve systemen, duurzame mobiliteit

Presión atmosférica: 944

RCABER

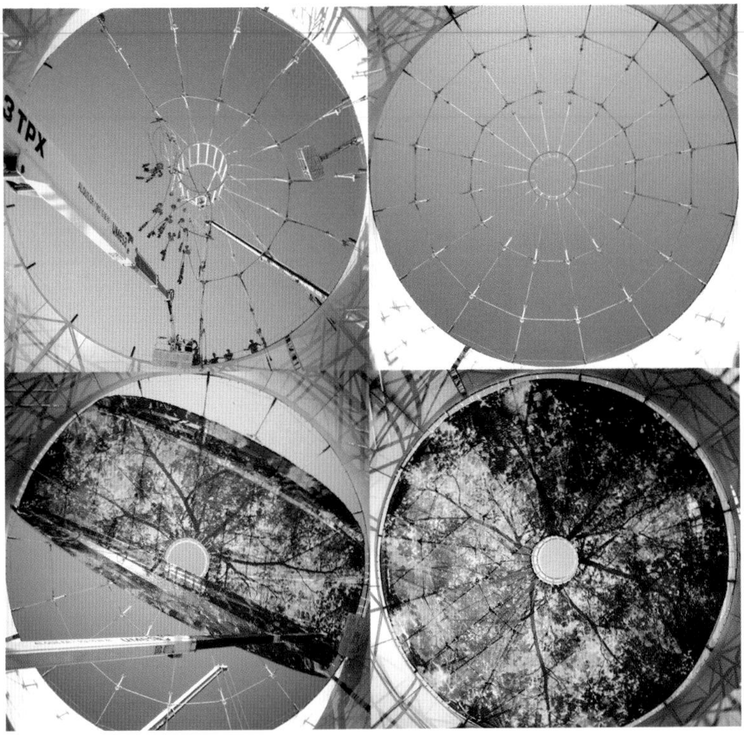

The structure is light, demountable and energetically self-sufficient. Thanks to its solar energy collection systems, the building only consumes what it can generate.

La structure est légère, démontable et énergétiquement autosuffisante, de plus grâce à ses systèmes de captation de l'énergie solaire photovoltaïque, elle ne consomme que ce qu'elle est capable de produire.

Die Struktur ist leicht, demontierbar und versorgt sich selbst mit Strom. Dank ihres Systems der Solarenergiegewinnung über Photovoltaik verbraucht sie nur das, was sie selbst erzeugen kann.

De structuur is licht, demonteerbaar en energetisch zelfvoorzienend en dankzij de zonne-energiesystemen wordt alleen verbruikt wat geproduceerd kan worden.

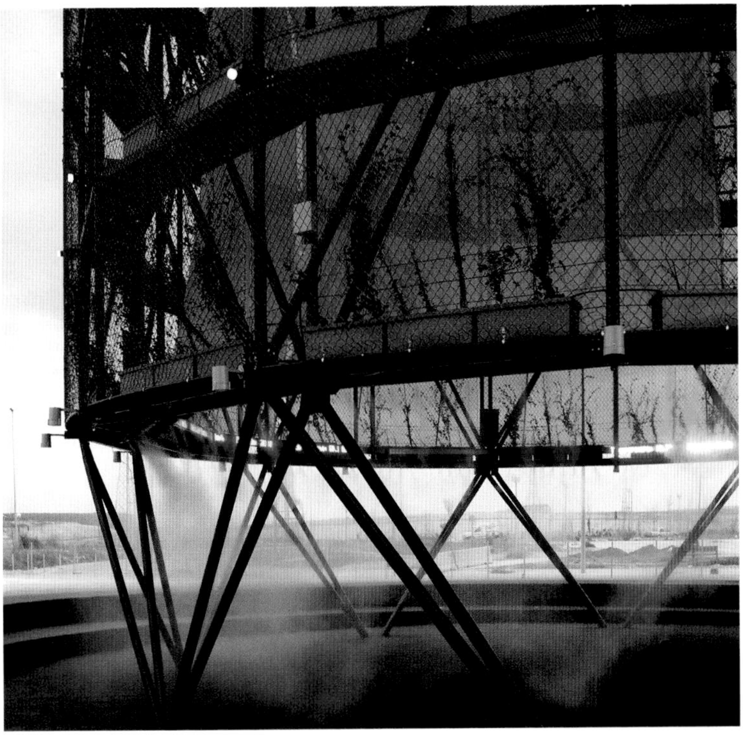

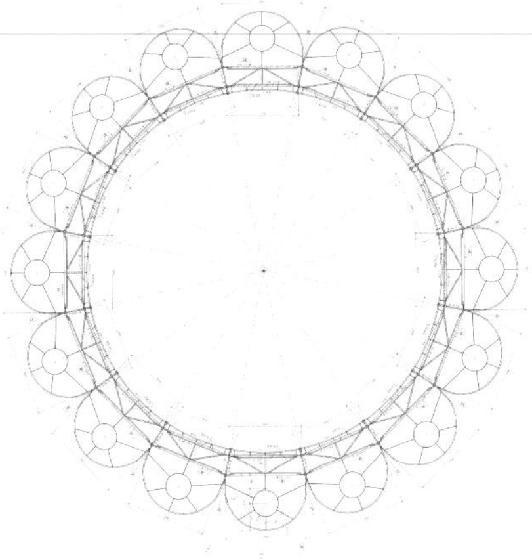

Floor plan

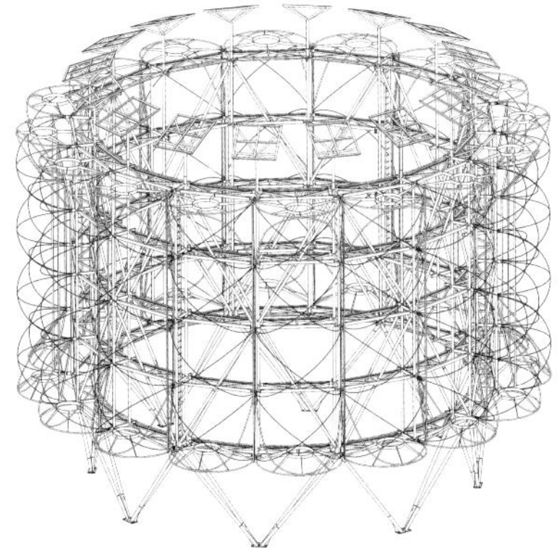

Structure perspective

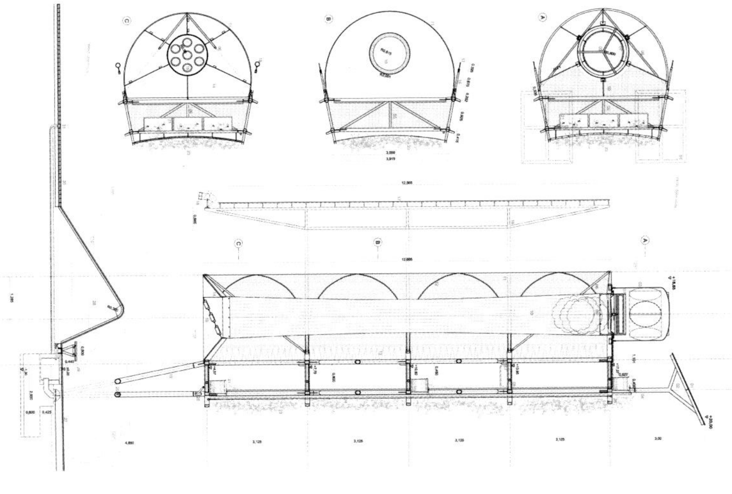

Section

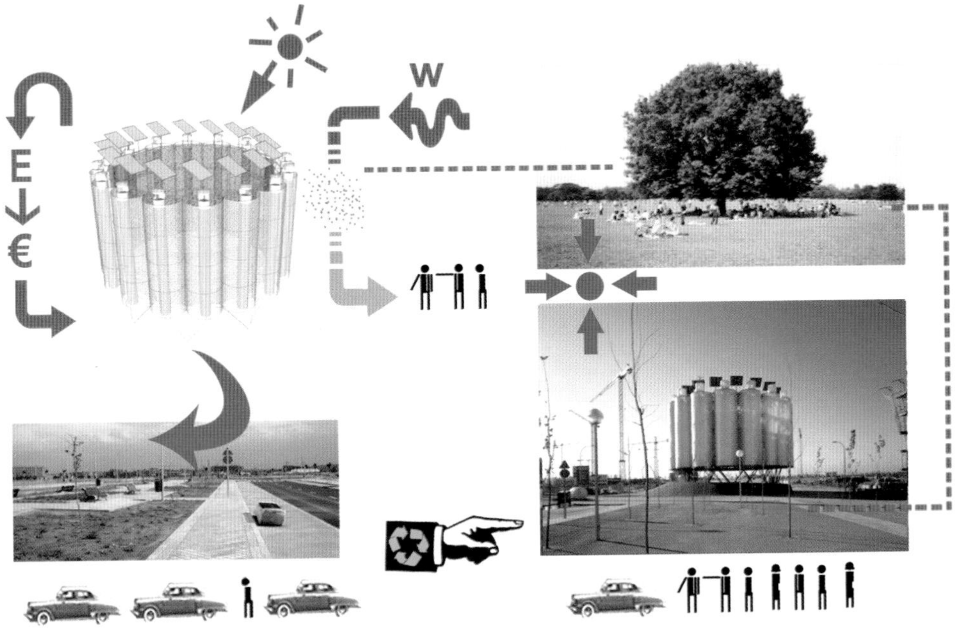
W
E
€

Conceptual diagram

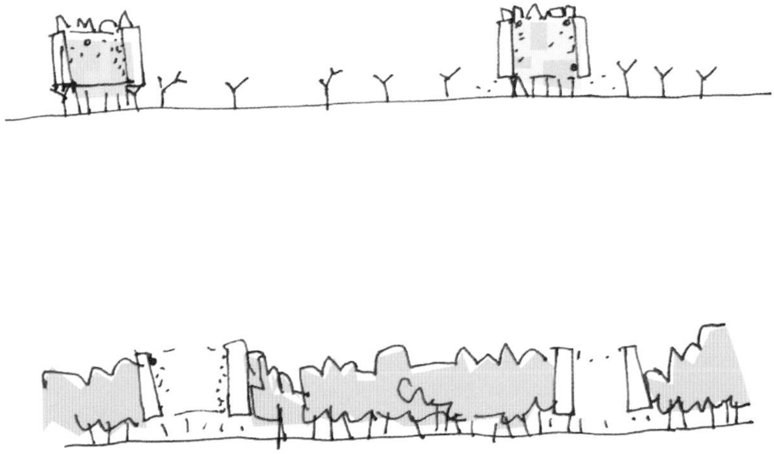

Sketches

Zira Island Masterplan

Danish architects BIG Architects and Ramboll engineers have developed a 1,000,000 m^2 project on Zira Island (Baku) in the Caspian Sea. Solar panels, photovoltaic cells, a wastewater treatment plant, rainwater collection, and an offshore wind farm will make the island totally self-sufficient.

Die dänischen Architekten von BIG Architects und die Ingenieure Ramboll haben ein Projekt von 1 000 000 m^2 auf der Insel Zira (Baku) im Kaspischen Meer entwickelt. Die Solarpaneele, die Photovoltaik-Zellen, die Abwasserkläranlage, das Auffangen von Regenwasser und ein Hochsee-Windpark führen dazu, dass die Insel vollkommen autark sein wird.

Les architectes danois BIG Architects et les ingénieurs Ramboll ont développé un projet de 1 000 000 m^2 sur l'île de Zira (Bakou) en mer Caspienne. Les panneaux solaires, les cellules photovoltaïques, l'épuration des eaux usées, la collecte des eaux pluviales et un parc éolien en haute mer rendent l'île totalement autosuffisante.

De Deense architecten van BIG Architects en de ingenieurs Ramboll hebben in de Kaspische Zee een project van 1.000.000 m^2 op het Zira Island (Baku) ontwikkeld. Zonnepanelen, fotovoltaische cellen, een zuiveringsinstallatie van afvalwater, een regenwaterstelsel en een windmolenpark in open zee zorgen ervoor dat het eiland volledig zelfvoorzienend is.

BIG, Ramboll Group
Copenhagen, Denmark – Virum, Denmark
www.big.dk, www.ramboll.com

Wind energy, photovoltaic solar energy, reuse of wastewater and rainwater, CO_2 reduction, and bioclimatic strategies / Énergie éolienne, énergie solaire photovoltaïque, réutilisation des eaux usées et pluviales, réduction du CO_2, stratégies bioclimatiques / Windenergie, photovoltaische Sonnenenergie, Wiederverwendung von Abwasser und Regenwasser, Verminderung von CO_2, bioklimatische Strategien / Windenergie, fotovoltaïsche omzetting van zonne-energie, hergebruik van afval- en regenwater, CO_2-reductie, bioklimatologische strategieën

The design is based on the seven hills of Azerbaijan, forming seven complexes. The buildings are heated and cooled by heating systems from the surroundings of the Caspian Sea, together with solar panels and photovoltaic cells.

Son design se base sur les sept collines d'Azerbaïdjan, donnant ainsi forme à sept complexes. Les bâtiments sont chauffés et refroidis par la connexion des pompes à chaleur aux alentours de la mer Caspienne, ainsi que par des panneaux solaires et des cellules photovoltaïques.

Das Design basiert auf den sieben Hügeln Aserbaidschans, wobei sieben Komplexe entstanden. Die Gebäude werden durch den Anschluss an Wärmepumpen in der Nähe des Kaspischen Meers und zusammen mit Solarpaneelen und Photovoltaikzellen erwärmt und gekühlt.

Het ontwerp is gebaseerd op de zeven heuvels van Azerbeidzjan en geeft zo vorm aan zeven complexen. De gebouwen worden verwarmd en gekoeld door de aansluiting van warmtepompen uit de omgeving van de Kaspische zee, samen met zonnepanelen en fotovoltaïsche cellen.

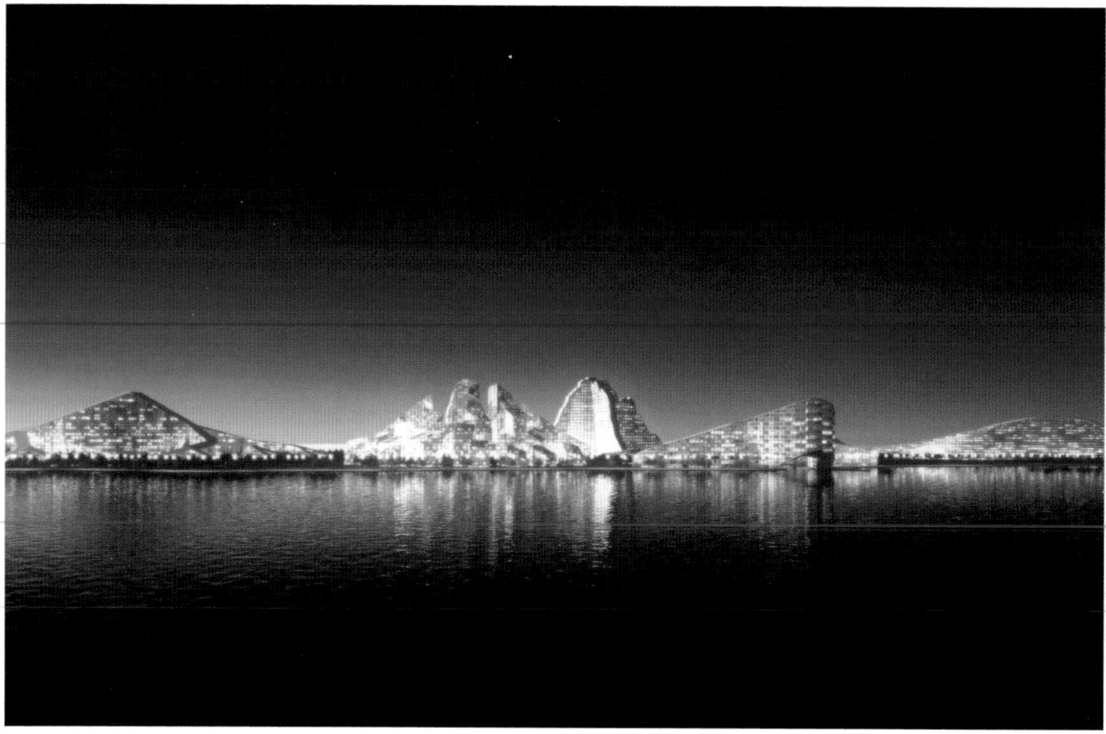

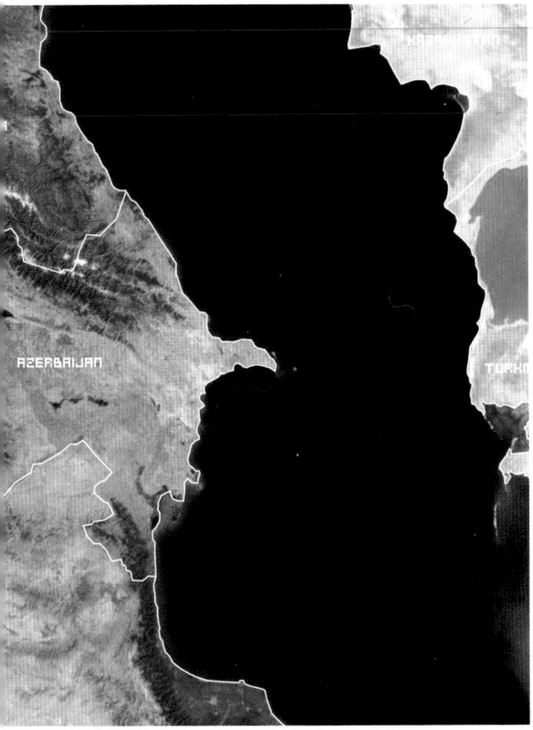
AZERBAIJAN

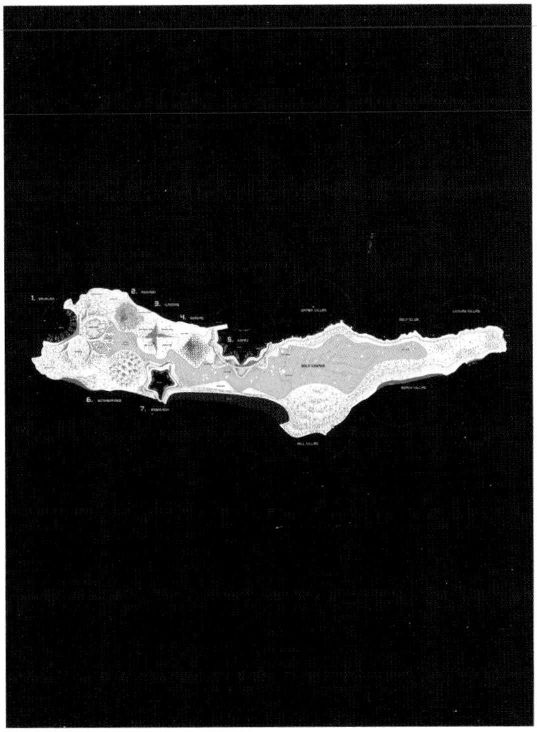

Savalan
The Mountain of Wonder

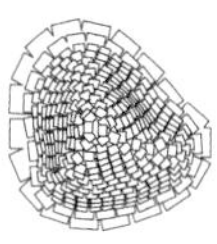

Ayidagh
The Cave Mountain

Ilandagh
The Snake Mountain

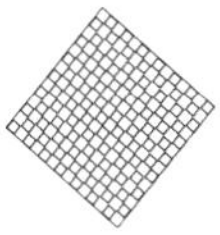

Shahdagh
The Kings Mountain

Kapaz
The Wedding Crown

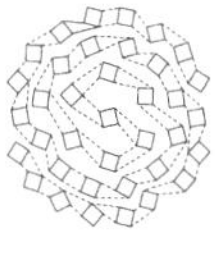

Beshbarmaq
The Five Finger Mountain

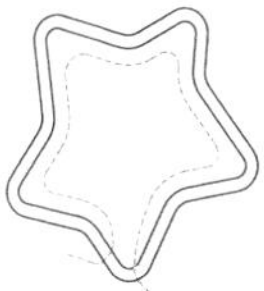

Babadagh
The Warter Shed Ridge

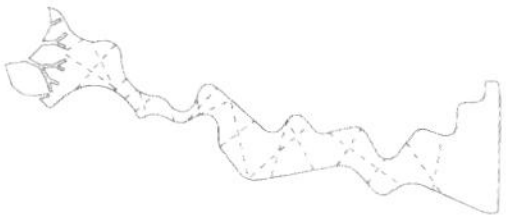

The Park
Central Valley

Diagram

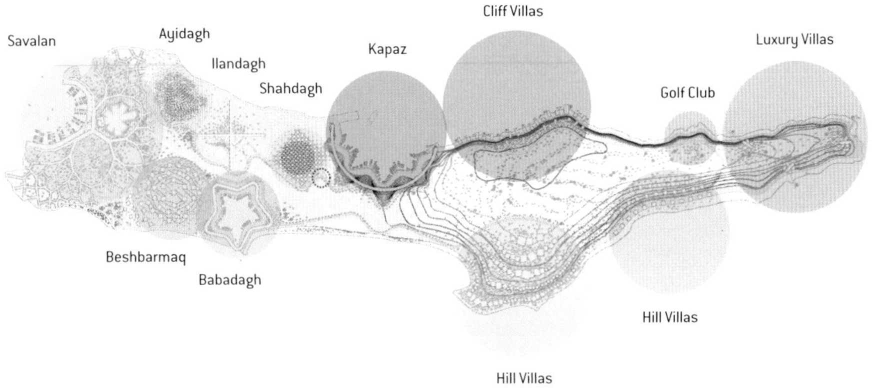
Savalan
Ayidagh
Ilandagh
Shahdagh
Kapaz
Cliff Villas
Luxury Villas
Golf Club
Beshbarmaq
Babadagh
Hill Villas
Hill Villas

Site plan

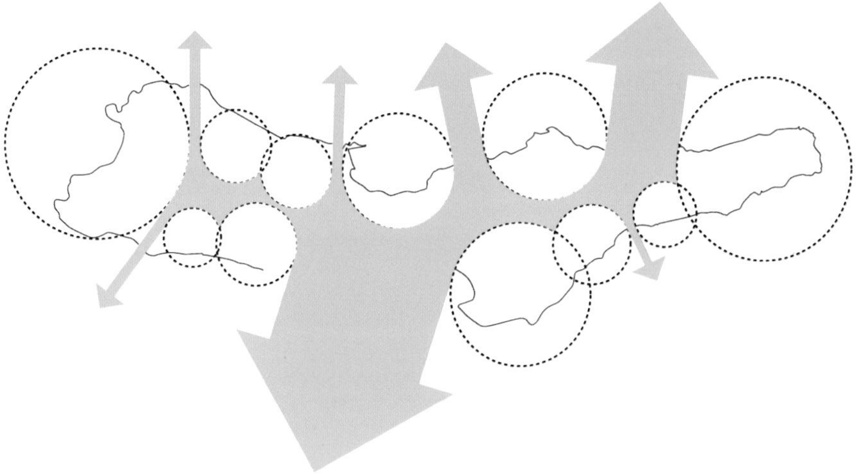

Site plan

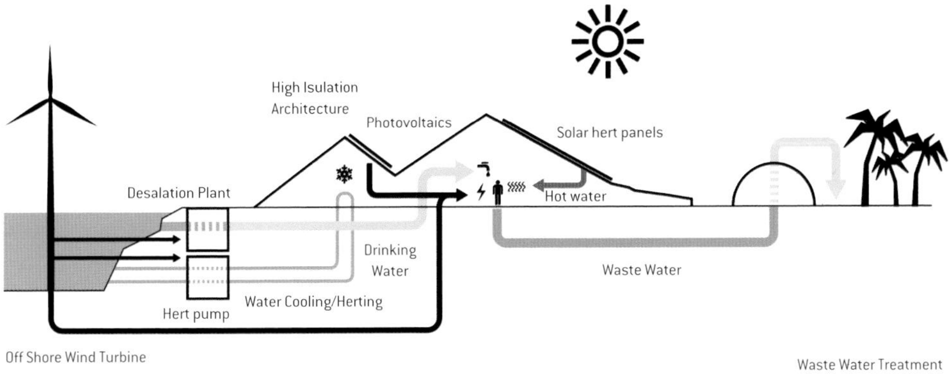
High Isulation
Architecture
Photovoltaics
Solar hert panels
Desalation Plant
Hot water
Drinking
Water
Waste Water
Water Cooling/Herting
Hert pump
Off Shore Wind Turbine
Waste Water Treatment

Program diagram

Eco-Ciudad Monte El Corvo in Logroño

The Dutch MVRDV studio, together with GRAS from Spain and collaboration from the developers LMB, are responsible for the residential development called Eco-Ciudad (Eco-City) Monte El Corvo. This space for 3,000 homes will be 100% self-sufficient in energy through wind turbines and photovoltaic panels, and will produce zero CO_2 emissions.

Das niederländische Architekturbüro MVRDV zeichnet zusammen mit dem spanischen Büro GRAS, in Kooperation mit dem Bauträger LMB für das Stadtentwicklungsprojekt mit dem Namen Öko-Stadt Monte El Corvo verantwortlich. Dieser Ort mit 3000 Wohnungen versorgt sich zu 100 % selbst mit Energie, die aus Windkraft- und Solarstromanlagen ohne CO_2-Emission erzeugt wird.

Le studio hollandais MVRDV et les Espagnols GRAS, en collaboration avec les promoteurs LMB sont les instigateurs du développement urbain appelé Éco-Ville Monte El Corvo. Cet espace de 3000 habitations est 100 % autosuffisant grâce à l'énergie générée par des éoliennes et des plaques photovoltaïques, et produit zéro émission de CO_2.

Het Nederlandse architectenbureau MVRDV en het Spaanse GRAS zijn, in samenwerking met de projectontwikkelaar LMB, verantwoordelijk voor de stadsuitbreiding Eco-Ciudad Monte El Corvo. Deze ruimte met 3.000 woningen is 100% zelfvoorzienend dankzij de door windmolens en zonnepanelen gegenereerde energie en daardoor tevens ook CO_2-neutraal.

@ **MVRDV, GRAS**
Rotterdam, The Netherlands - Madrid, Spain
www.mvrdv.nl
www.gras-arquitectos.com

Wind energy, photovoltaic solar energy, solar farms, 72% green spaces, carbon footprint reduction, and bioclimatic strategies / Énergie éolienne, énergie solaire photovoltaïque, jardins solaires, 72 % de zones vertes, réduction de l'impact environnemental, stratégies bioclimatiques / Windenergie, photovoltaische Sonnenenergie, Freiflächen-Solaranlagen, 72 % Grünzonen, Verminderung des ökologischen Fußabdrucks, bioklimatische Strategien / Windenergie, fotovoltaïsche omzetting van zonne-energie, zonne-energieparken, 72% groene zones, reductie ecologische voetafdruk, bioklimatologische strategieën

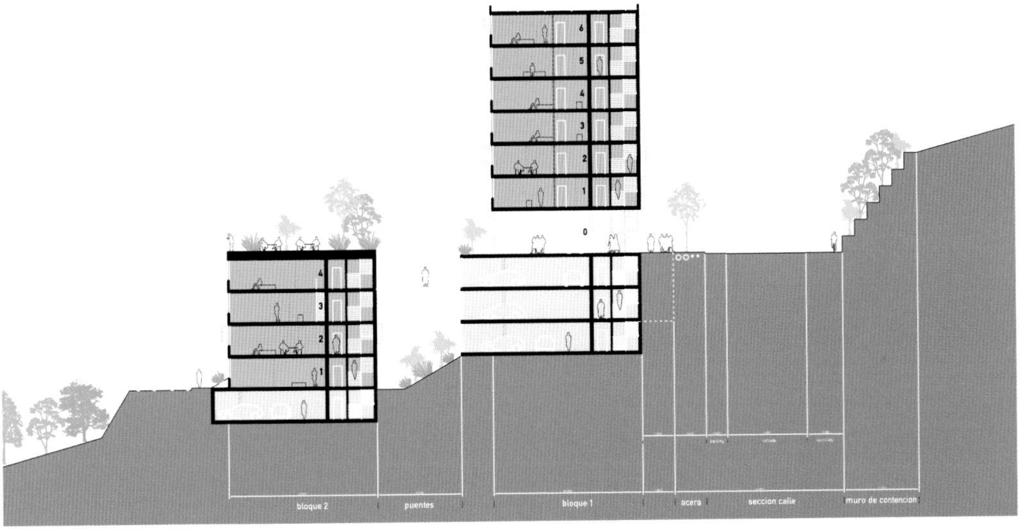
6
5
4
3
2
1
0
4
3
2
1
bloque 2
puentes
bloque 1
acera
seccion calle
muro de contencion

Section

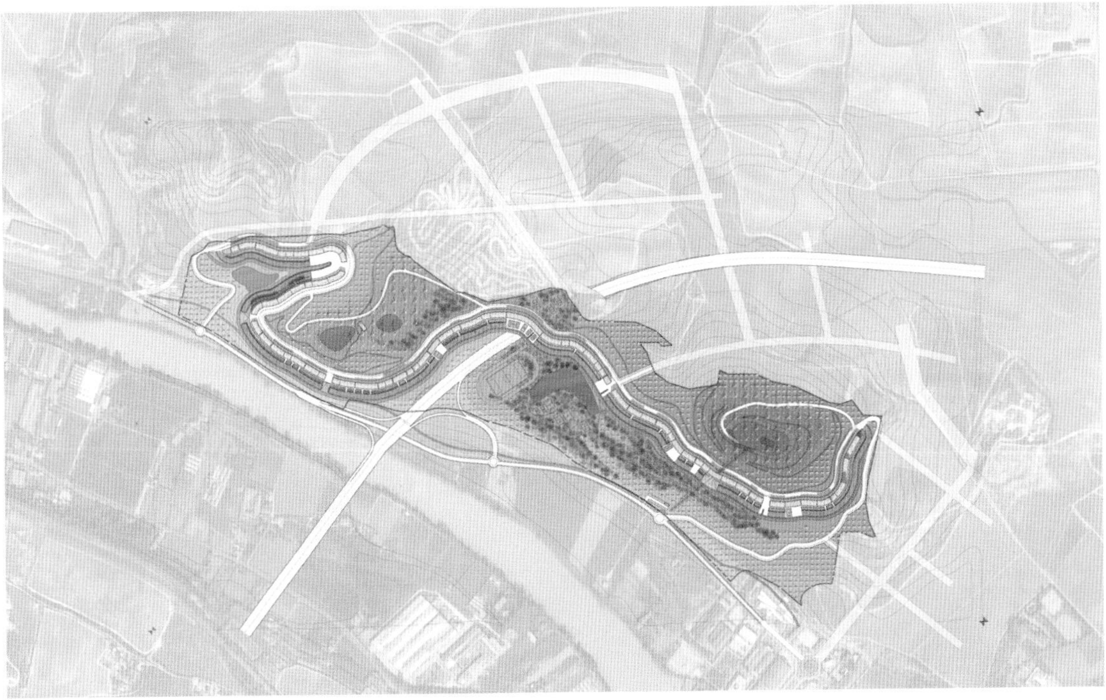

Site plan

The space will have two small wind farms, solar gardens, a visitors' centre with R&D into renewables with cable car access and 72% green areas.

L'espace disposera de deux mini parcs éoliens, de jardins solaires, d'un centre thématique sur la R+D des énergies renouvelables, accessible par funiculaire, et 72 % d'espaces verts.

Zum Bereich gehören zwei Miniwindenergieanlagen, Solaranlagen, ein Interpretationszentrum für Forschung und Entwicklung erneuerbarer Energien mit Zufahrt über eine Seilbahn, sowie 72 % Grünflächen.

De ruimte zal beschikken over twee kleine windmolenparken, zonne-energieparken, een onderzoek- en ontwikkelingscentrum voor hernieuwbare energie met toegang via een kabelbaan en 72% ervan zal bestaan uit groenzones.

Flooded London

Flooded London is an exhibition by the Squint/Opera studio depicting a post-apocalypse London after having suffered the onslaught of rising sea levels. Squint/Opera represents the effects on climate change, with images of a city where the inhabitants seem to have adapted to the new reality.

Flooded London ist eine Ausstellung des Studios Squint/Opera, die ein post-apokalyptisches London nach der Überflutung durch den ansteigenden Meeresspiegel zeigt. Squint/Opera stellt anhand von Bildern der Stadt, deren Bewohner sich scheinbar an die neuen Verhältnisse angepasst haben, die Auswirkungen des Klimawandels dar.

Flooded London est une exposition du studio Squint/Opera qui offre une vision post-apocalytique d'une ville de Londres qui aurait subi un raz-de-marée conséquence de l'augmentation du niveau de la mer. Squint/Opera représente les effets du changement climatique, avec les images d'une ville dont les habitants semblent s'être adaptés à la nouvelle réalité.

Flooded London is een tentoonstelling van het bureau Squint/Opera waar een postapocalyptisch Londen wordt getoond, na het geweld van de stijgende zeespiegel te hebben geleden. Squint/Opera toont de effecten van de klimaatverandering met afbeeldingen van de stad, waarvan de inwoners zich lijken te hebben aangepast aan de nieuwe werkelijkheid.

Squint/Opera
London, United Kingdom
www.squintopera.com

Climate change, climate refugees, and environmental awareness / Changement climatique, réfugiés climatiques, prise de conscience environnementale / Klimawandel, Klimaflüchtlinge, Bewusstseinsbildung für die Umwelt / Klimaatverandering, klimaatvluchtelingen, milieubewustmaking

In the representation of Squint/Opera, the seawater rises right up to the offices, where the workers can be seen fishing.

Auf der Squint/Opera-Darstellung reicht das Meereswasser bis an die Büros, wo man die Mitarbeiter angeln sieht.

Dans la représentation de Squint/Opera, l'eau de mer atteint les bureaux où l'on peut voir les employés pêcher.

Bij de voorstelling van Squint/Opera bereikt het zeewater de kantoren, waar men de arbeiders kan zien vissen.

EXIT

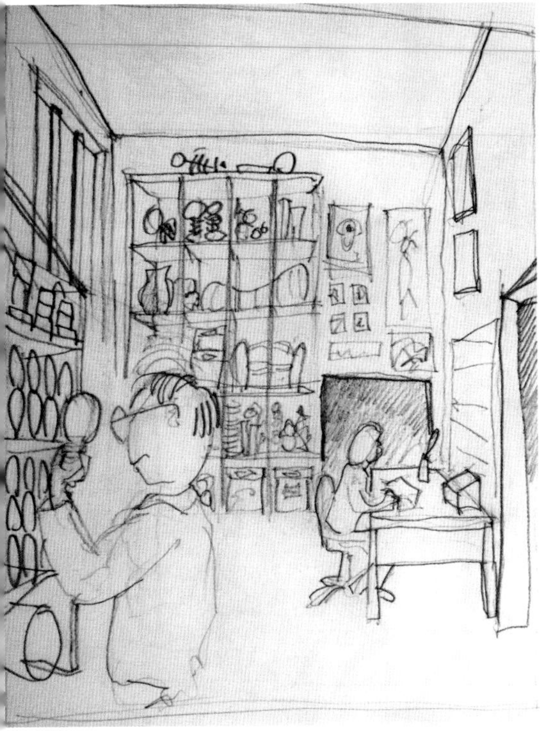

Gwanggyo Power Center

© MVRDV

MVRDV won the international design competition held to plan the central district of Gwanggyo, a new town located 35 kilometers from Seoul. It will feature 200,000m^2 of residential floor space to house 77,000 inhabitants. The plan, currently undergoing a feasibility study, could become reality in 2011.

MVRDV gewann den internationalen Wettbewerb für die Planung des neuen Zentrums von Gwanggyo, einer neuen, 35 km von Seoul entfernten Stadt. Diese hat 200 000 m^2 Wohnfläche und wird 77 000 Bewohner beherbergen. Der Plan, dessen Durchführbarkeit sich in der Prüfungsphase befindet, könnte 2011 in die Tat umgesetzt werden.

MVRDV a gagné la compétition internationale organisée pour la planification du nouveau centre de Gwanggyo, une nouvelle ville située à 35 kilomètres de Séoul. Elle comptera 200 000 m^2 d'habitations et hébergera 77 000 habitants. Le projet, dont la viabilité est encore à l'étude, pourrait être mis en place en 2011.

MVRDV heeft de internationale ontwikkelaarsprijsvraag voor het bouwplan van het nieuwe stadscentrum van Gwanggyo, een 35 kilometer van Seoel gelegen toekomstige stad, gewonnen. Het zal over 200.000 m^2 beschikken voor woningbouw, bestemd voor 77.000 inwoners. Het plan, waarvan de haalbaarheid zich nog in de studiefase bevindt, zou in 2011 werkelijkheid kunnen worden.

MVRDV
Rotterdam, The Netherlands
www.mvrdv.nl

Ecourbanism, energy efficiency, efficient watering systems, and bioclimatic strategies / Éco-urbanisme, efficience énergétique, irrigation efficiente, stratégies bioclimatiques / Nachhaltige Stadtentwicklung, Energie-Effizienz, effiziente Bewässerung, bioklimatische Strategien / Ecologische stedenbouw, energie-efficiëntie, efficiënte irrigatie, bioklimatologische strategieën

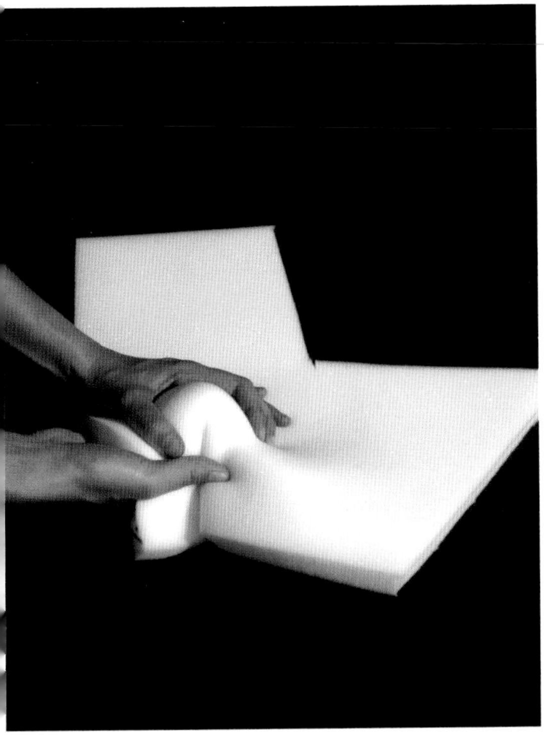
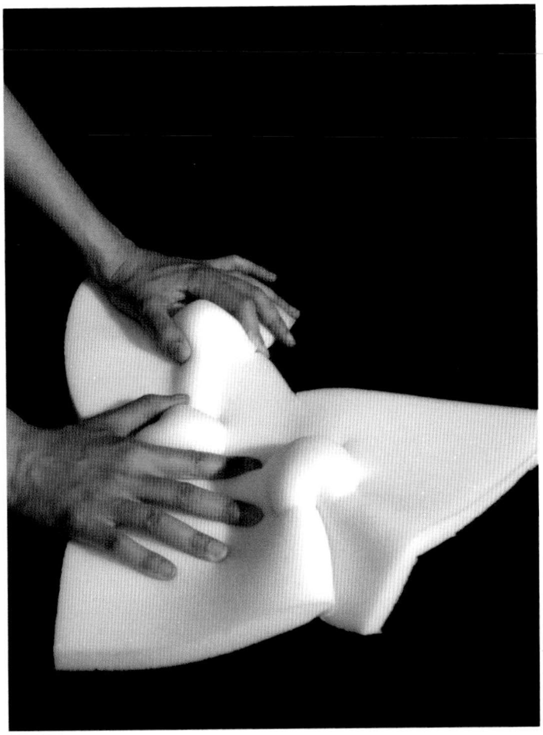
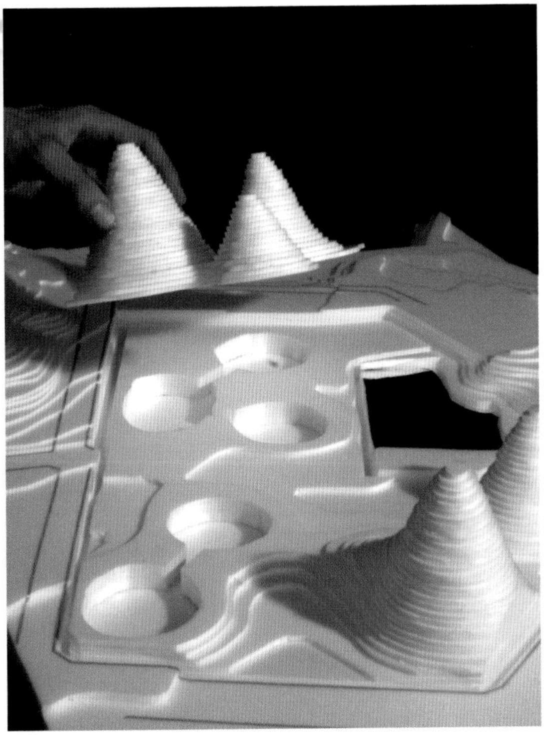

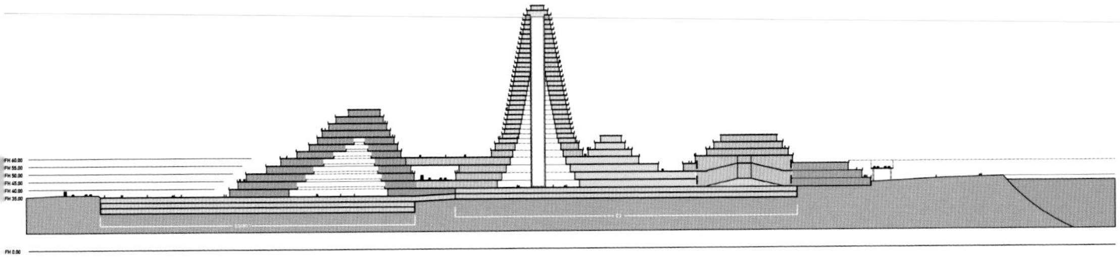

Section

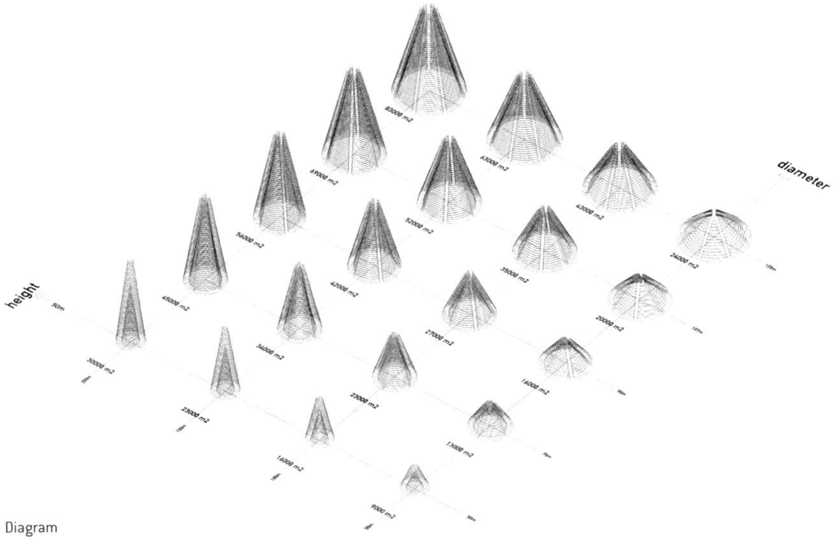
height
diameter
83000 m2
69000 m2
63000 m2
56000 m2
52000 m2
43000 m2
45000 m2
42000 m2
35000 m2
24000 m2
30000 m2
34000 m2
27000 m2
20000 m2
23000 m2
23000 m2
16000 m2
16000 m2
13000 m2
9000 m2

Diagram

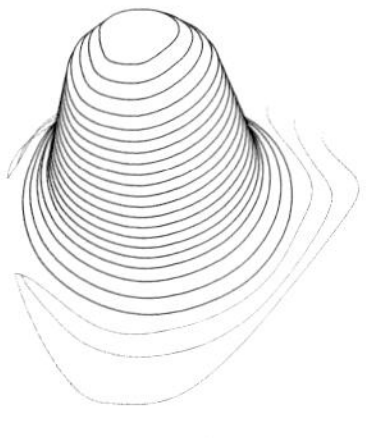

Isometric View

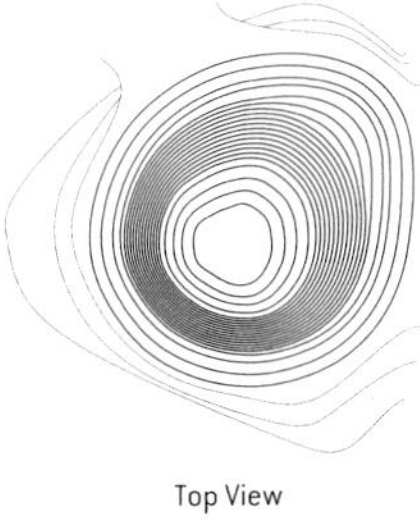

Top View

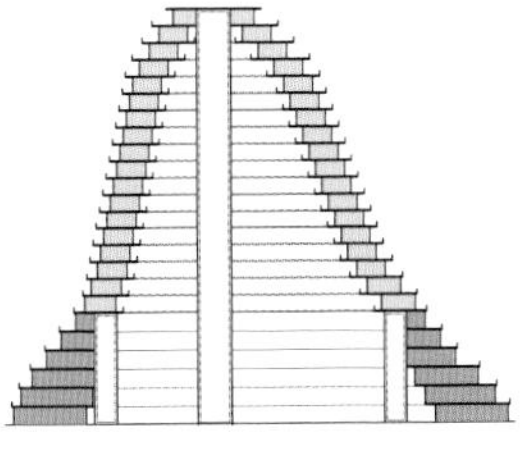

Section

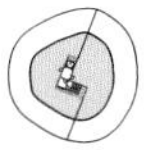

Top Floor

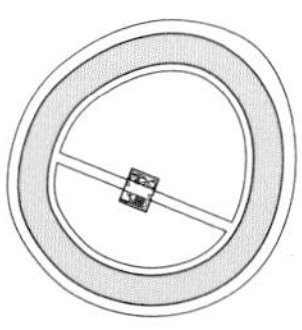

10th Floor

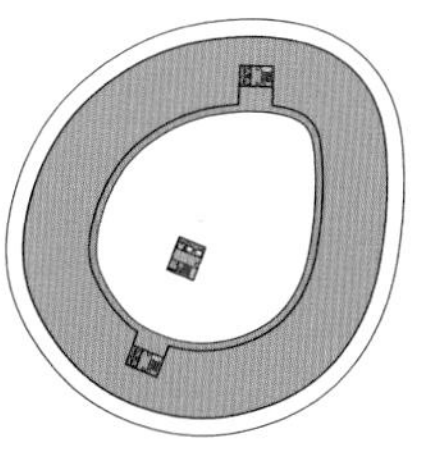

4th Floor

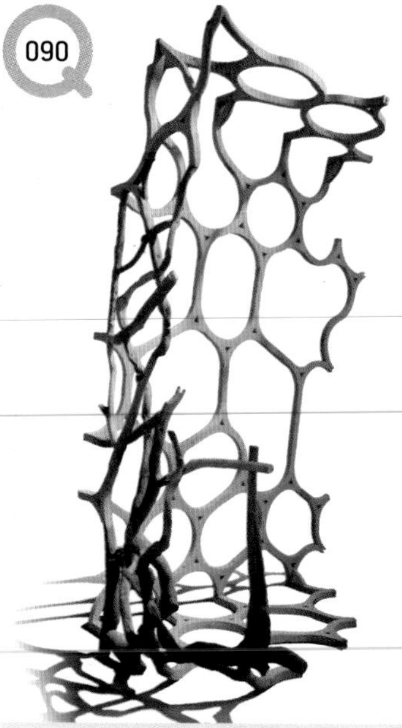

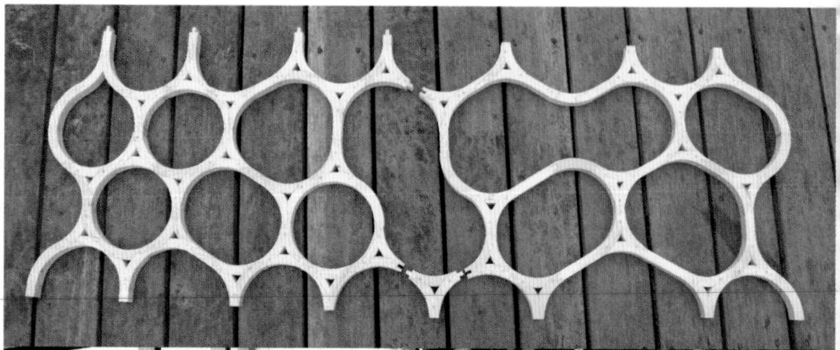

Aromatic Fabrication

© Hung-Pin Hsueh

Hung Pin Hsueh is the creator of a system for reusing the Taiwan cypress wood that is normally considered unsuitable for architectural building work. Hsueh proposes using these waste products so as to reduce mass felling of trees.

Hung-Pin Hsueh ist der Urheber eines Systems zur Wiederverwendung von Zypressen-Treibholz aus Taiwan, das normalerweise bei der Konstruktion von Gebäuden nicht verwendet wird. Hsueh schlägt vor, diese Abfälle zu benutzen, um das massive Fällen von Bäumen zu verringern.

Hung-Pin Hsueh a créé un système pour réutiliser le bois de cyprès de Taïwan abandonné sur le littoral au profit de la construction architecturale. Hsueh propose d'utiliser ces déchets pour réduire l'abattage massif d'arbres.

Hung-Pin Hsueh is de schepper van een systeem voor hergebruik van cipressenhout uit Taiwan dat normaal gesproken niet voor bouwkundige toepassingen wordt gebruikt. Hsueh stelt voor om deze houtresten te gebruiken en hiermee het massief kappen van bomen te reduceren.

Ama, Hsueh, Hung-Pin
Sanchong City, Taiwan
amast@ms37.hinet.net

Taiwan Cypress driftwood / Bois flotté provenant de cyprès de Taïwan / Taiwanesisches Zypressen-Treibholz / Drijfhout van de Taiwanese cipres

By-product use, reduced deforestation, and reduced carbon footprint / Utilisation d'un sous-produit, réduction de la déforestation, réduction de l'impact environnemental / Verwendung von Nebenprodukten, Verminderung der Entwaldung, Verminderung des ökologischen Fußabdrucks / Gebruik van bijproduct, vermindering van ontbossing, reductie van de ecologische voetafdruk

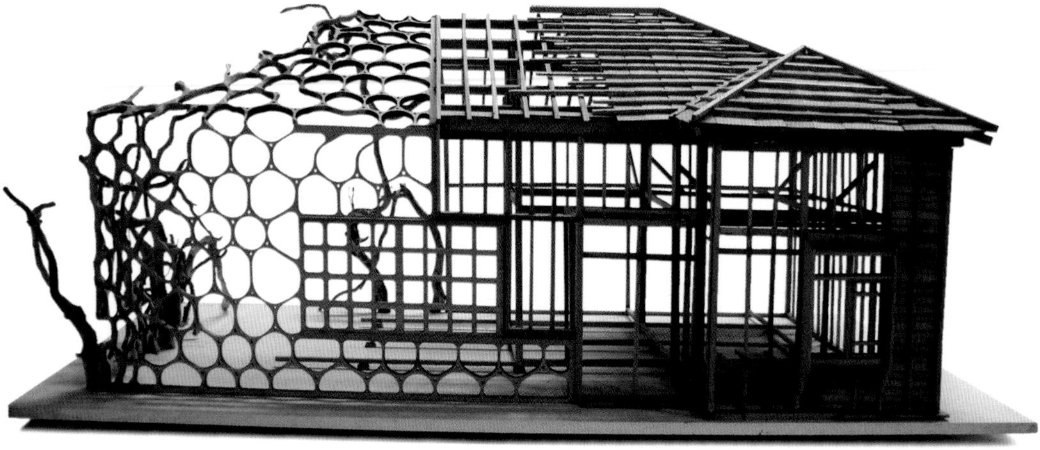

The result is a section of wood from forest waste, an alternative to traditional wooden structures.

Le résultat c'est une treille en bois réalisée à partir de déchets forestiers, une alternative aux structures en bois traditionnelles.

Das Ergebnis ist ein Holzfachwerk aus Baumresten, d.h. eine Alternative zu traditionellen Holzstrukturen.

Het resultaat is een houten frame op basis van bosafval, een alternatief voor de traditionele houtstructuren.

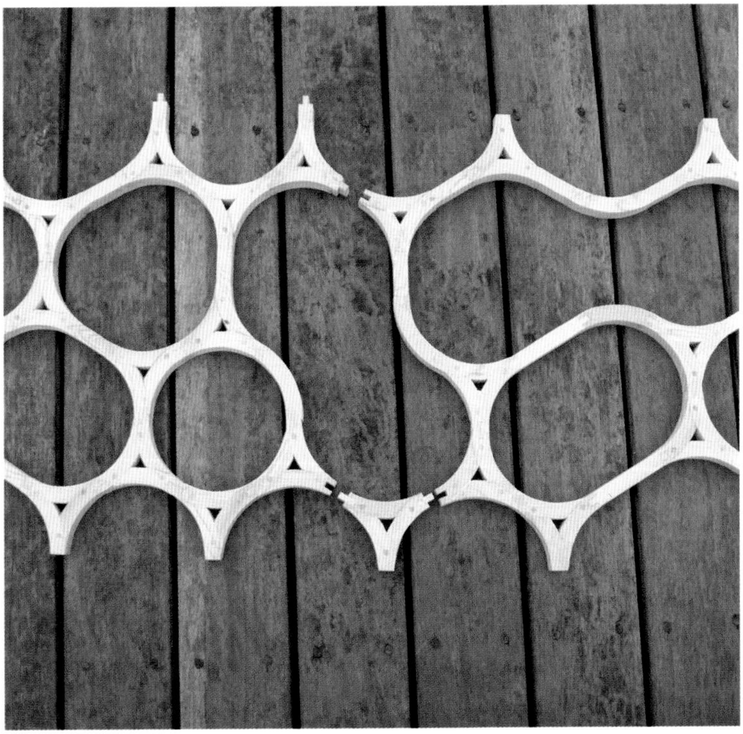

BaG
.COM
BIODEGRADABLE
IN 60 DAYS

60Bag

© Remigiusz Truchanowicz

60Bag are biodegradable bags made of non-woven flax-viscose. The flax-viscose is produced from flax fiber industrial waste, which means it does not exploit any natural resources and that energy consumption during production is minimal. This technology causes the bags to decompose in 60 days.

60Bag sind biologisch abbaubare Tragetaschen aus nicht gewebter Flachs-Viskose. Der Flachs-Viskose-Stoff wird aus Industrieabfällen hergestellt, die bei der Flachsfaser-Herstellung anfallen, was bedeutet, dass keine natürlichen Rohstoffe ausgebeutet werden und der Energieverbrauch bei der Herstellung vermindert wird. Diese Technologie führt dazu, dass sich die Tragetaschen innerhalb von 60 Tagen zersetzen.

60Bag ce sont des sacs biodégradables en viscose de lin non tissé. Le tissu de viscose de lin est produit à partir des résidus industriels de la fibre de lin. Ce qui signifie qu'aucune exploitation des ressources naturelles n'intervient et la consommation énergétique pour la production est réduite. Cette technologie permet aux sacs de se décomposer en 60 jours.

60Bag zijn biologisch afbreekbare tassen van niet geweven linnenviscose. De linnenviscosevezel wordt gemaakt van industrieel afval van linnenvezels, wat betekent dat er geen natuurlijke hulpbronnen geëxploiteerd worden en het energieverbruik tijdens de productie geminimaliseerd wordt. Deze technologie zorgt ervoor dat de tassen in 60 dagen worden afgebroken.

Katarzyna Okinczyc, Remigiusz Truchanowicz
Warszawa, Poland
www.60bag.com

Non-woven flax-viscose / Viscose de lin non tissée / Federn, Naturseide / Niet geweven linnenviscose

Biodegradable, energy-efficient production system / Biodégradable, production énergétiquement efficiente / Naturgewebe, handgemacht / Biologisch afbreekbaar, energie-efficiënte productie

60
BAG
.COM
BIODEGRADABLE
IN 60 DAYS

60
BaG
.COM

A practical and biodegradable way of preventing the proliferation of plastic bags.

Une manière pratique et biodégradable d'éviter la prolifération des sacs plastique.

Eine praktische und biologisch abbaubare Art, die Plastiktütenverbreitung zu verhindern.

Een praktische en biologisch afbreekbare manier om de overmatige verspreiding van plastic tassen te vermijden.

60
BaG
.COM

Tokelau
NIK COHN
FOUNDERS AT WORK

FOUNDERS AT WORK

Patchwork

© Amy Hunting

London-based Norwegian designer and illustrator Amy Hunting is the creator of Patchwork – a series of furniture made from recycled wood scraps, collected from factories in Denmark. The collection is made up of chairs, lamps and storage units.

Die in London lebende norwegische Designerin und Illustratorin Amy Hunting ist die Schöpferin von Patchwork: Eine Möbelserie, die aus gesammelten Holzabfällen aus dänischen Fabriken entstand. Die Kollektion besteht aus Stühlen, Lampen und Aufbewahrungsbehältern.

Amy Hunting, créatrice et illustratrice norvégienne installée à Londres, a conçu Patchwork : une série de meubles fabriqués à partir de chutes de bois recyclé, récupérées dans des usines au Danemark. La collection comprend des chaises, de lampes et des unités de rangement.

De in Londen gevestigde Noorse ontwerpster en illustratrice Amy Hunting is de schepper van Patchwork: een serie meubels gemaakt van gerecyclede houtresten, verzameld bij fabrieken uit Denemarken. De collectie bestaat uit stoelen, lampen en opbergmeubels.

Amy Hunting
London, United Kingdom
www.amyhunting.com

Recycled wood / Bois recyclé / Wiederverwertetes Holz / Gerecycled hout

Recycling / Recyclage / Wiederverwertung / Recycling

Lampshade fashioned with fragments of recycled wood.

Abat-jour élaboré à partir de fragments de bois recyclé.

Lampenschirm für Deckenlampe aus Holzstückrecyclat.

Kap voor plafondlamp gemaakt van stukken gerecycled hout.

Strata

© Ryan Frank

Strata is a line of furniture made from wood salvaged from old office desks. It was designed for the furniture makers Imadetrading with the collaboration of Green Works, a company salvaging wood from office furniture all over Britain.

Strata ist eine Möbelserie, die aus dem Holz entsorgter alter Büro-Schreibtische hergestellt wird. Sie wurde von der Möbelfirma Imadetrading in Zusammenarbeit mit Green Works, einer Firma, die das Holz von Büromöbeln im gesamten Vereinigten Königreich wiederverwertet, entworfen.

Strata est une ligne de meubles créée à partir du bois récupéré d'anciens bureaux d'entreprise abandonnés. Elle a été conçue pour l'entreprise de meubles Imadetrading avec la collaboration de Green Works, une entreprise qui récupère le bois des meubles de bureaux dans tout le Royaume-Uni.

Strata is een meubelcollectie gemaakt van hout afkomstig van oude, afgedankte bureaus. De collectie is ontworpen door het meubelbedrijf Imadetrading in samenwerking met Green Works, een onderneming die het hout van kantoormeubels uit het hele Verenigde Koninkrijk recyclet.

Ryan Frank
London, United Kingdom
www.ryanfrank.net

FSC plywood and mix of different woods / Contreplaqué FSC, mélanges de bois / FSC-zertifiziertes Sperrholz, verschiedene Hölzer / FSC multiplex, mengeling van verschillende houtsoorten

Reuse (60/70%), recycling / Réutilisation (60/70 %), recyclage / Wiederverwendung (60/70 %), Wiederverwertung / Hergebruik (60/70%), recycling

Cabbage Chair

© Masayuki Hayashi

A simple roll of paper hardened with resins is unfolded to create this soft and comfortable seat. The idea is that the user buys the compact roll for cutting and unfolding at home. It has no internal frame and is put together without nails or screws.

Eine einfache, mit Harz gehärtete Papierrolle entfaltet sich und bildet diesen weichen und komfortablen Sitz. Die Idee besteht darin, dass der Benutzer die kompakte Rolle kauft und sie zu Hause zuschneidet und entfaltet. Sie hat kein Innengerüst und wird ohne Nägel und Schrauben montiert.

Un simple rouleau de papier, durci avec des résines, se déplie et forme ce siège doux et confortable. L'idée c'est que l'utilisateur achète le rouleau compact, le coupe et le déplie chez lui. Il ne dispose pas de structure interne et se monte sans clou ni vis.

Een eenvoudige rol met hars verhard papier wordt uitgevouwen en vormt deze zachte, comfortabele stoel. De bedoeling is dat de gebruiker de compacte rol koopt, er een inkeping in maakt en de stoel in zijn eigen huis uitvouwt. De stoel heeft geen interne structuur en wordt zonder spijkers of bouten in elkaar gezet.

Nendo
Tokyo, Japan
www.nendo.jp

Paper / Papier / Papier / Papier

Recycling, reduced volume, and easy dismantling / Recyclage, réduction du volume, désassemblage simple / Wiederverwertung, Verminderung von Volumen, leicht auseinandernehmbar / Recycling, omvangvermindering, eenvoudig uit te pakken

This chair was designed by Issey Miyake for the XXIst Century Man *exhibition. The same concept has been applied in different colors.*

La chaise a été conçue par Issey Miyake pour l'exposition XXIst Century Man. *Le même concept a été développé en différentes couleurs.*

Der Stuhl wurde von Issey Miyake für die XXIst Century Man *Ausstellung entworfen. Das gleiche Konzept wurde in verschiedenen Farben angewendet.*

De stoel is ontworpen door Issey Miyake voor de tentoonstelling XXIst Century Man. *Hetzelfde concept werd in verschillende kleuren uitgevoerd.*

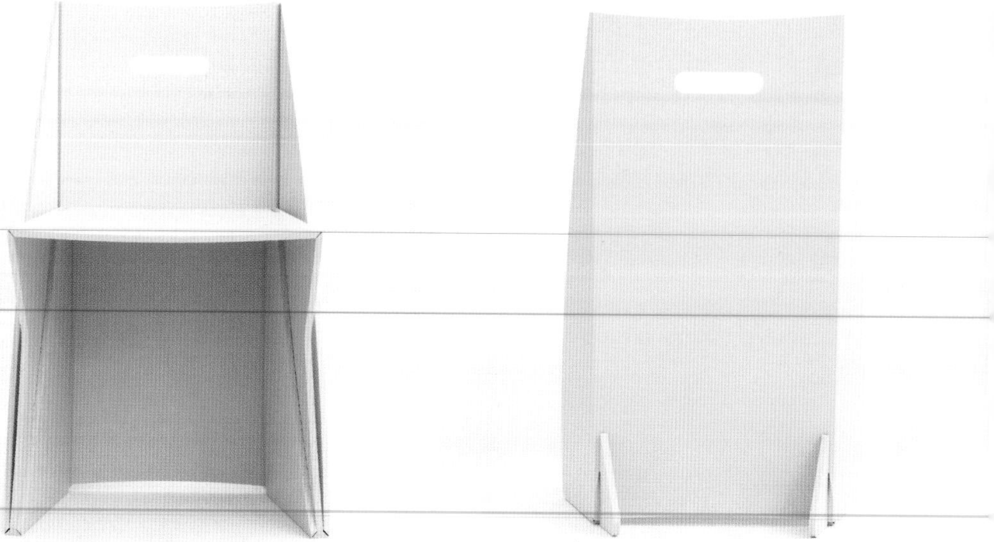

Lapel

© Tony Owczarek

Lapel is a chair made by folding 100% recycled plastic. It is very simple to assemble; this type of material can be put together in a few minutes without adhesives or screws. Lapel is suitable for both indoor and outdoor use and can hold weight up to 100 kg.

Lapel ist ein zusammenfaltbarer Stuhl aus 100 % wiederverwertetem Kunststoff. Seine Handhabung ist sehr einfach, da diese Art von Material die Montage ohne Verwendung von Klebstoff oder Schrauben innerhalb von wenigen Minuten ermöglicht. *Lapel* ist für drinnen und draußen geeignet und kann bis 100 kg Gewicht tragen.

Lapel est une chaise fabriquée dans un plastique flexible 100 % recyclé. Elle est très simple à manipuler car ce type de matériau permet un montage en quelques minutes sans colle ni vis. *Lapel* peut s'adapter aussi bien à l'intérieur qu'à l'extérieur et peut supporter jusqu'à 100 kg.

Lapel is een stoel van 100% gerecycled vouwbaar plastic. De stoel is heel eenvoudig te hanteren. Dankzij dit type materiaal kan de stoel in een aantal minuten zonder gebruik van lijm of bouten in elkaar worden gezet. *Lapel* is geschikt voor gebruik binnen- en buitenshuis en kan een gewicht van 100 kg verdragen.

Stuart Mcfarlane
Fitzroy, Australia
www.stuartmcfarlane.com

100% recycled high-density polyethylene (HDPE) / Polyéthylène haute densité (HDPE) 100 % recyclé / 100 % wiederverwertetes Polyethylen hoher Dichte (HDPE) / 100% gerecycled hoge dichtheid polyethyleen (HDPE)

Recycling, easy dismantling / Recyclage, désassemblage simple / Wiederaufbereitung, einfaches Auseinandernehmen / Recycling, eenvoudig uit te pakken

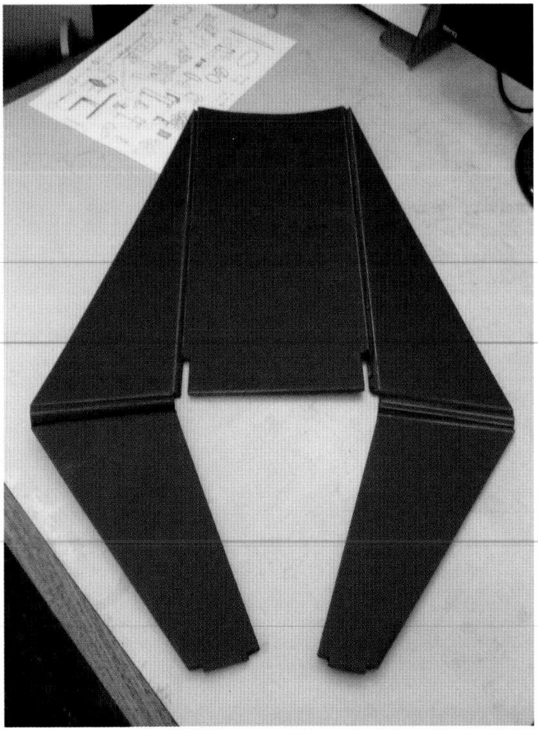

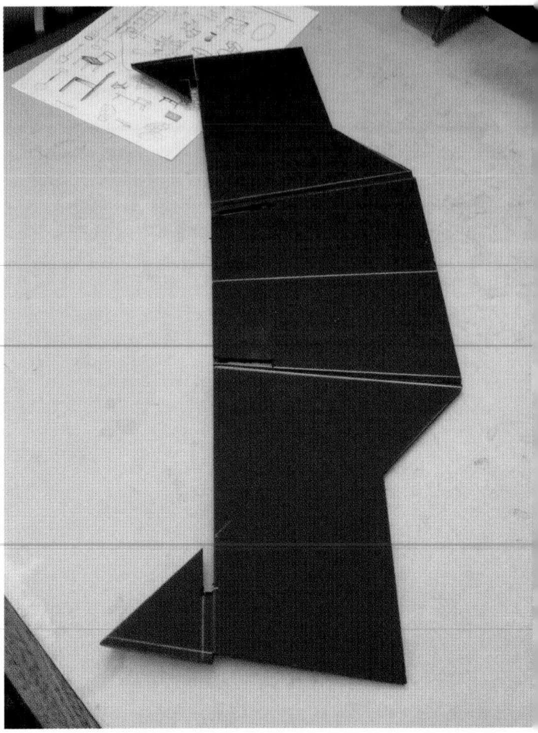

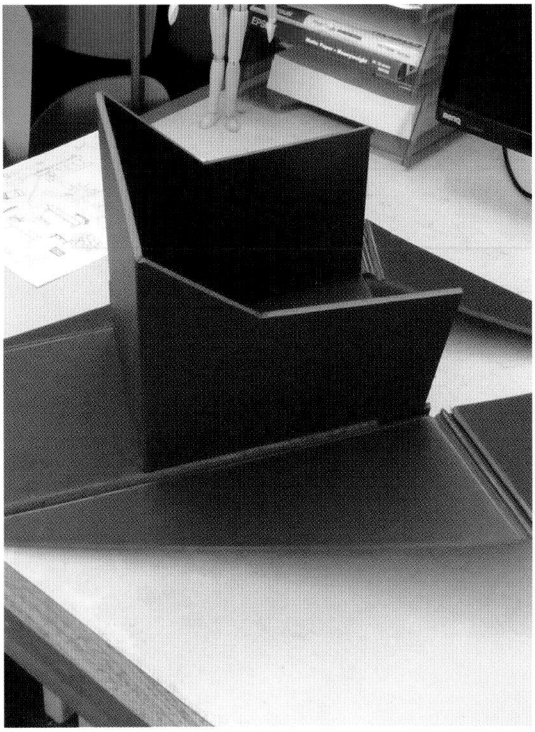

The chair is assembled by means of a simple fold, with no need for complex assembly processes.

Un simple pliage, et la chaise est montée sans besoin d'assemblage.

Durch einfaches Zusammenklappen kann dieser Stuhl ohne Montage aufgebaut werden.

De stoel wordt simpelweg uitgevouwen. Er is geen assemblage nodig.

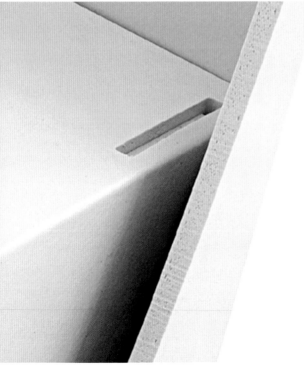

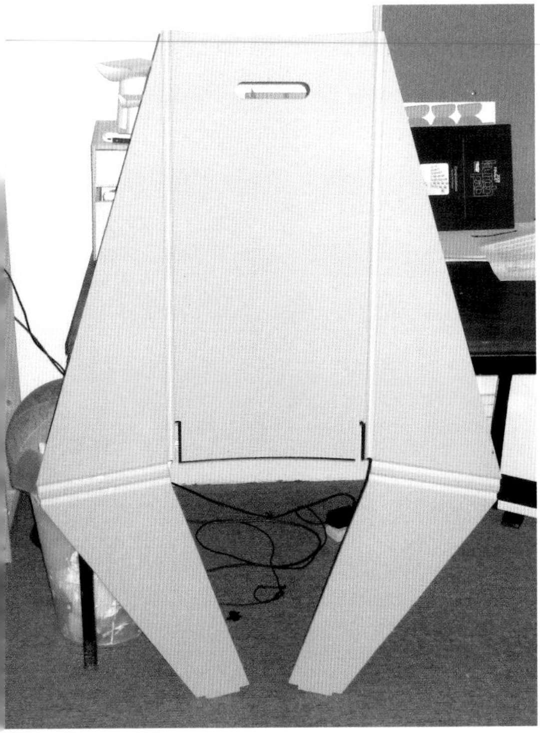

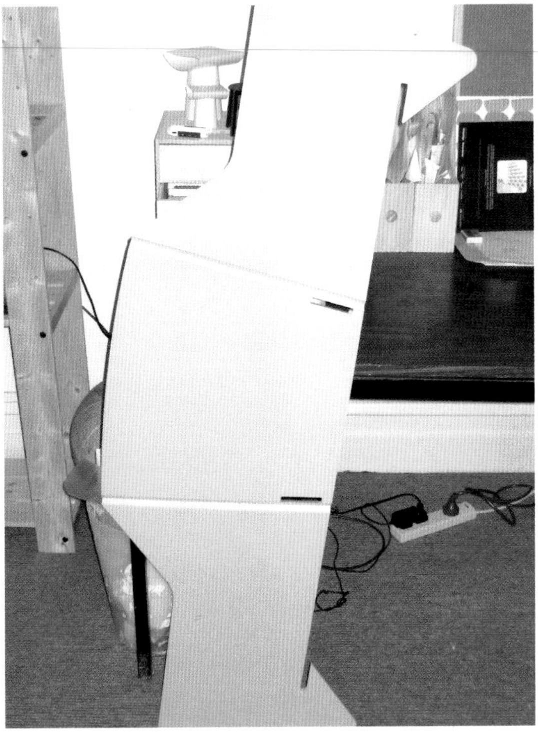

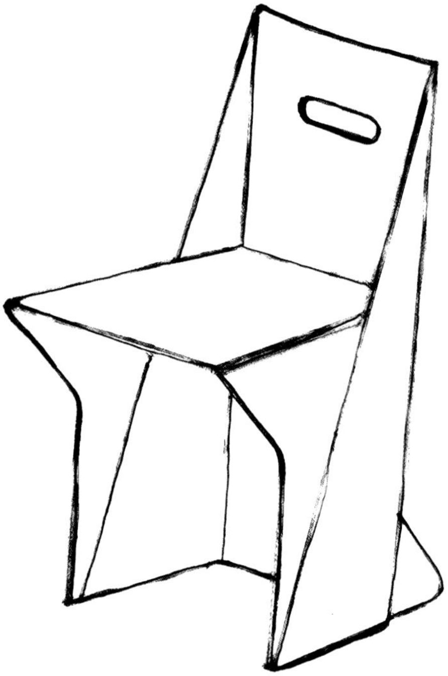

Hugo França

© Sherry Griffin

Burned wood, fallen trees, and old fishing canoes are given new life by the Brazilian designer Hugo França, who learned this craft technique by observing the Pataxó Indians. França directly carves the unwanted raw material and turns it into unique pieces.

Verkohlten Hölzern, umgefallenen Bäumen oder alten Fischerbooten haucht der brasilianische Designer Hugo França, der diese künstlerische Technik von den Pataxó-Indianern erlernte, neues Leben ein. França bearbeitet direkt das weggeworfene Ursprungsmaterial und verwandelt es in einzigartige Stücke.

Bois brûlé, arbres déracinés ou vielles barques de pêcheurs acquièrent une nouvelle vie entre les mains du créateur brésilien Hugo França, qui a appris cette technique artisanale en observant les indiens Pataxó. França sculpte directement la matière première abandonnée pour en faire des pièces uniques.

Verbrand hout, gevallen bomen en oude visschuiten krijgen nieuw leven van de hand van de Braziliaanse ontwerper Hugo França, die deze ambachtelijke techniek heeft geleerd van de Pataxó-indianen. França beitelt de afgedankte grondstof direct uit en maakt er unieke stukken van.

Hugo França
Sâo Paulo, Brasil
www.hugofranca.com.br

Waste timber / Bois rejeté / Abfallholz / Afgedankt hout

Recovery of forestry waste, biodegradable, and handcrafting / Récupération de déchets forestiers, biodégradable, fait main / Wiederverwertung von Abfallholz, biologisch abbaubar, Handarbeit / Terugwinning van bosafval, biologisch afbreekbaar, handmatige productie

Julia Krantz

© Sherry Griffin

Designer Julia Krantz works with Forest Stewardship Council-certified wood. Her furniture is made from stack-laminated plywood (thin laminate layers from a tree trunk, joined together in such a way that the natural movement of the wood is compensated and neutralized by the next laminate).

Die Designerin Julia Krantz arbeitet mit zertifizierten Hölzern, die das Siegel des FSC (Forest Stewardship Council) tragen. Ihre Möbelstücke werden unter Verwendung von Kompensationsholz hergestellt (dünne Schichten aus dem Baumstamm, die aneinander geklebt werden, so dass die natürliche Bewegung des Holzes durch eine andere Schicht kompensiert und neutralisiert wird).

La créatrice Julia Krantz travaille avec du bois certifié qui porte le label FSC (Forest Stewardship Council). Ses meubles sont conçus avec du bois aggloméré (de fines lames du tronc de l'arbre collées les unes aux autres de manière à ce que le mouvement naturel du bois soit compensé et neutralisé par l'autre lame).

De ontwerpster Julia Krantz werkt met FSC-gecertificeerd hout (Forest Stewardship Council). Haar meubelstukken zijn gemaakt van fineerhout (dunne platen van de boomstam die zodanig aan elkaar worden geplakt dat de natuurlijke beweging van de houten platen onderling gecompenseerd en geneutraliseerd wordt).

Julia Krantz
São Paulo, Brasil
www.juliakrantz.com.br

FSC-certified wood / Bois certifié par le FSC / FSC-zertifiziertes Holz / FSC-gecertificeerd hout

Recovery of forestry waste, biodegradable, and handcrafting / Récupération de déchets forestiers, biodégradable, fait main / Wiederverwertung von Abfallholz, biologisch abbaubar, Handarbeit / Terugwinning van bosafval, biologisch afbreekbaar, handmatige productie

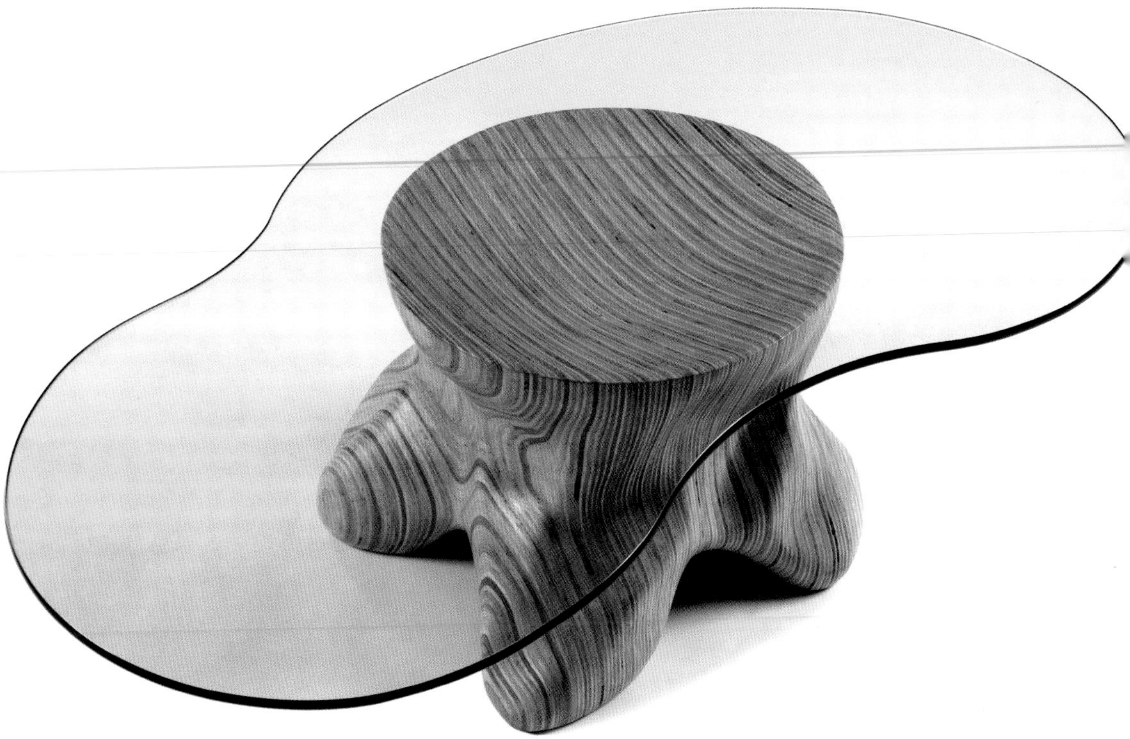

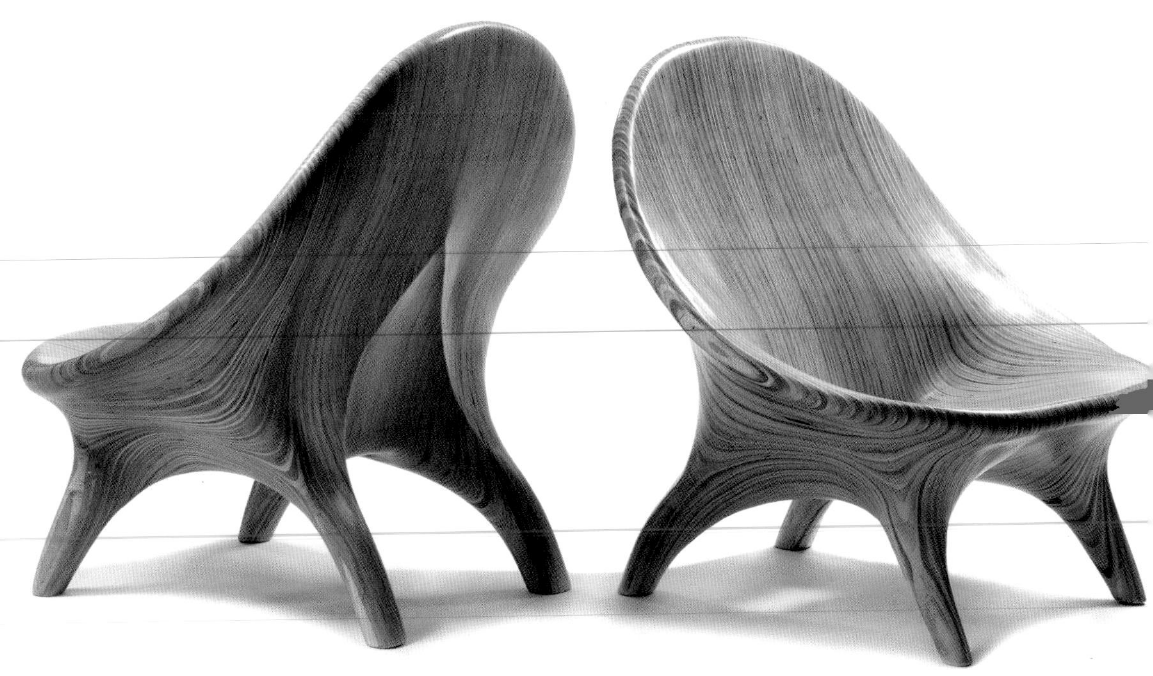

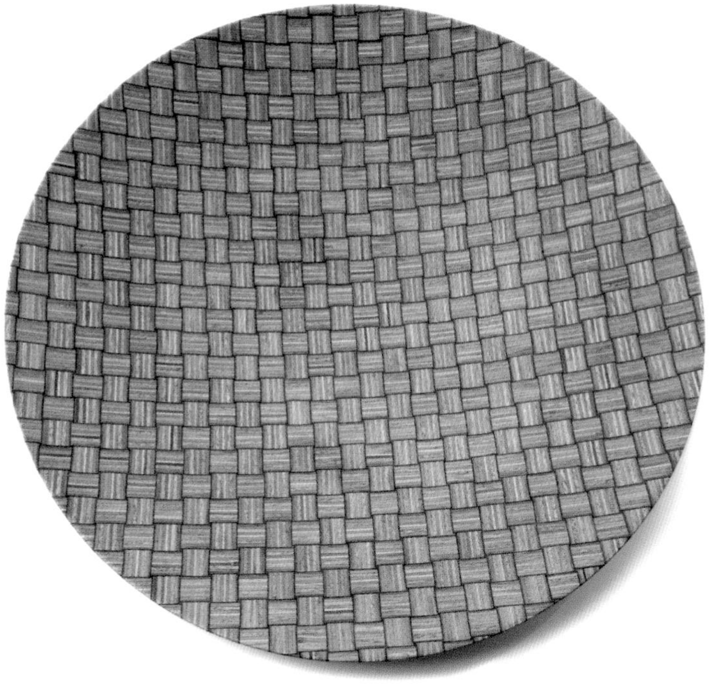

The layers of these plates are juxtaposed with others, creating a mosaic of tones that varies depending on the type of wood.

Les plaques de ces plats se juxtaposent pour créer une mosaïque de tons qui varie en fonction du type de bois.

Die Lamellen dieser Teller werden nebeneinander gelegt, wodurch ein Farbtonmosaik entsteht, das je nach Holzart unterschiedlich ausfällt.

De lagen van deze platen worden op elkaar gelegd waardoor een kleurenmozaïek ontstaat die varieert naargelang de houtsoort.

Slow White Series

© Ilco Kemmere, Bo Reudler Studio

This collection of furniture and objects is made from tree branches selected for their specific curves and imperfections. Each piece is handmade.

Diese Kollektion von Möbeln und Objekten ist aus Baumästen hergestellt, die wegen ihrer verschiedenen Kurven und Unvollkommenheiten ausgesucht wurden. Jedes Stück ist von Hand gefertigt.

Cette collection de mobilier et d'objets a été conçue à partir de branches d'arbres sélectionnées pour leurs différentes courbes et leurs imperfections. Chaque pièce est faite main.

Deze collectie meubels en voorwerpen is gemaakt van boomtakken die zijn geselecteerd op grond van hun onderscheidende vormen en onvolmaaktheden. Elk meubelstuk is met de hand gemaakt.

Bo Reudler Studio
Krommenie, The Netherlands
www.boreudler.com

Recollected timber (beech, birch, cherry or oak), recycled wood, white linseed oil paint / Bois récupéré (hêtre, bouleau, merisier ou chêne), bois recyclé, peinture blanche à l'huile de lin / Aufgelesenes Holz (Buche, Birke, Kirschbaum oder Eiche), recyceltes Holz, weiße Farbe aus Leinöl / Geoogst hout (beuken, berken, kersen of eiken), gerecycled hout, blanke lijnolieverf

Reuse, recycling, handcrafted / Réutilisation, recyclage, production manuelle / Wiederverwendung, Recycling, handgemacht / Hergebruik, recycling, handmatige productie

The pieces stand out for their unusual, asymmetric design, which almost seems to be in motion.

Die Teile kennzeichnen sich durch ihr ungleichmäßiges und asymmetrisches Design, das sich fast in Bewegung befindet.

Les pièces se distinguent par leur design irrégulier et asymétrique ; elles semblent presque en mouvement.

De voorwerpen vallen op vanwege hun onregelmatige en asymmetrische, bijna bewegende ontwerp.

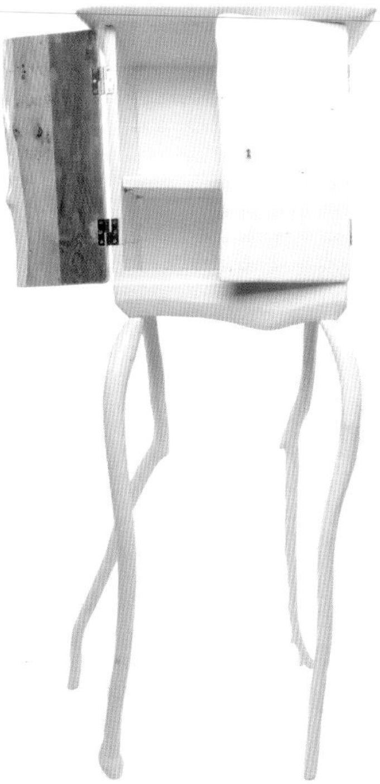

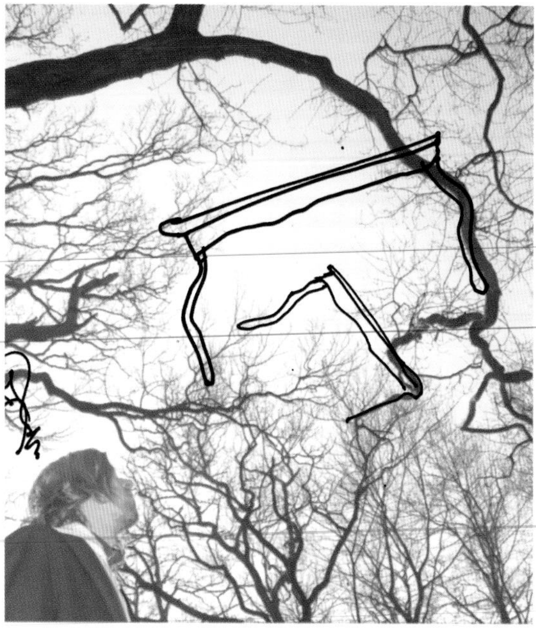

#1: Idea

#2 Research

#3 Collecting

#4 ... Administration

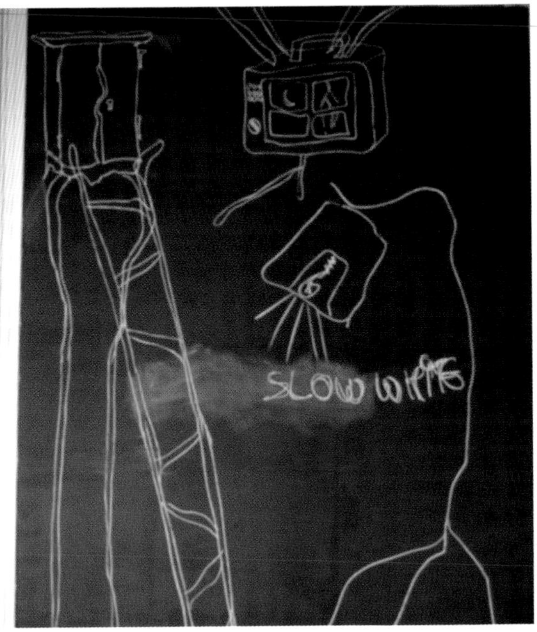

#5 Sketching

#6 Building

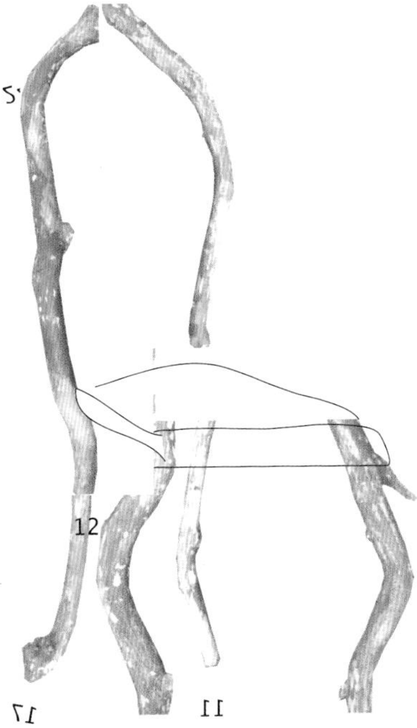
12
11

#7 Slow White series

Flame Lamps

Gitta Gschwendtner designed this collection of ten lamps using low-energy candle-effect bulbs. Each lamp contains a bulb set in materials that burn easily, such as wood, coal, paper, and oil.

Gitta Gschwendtner entwarf diese Serie von zehn Lampen, für die Energiesparlampen, die wie Kerzen aussehen, verwendet werden. Jede Lampe enthält eine Glühlampe, die auf einem leicht brennbaren Material wie Holz, Kohle, Papier oder Öl angebracht wird.

Gitta Gschwendtner a conçu cette série de dix lampes qui utilisent des ampoules basse consommation en forme de bougie. Chaque lampe contient une ampoule appliquée sur des matériaux qui peuvent brûler facilement comme le bois, le charbon, le papier ou l'huile.

Gitta Gschwendtner ontwierp deze serie van tien lampen waarin vlamvormige spaarlampen worden gebruikt. Elke lamp bestaat uit een gloeilamp die is aangebracht op materialen die gemakkelijk branden, zoals hout, steenkolen, papier of olie.

Gitta Gschwendtner
London, United Kingdom
www.gittagschwendtner.com

Compact fluorescent light bulb, paper, oil, coal, and wood / Ampoules basse consommation, papier, huile, charbon, bois / Energiesparlampen, Papier, Öl, Kohle, Holz / Spaarlampen, papier, olie, steenkool, hout

Energy efficiency / Efficience énergétique / Energie-Effizienz / Energie-efficiëntie

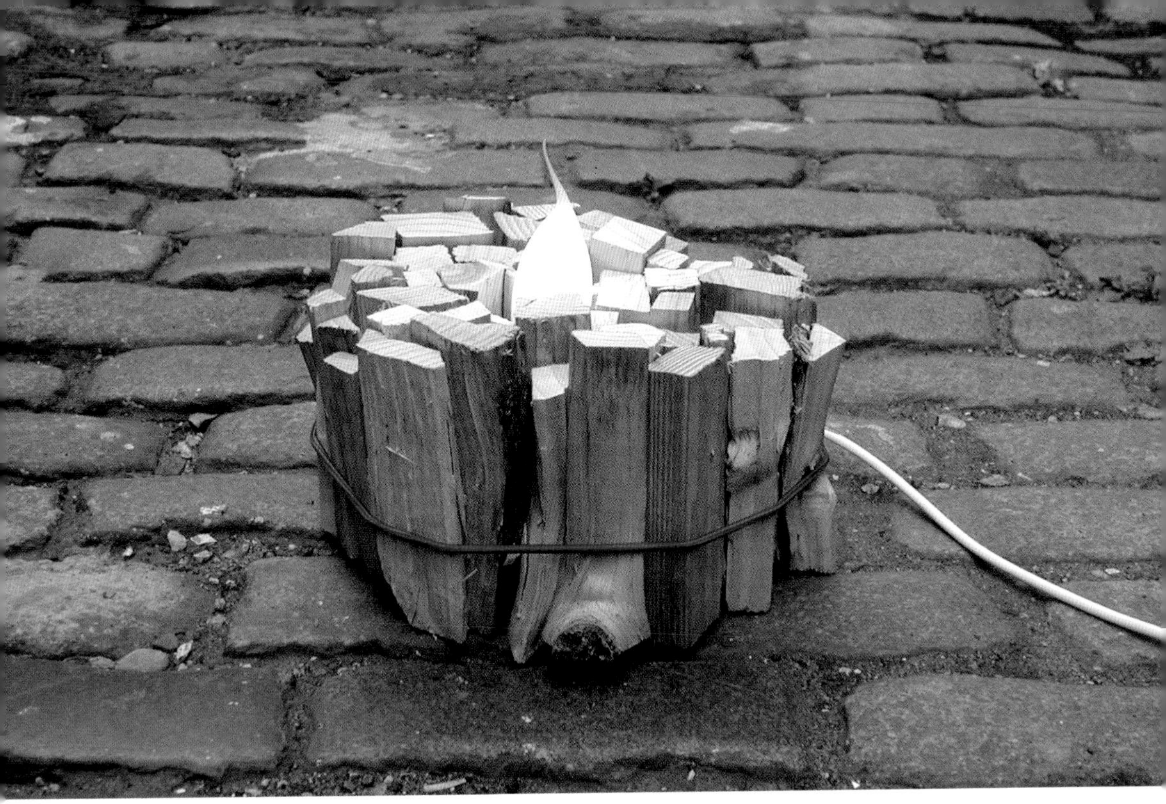

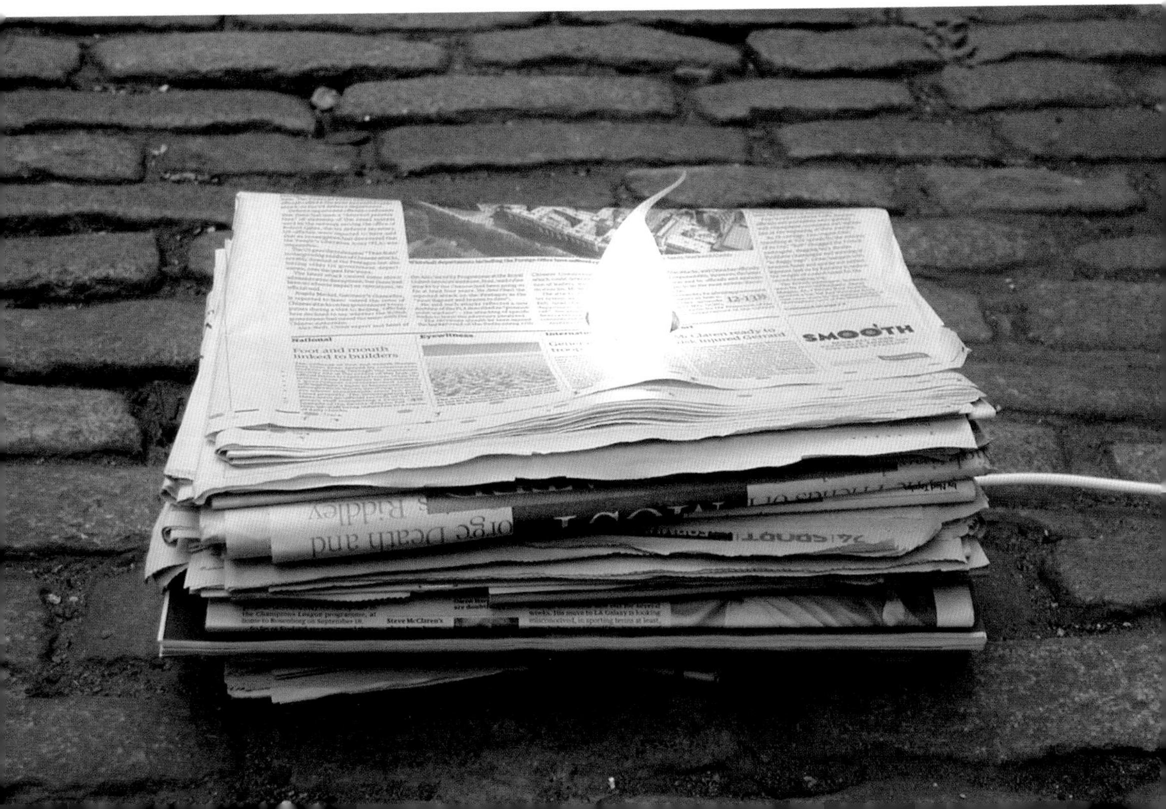
National
Foot and mouth
linked to builders
Eyewitness
SMOOTH

burn:
wood
paper
coal
candle
coal light

This series was created for Ten, *an exhibition on sustainable design that was held in 100% Design in London.*

Cette série a été créée pour Ten, *une exposition sur le design durable qui s'est déroulée au 100 % Design de Londres.*

Diese Serie entstand für Ten, *eine Ausstellung über nachhaltiges Design, die auf dem 100 % Design in London veranstaltet wurde.*

Deze serie werd ontworpen voor Ten, *een tentoonstelling over duurzaam ontwerpen die werd gehouden in het 100% Design te Londen.*

Packaging Lamp

This lamp is made from paper pulp packaging sourced from recycled newspapers. Its structure contains a compact fluorescent light bulb and a plug. When opened, the packaging becomes the lamp form, saving on waste. It is easy to carry and totally biodegradable.

Diese Lampe ist aus Verpackungsmaterial aus Recycling-Zeitungen hergestellt. Sie enthält eine Energiesparlampe und einen Stecker. Wenn man die Verpackung öffnet, verwandelt sie sich in die Lampenform und spart dadurch Abfall. Sie ist leicht zu transportieren und vollständig biologisch abbaubar.

Cette lampe est fabriquée à partir d'une masse d'emballage constituée de journaux recyclés. Sa structure contient une ampoule basse consommation et une prise. Lorsqu'on l'ouvre, l'emballage prend la forme de la lampe, ce qui permet ainsi de réduire les déchets. Elle est facile à transporter et entièrement biodégradable.

Deze lamp is gemaakt van een uit gerecyclede kranten samengestelde verpakkingsmassa. De structuur ervan is voorzien van een spaarlamp en stekker. Als men de verpakking openmaakt, verandert deze in een lamp, waardoor afval wordt bespaard. Gemakkelijk te vervoeren en volledig biologisch afbreekbaar.

David Gardener
London, United Kingdom
www.davidgardener.co.uk

Recycled paper paste, compact fluorescent (low-energy) light bulb, plug, and electric wire / Pâte de papier recyclé, ampoule basse consommation, prise, câble électrique / Altpapier-Masse, Energiesparlampe, Stecker, elektrisches Kabel / Kringlooppapiermassa, spaarlamp, stekker, elektrisch snoer

Recyclable, biodegradable, and energy efficiency / Recyclage, biodégradable, efficience énergétique / Wiederverwertung, biologisch abbaubar, Energie-Effizienz / Recycling, biologisch afbreekbaar, energie-efficiëntie

When opened, the packaging becomes the lampshade, saving on useless waste.

L'emballage même se transforme en abat-jour pour la lampe, ce qui permet de diminuer la production de déchets non réutilisables.

Die Verpackung selbst verwandelt sich in einen Lampenschirm, wodurch unbrauchbare Abfälle eingespart werden.

De verpakking zelf verandert in lampenkap, waardoor onbruikbaar afval wordt bespaard.

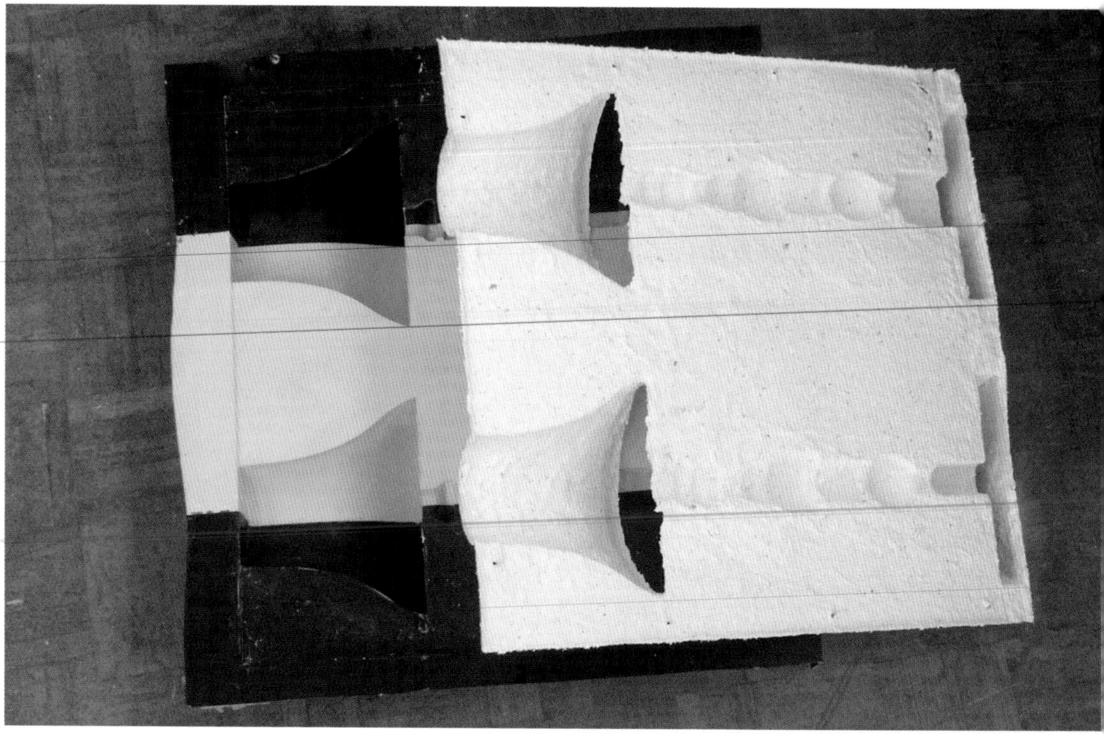

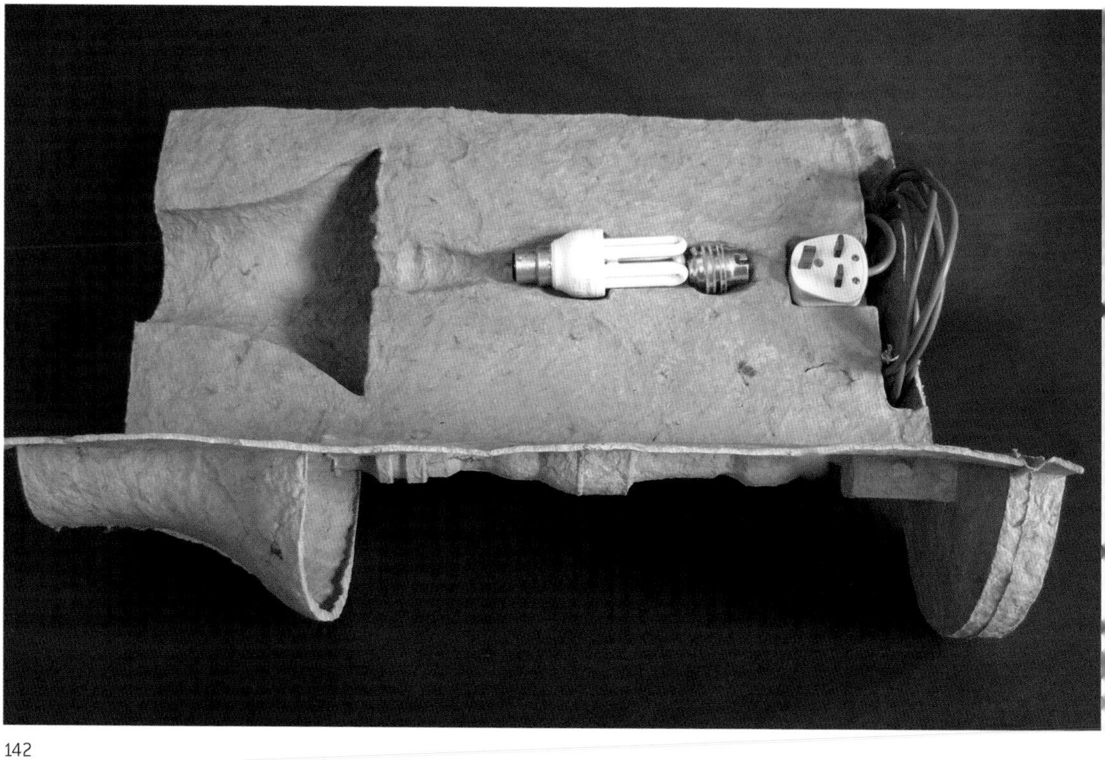

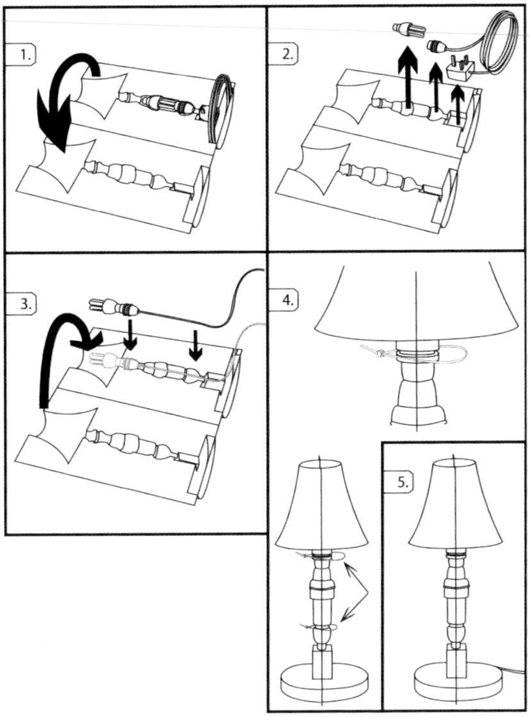
1.
2.
3.
4.
5.

Cloud Lamps

Yu Jordy Fu is the London designer who produced this series of shades for a lamp that only takes low-energy compact fluorescent light bulbs. Each shade is handmade from recycled paper, a simple and sustainable way of enhancing intimacy and the magic of a home.

Yu Jordy Fu ist ein Londoner Designer, der diese Serie von Schirmen für Lampen, die nur mit Energiesparlampen betrieben werden, hergestellt hat. Jeder Schirm wird von Hand aus Altpapier gefertigt – eine einfache und nachhaltige Art, die Intimität und Magie des häuslichen Ambientes zu beleben.

Yu Jordy Fu est le designer londonien qui a produit cette série d'abat-jour à placer sur des lampes n'utilisant que des ampoules basse consommation. Chaque abat-jour est fait main avec du papier recyclé, une manière simple et écologique de créer une atmosphère intime et magique à la maison.

Yu Jordy Fu is de Londense ontwerper die deze serie lampenkappen heeft vervaardigd voor verlichtingselementen die alleen spaarlampen gebruikt. Elke lampenkap is handmatig met kringlooppapier gemaakt en heeft een eenvoudige en duurzame vorm die de intimiteit en de magie van de huiselijke sfeer bevordert.

Yu Jordy Fu
London, United Kingdom
www.jordyfu.com

Recycled paper / Papier recyclé / Altpapier / Kringlooppapier

Recycling, energy efficiency, and handcrafting / Recyclage, efficience énergétique, fait main / Wiederaufbereitung, Energie-Effizienz, manuelle Herstellung / Recycling, energie-efficiëntie, handmatige productie

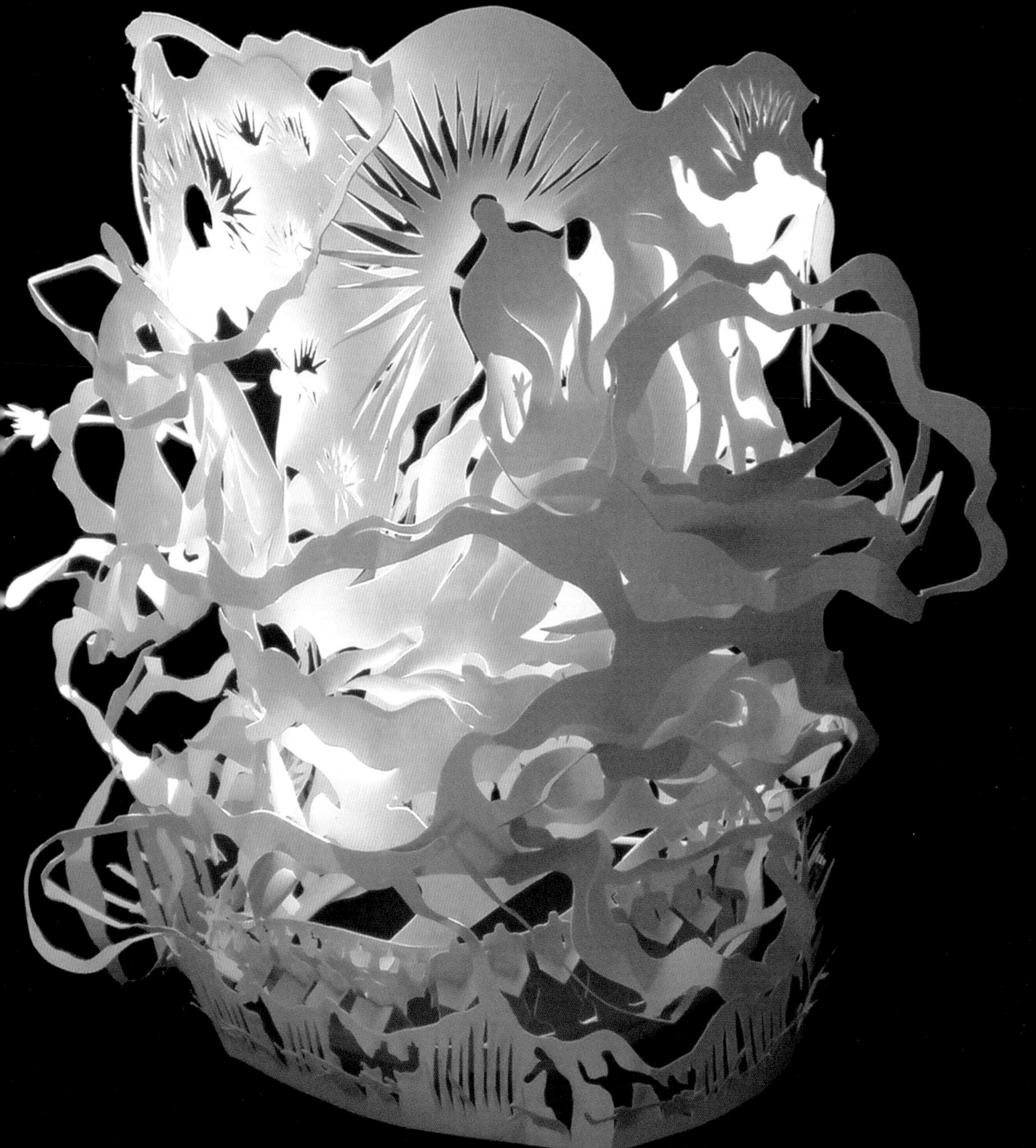

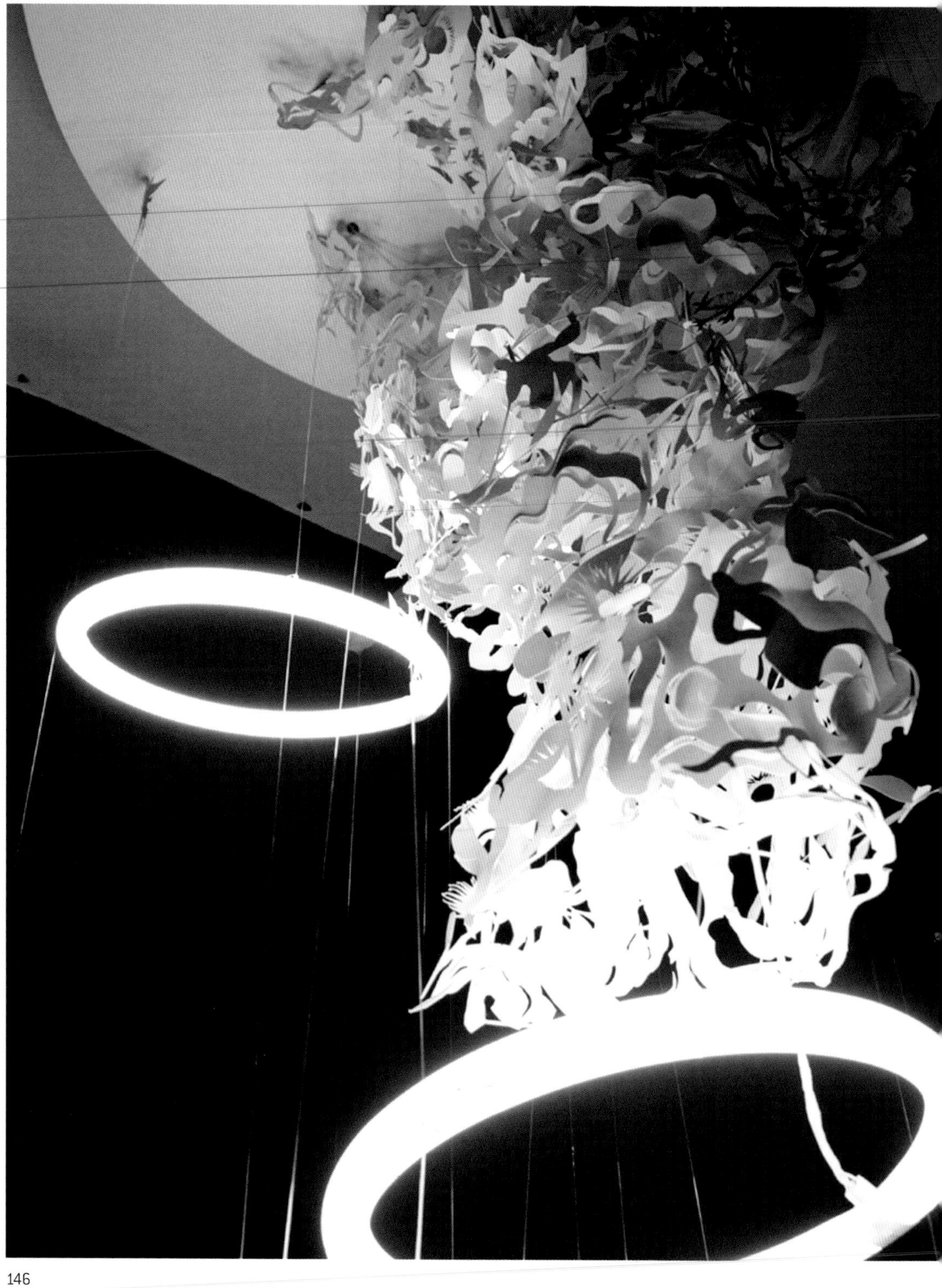

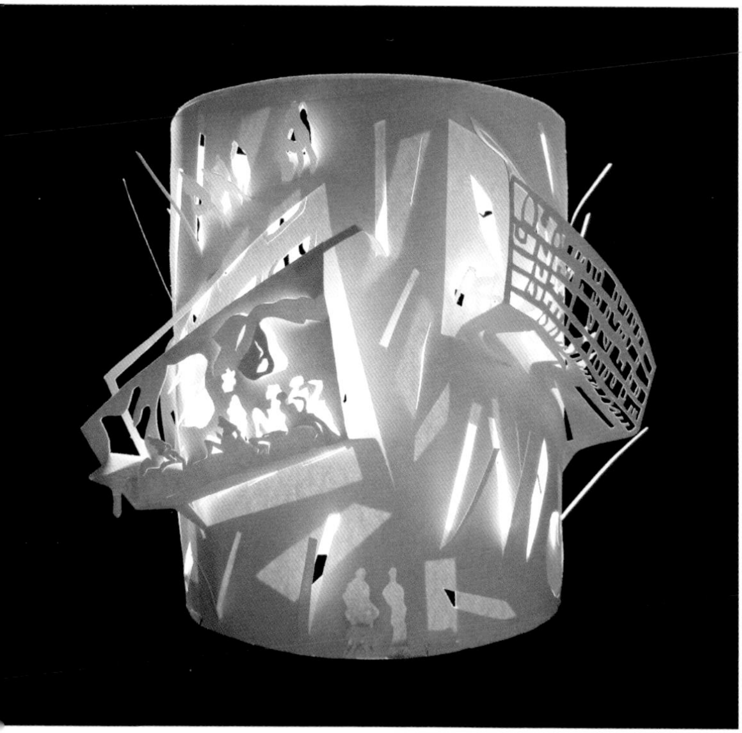

Each shade has been hand cut to create magical scenes when the light is switched on. The whole collection formed part of the In From the Cold *festival in London's Southbank Centre.*

Chaque abat-jour a été redécoupé à la main pour créer des scènes magiques lorsque l'on allume la lumière. La collection complète a été présentée au festival In From the Cold *au* Southbank Centre *de Londres.*

Jeder Lampenschirm wurde per Hand zugeschnitten und formt bei eingeschaltetem Licht magische Szenen. Die vollständige Kollektion war Teil des In From the Cold *Festivals im Londoner* Southbank Centre.

Elke lampenkap is met de hand uitgeknipt zodat magische scènes ontstaan wanneer het licht wordt aangedaan. De complete collectie maakte deel uit van het festival In From the Cold *in het* Southbank Centre *van Londen.*

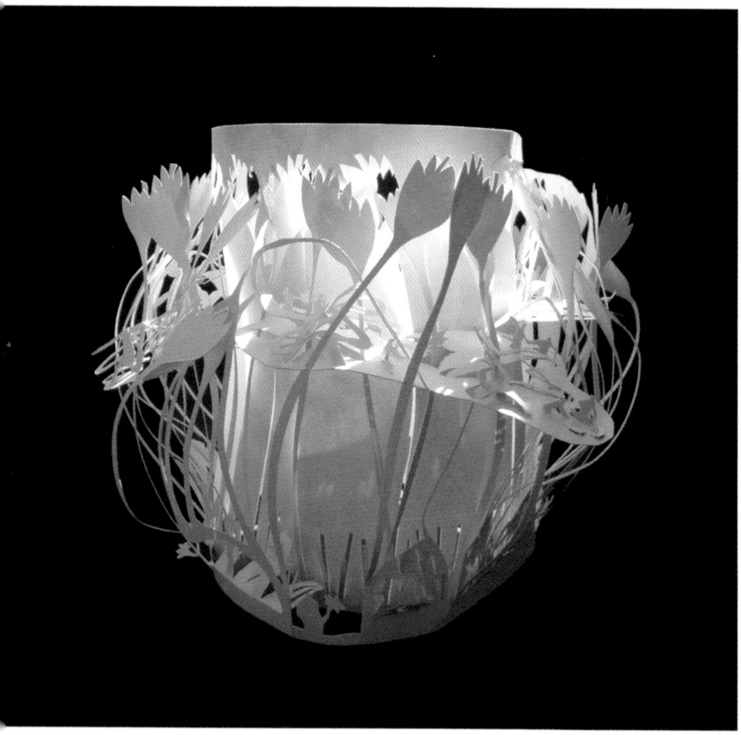

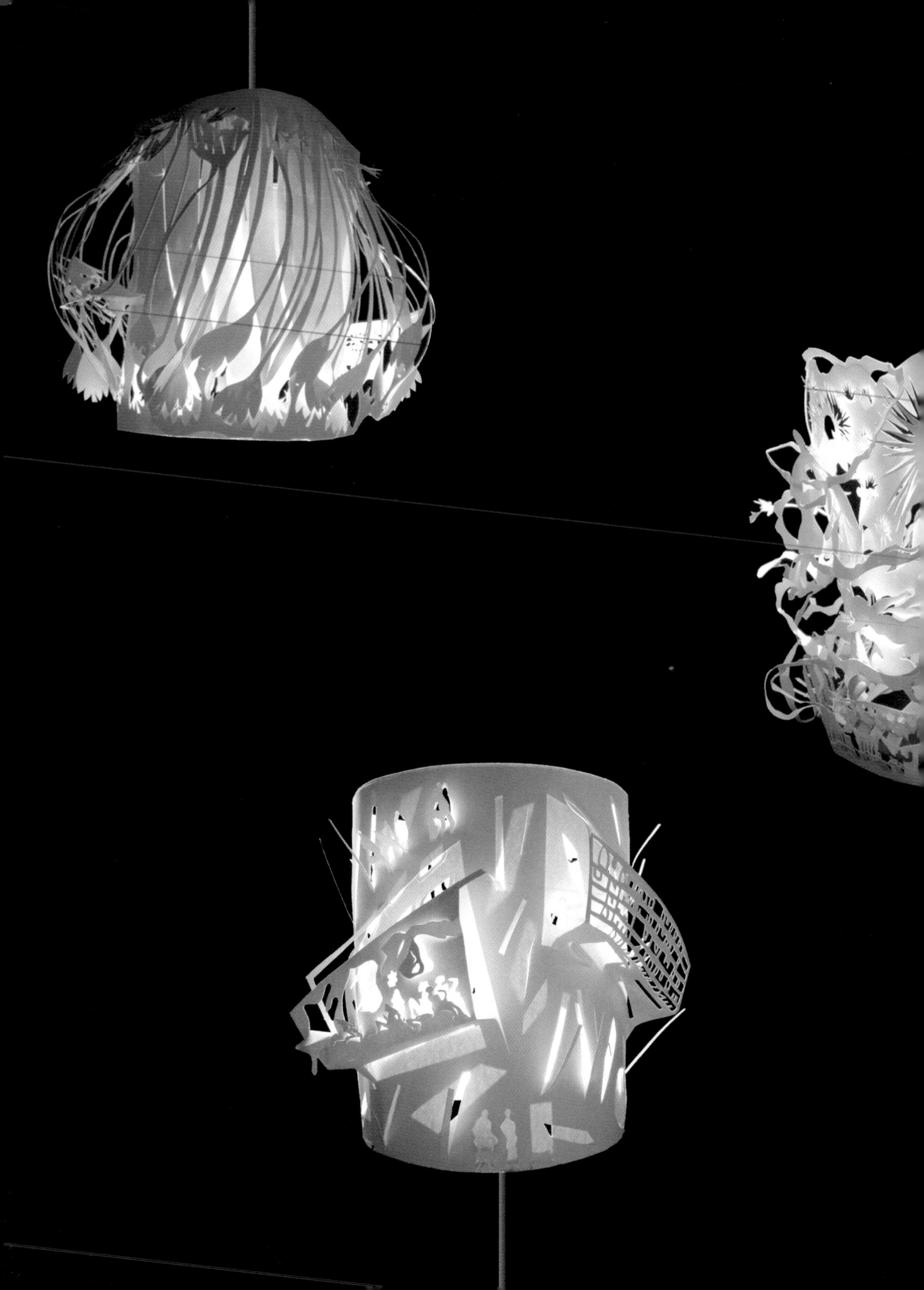

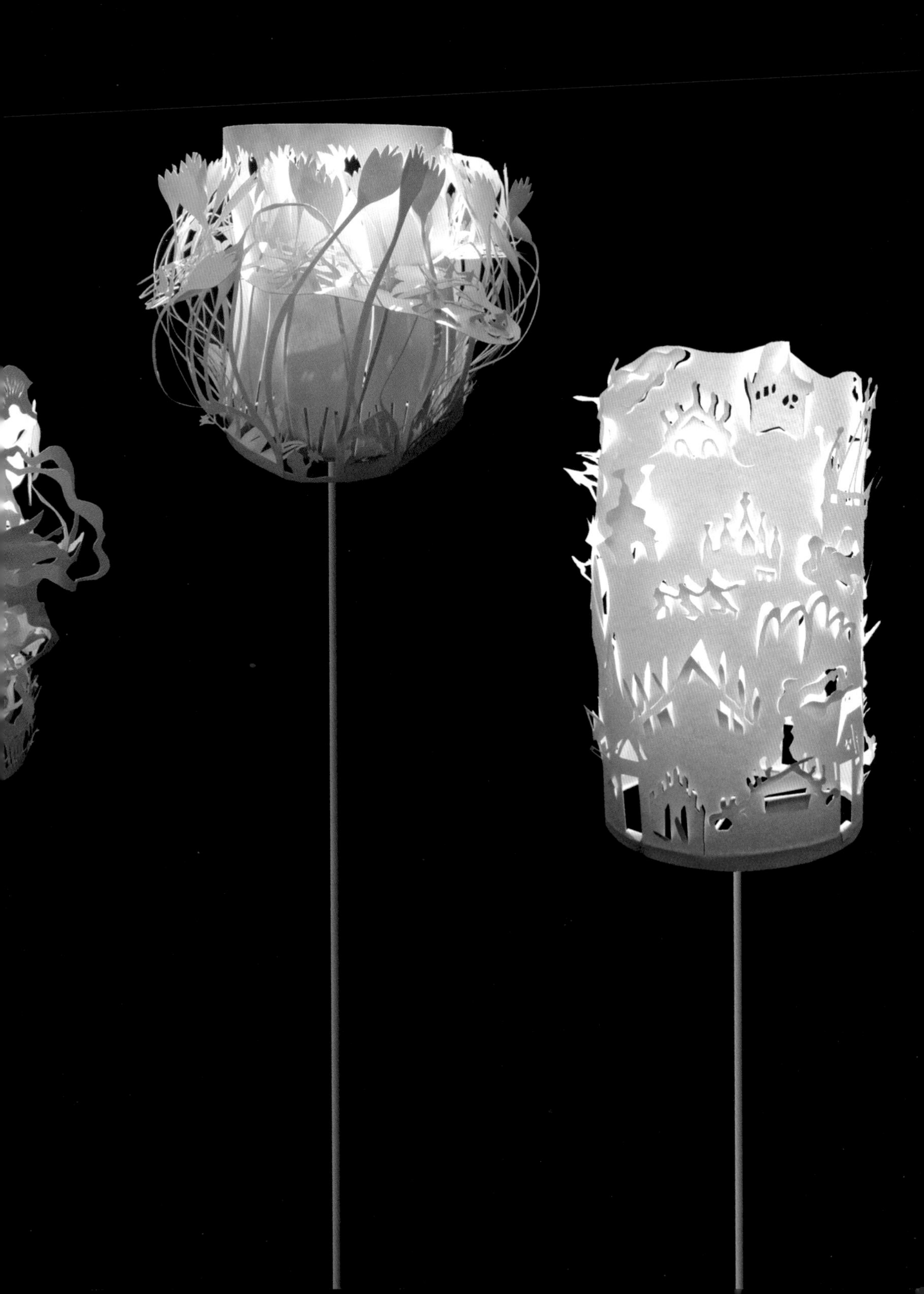

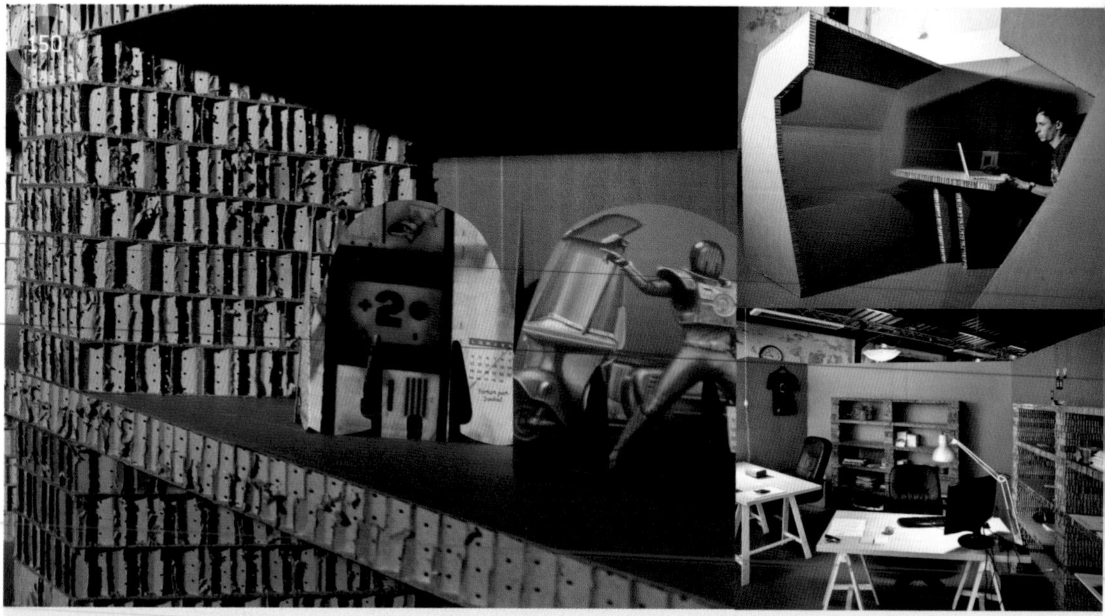

Cardboard Office

© Benjamin Bocass

French artist Paul Coudamy designed this cardboard office for a Paris advertising agency requiring 20 acoustically insulated workspaces for internal meetings. 4-cm thick, water-resistant cardboard was used, together with wood glue and adhesive tape.

Der französische Künstler Paul Coudamy entwarf dieses Büro aus Karton für eine Werbeagentur in Paris, die 20 akustisch isolierte Arbeitsräume für ihre internen Besprechungen anforderte. Es wurden wasserfester Karton von 4 cm Dicke, Holzleim und Klebeband verwendet.

L'artiste français Paul Coudamy a conçu ce bureau en carton pour une agence de publicité de Paris qui avait besoin de 20 espaces de travail dotés d'isolation phonique pour ses réunions internes. On a utilisé du carton résistant à l'eau de 4 cm d'épaisseur, de la colle à bois et du ruban adhésif.

De Franse kunstenaar Paul Coudamy ontwierp dit kartonnen kantoor voor een reclamebureau uit Parijs, dat 30 geluidsisolerende werkruimten voor interne vergaderingen nodig had. Er werd 4 cm dik waterbestendig karton, houtlijm en plakband gebruikt.

Paul Coudamy
Paris, France
www.paulcoudamy.com

Water-repellent cardboard and recycled umbrellas / Carton hydrofuge, parapluies recyclés / Wasserabweisender Karton, wiederverwertete Schirme / Waterafstotend karton, recyclede paraplu

Recycling and handcrafting / Recyclage, fait main / Wiederaufbereitung, manuelle Herstellung / Recycling, handmatige productie

CURTIS

The furniture, such as shelves and sofas, are also made from strong cardboard.

Le mobilier, comme les étagères et les canapés, sont également en carton et peuvent supporter de lourdes charges.

Die Möbel, wie Regale und Sofas, sind ebenfalls aus Karton und gewichtsbeständig.

De meubels, zoals de boekenkasten en de banken, zijn eveneens gemaakt van karton en bestand tegen gewicht.

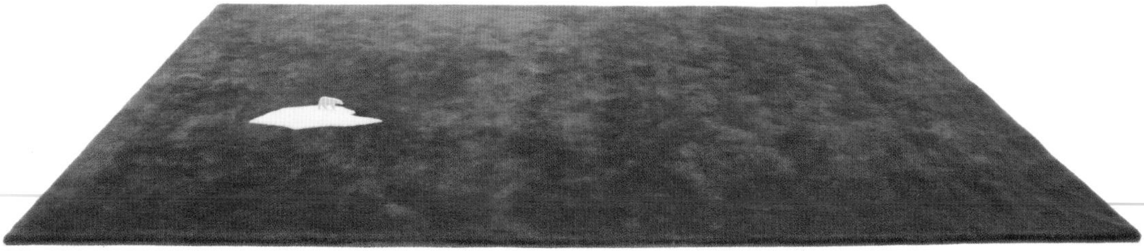

Global Warming

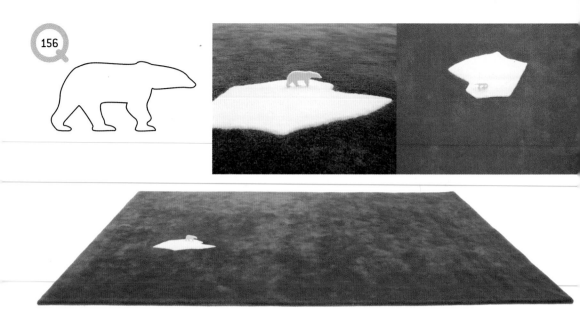

This rug depicts a bear stranded on an ice floe, the victim of melting polar ice caps and global warming. Following the age-old tradition of using rugs as communication channels, NEL turns this scene into a reflection on our impact on the world.

Dieser Teppich zeigt einen gestrandeten Bär auf einer Eisscholle, Opfer des Schmelzens der Polkappen und der Erderwärmung. Der Tausende Jahre alten Tradition folgend, die Teppiche als Kommunikationsmittel zu nutzen, verwandelt NEL diese Szene in eine Reflexion über die Folgen unseres Einwirkens auf die Umwelt.

Ce tapis représente un ours échoué sur un morceau de banquise, victime de la fonte des pôles et du réchauffement climatique. En reprenant la tradition millénaire qui consiste à utiliser des tapis comme moyens de communication, NEL transforme cette scène en une réflexion sur l'impact de l'Homme sur le monde.

Op dit tapijt wordt een op een ijsschots gestrande beer, als slachtoffer van het smelten van de polen en de opwarming van de aarde, afgebeeld. Volgens de eeuwenoude traditie om tapijten als communicatiekanalen te gebruiken, maakt NEL van deze scène een bezinning over onze invloed op de wereld.

NEL Colectivo for NANIMARQUINA
Barcelona, Spain
www.nanimarquina.com

100% (New Zealand) wool, and felt / Laine 100 % (Nouvelle-Zélande), feutre / 100 % Wolle (Neuseeland), Filz / 100% wol (Nieuw-Zeeland), vilt

Organic material, environmental awareness, and handcrafting / Matière organique, prise de conscience environnementale, fait main / Organisches Material, Bewusstseinsbildung für die Umwelt, manuelle Herstellung / Organisch materiaal, milieubewustmaking, handmatige productie

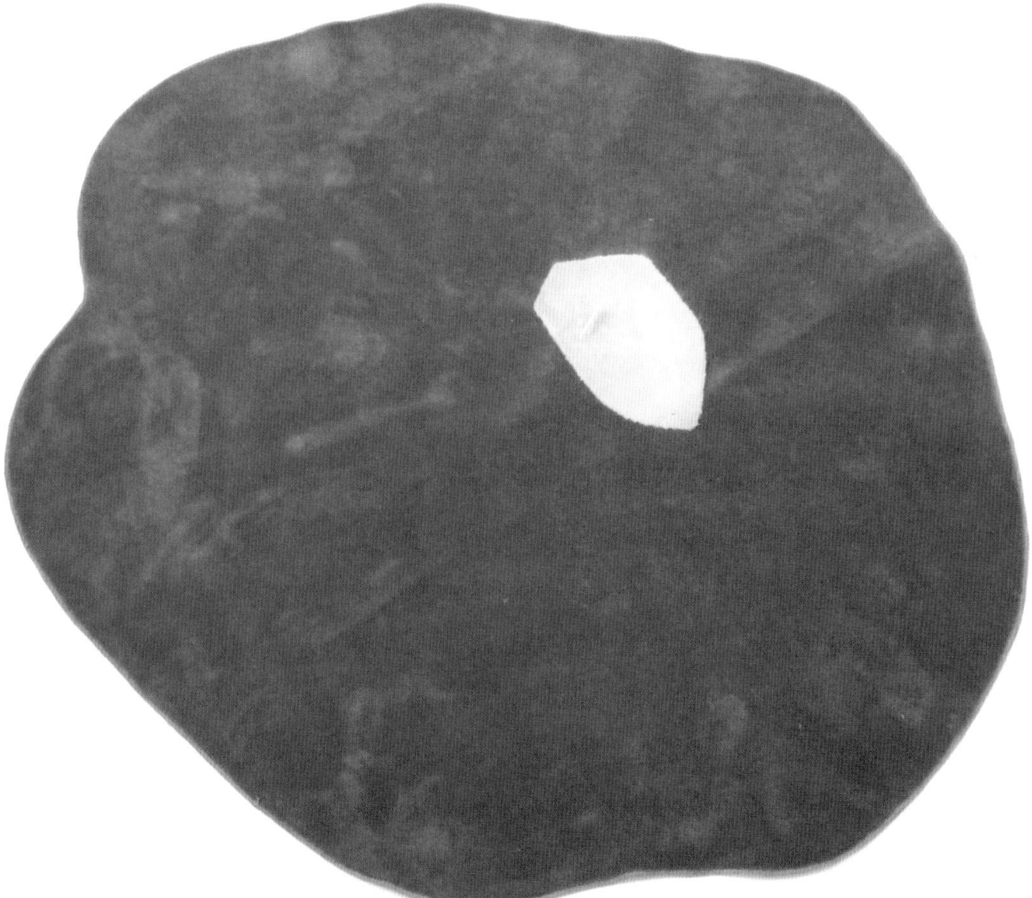

A reflection on climate change through a representation of a bear stranded on a disintegrating ice floe.

Une réflexion sur le changement climatique à travers la représentation d'un ours prisonnier sur une banquise en train de fondre.

Eine Überlegung zum Klimawandel anhand der Darstellung eines Bärs, der auf einem schmelzenden Eisstück gefangen ist.

Een beschouwing over de klimaatverandering via de voorstelling van een beer die op een smeltende ijsschots gevangen zit.

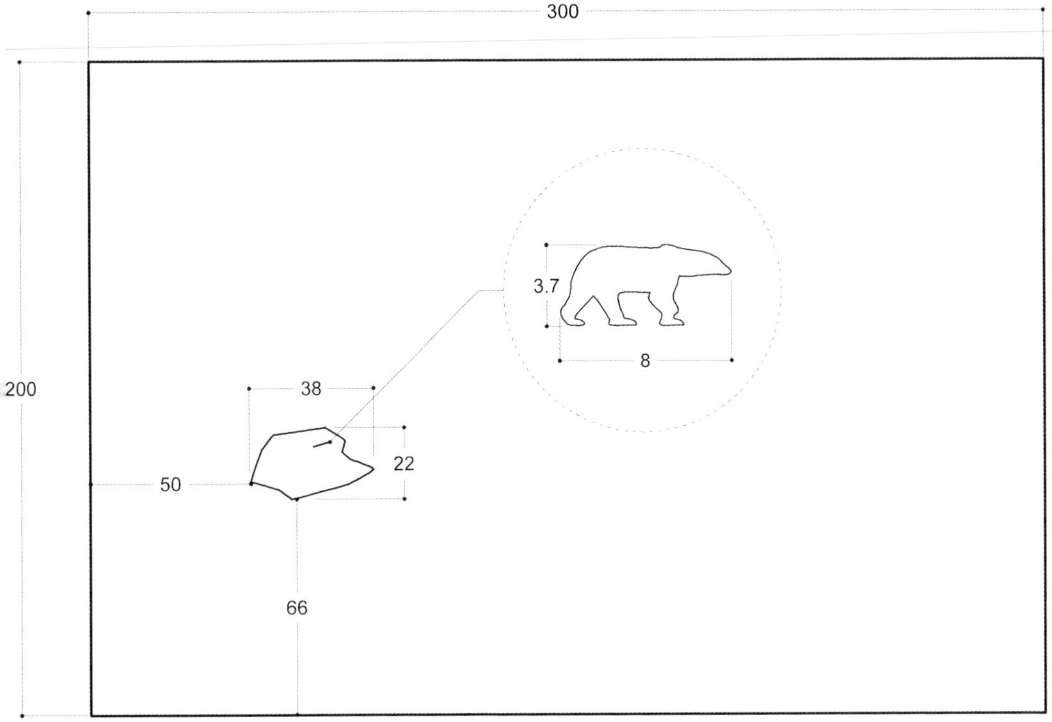
300
200
3.7
8
38
22
50
66

Rug dimensions

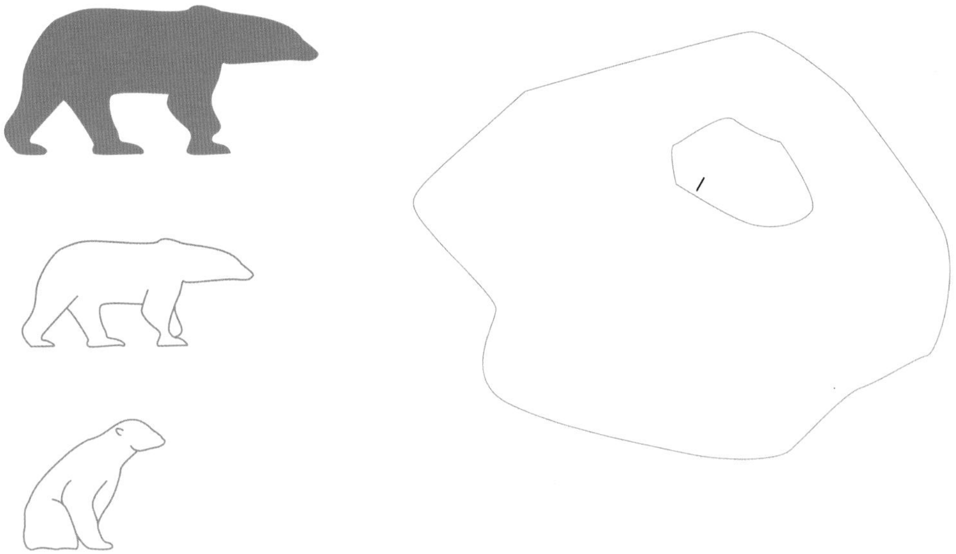

Templates

Robots

© Sherry Griffin

Argentinian designer Rusti D. is the creator of these figures made with reused objects and components. The idea was to find a double use for the material - mainly broken or no longer used doll, and pieces of industrial plastic.

Der argentinische Designer Rusti D. hat diese Figuren aus wiederverwerteten Objekten und Bestandteilen entworfen. Die Idee ist, gefundenen Materialien, vor allem zerbrochenen oder nicht mehr benutzten Puppen sowie Stücken aus Industrie-Kunststoff einen doppelten Verwendungszweck zu geben.

Le créateur argentin, Rusti D. a conçu ces personnages fabriqués avec des objets et des composants réutilisés. Il s'agit de permettre une double utilisation des objets trouvés, principalement des poupées cassées ou qui ne sont plus utilisées, ou des chutes de plastique industriel.

De Argentijnse ontwerper Rusti D. is de maker van deze met hergebruikte objecten en componenten vervaardigde figuren. De bedoeling is om de gevonden materialen, voornamelijk kapotte of niet meer gebruikte poppen, of stukken industrieel plastic een tweevoudig gebruik te geven.

Rusti D. at R 20th CENTURY
New York, USA
www.r20thcentury.com

Plastic / Plastique / Kunststoff / Kunststof

Recycling and reuse / Recyclage, réutilisation / Wiederverwertung, Wiederverwendung / Recycling, hergebruik

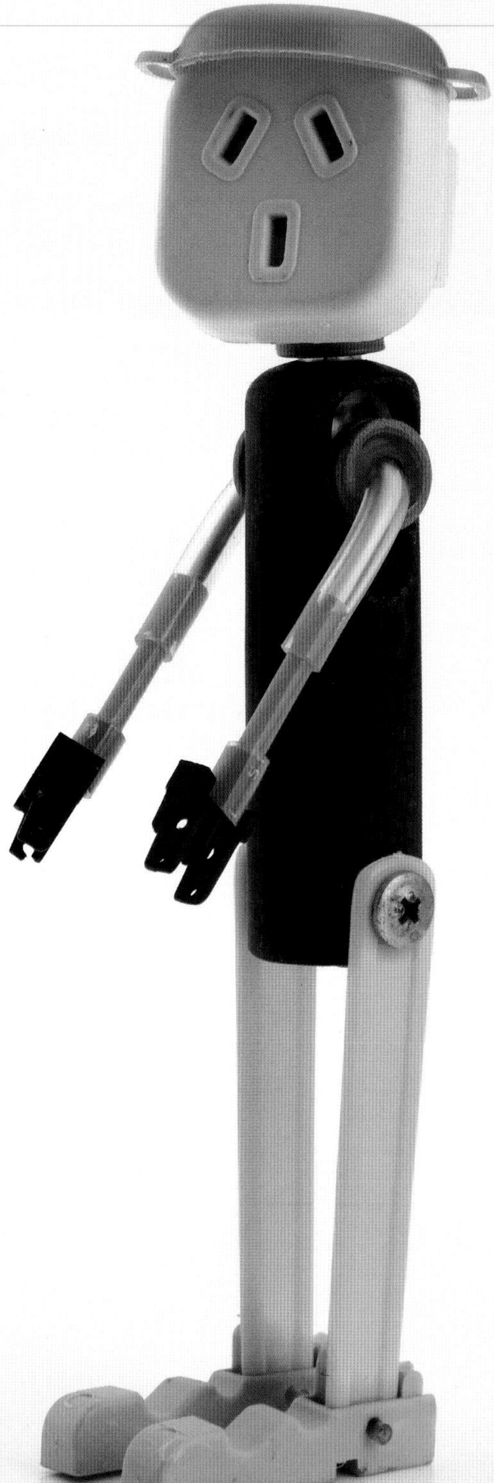

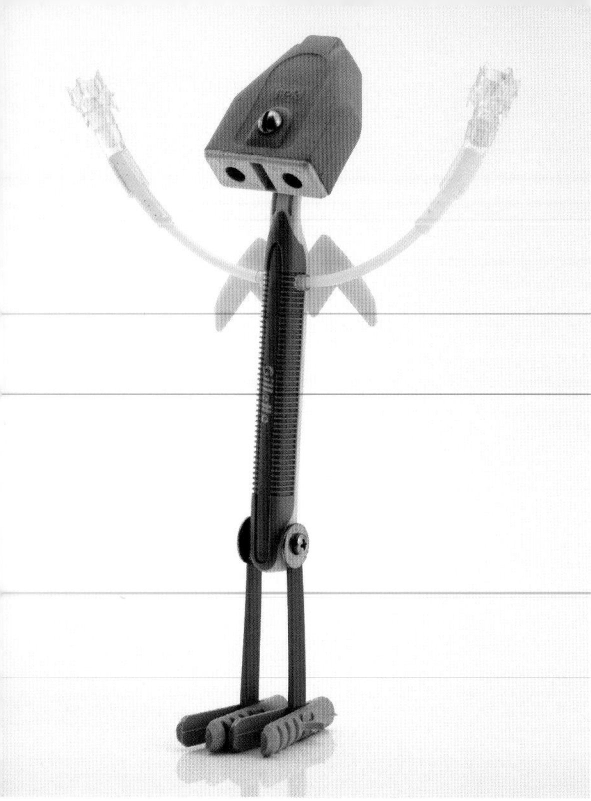
Gillette

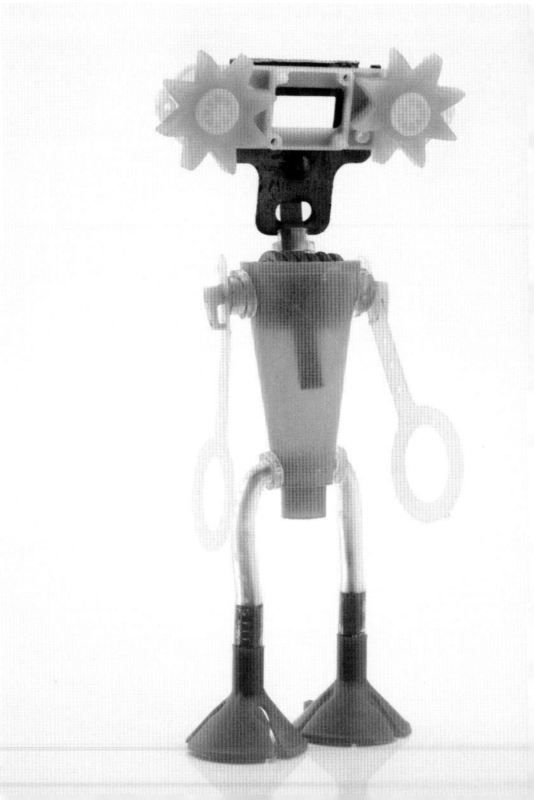

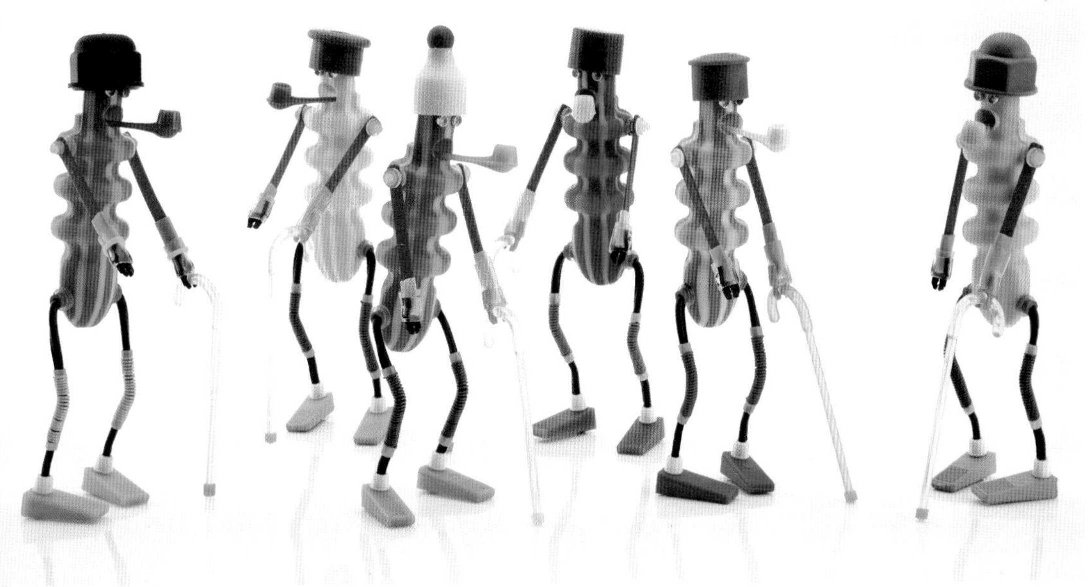

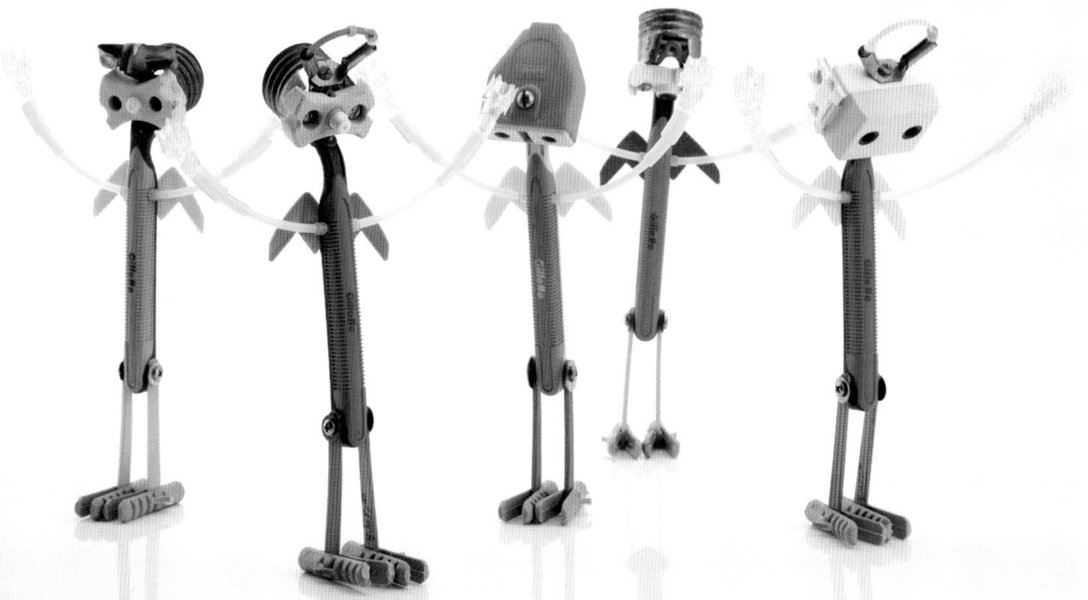

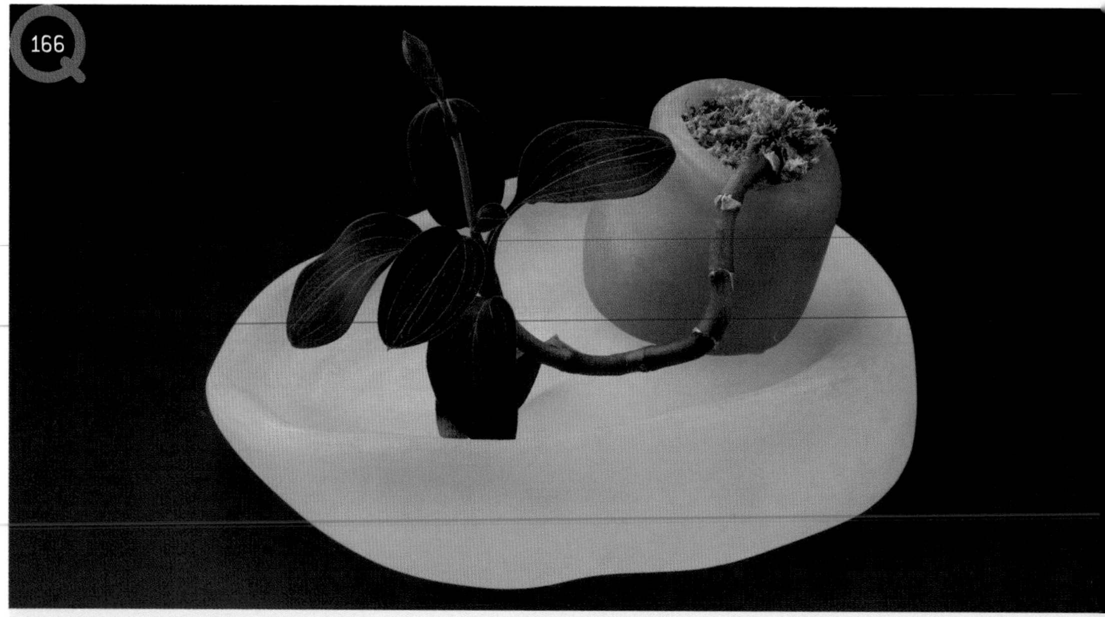

Silicon Planters

© Victoria Sambunaris

Paula Hayes has created these silicone plant pots, with a more organic shape than traditional plant pots. The smallest is ideal for an indoor garden.

Paula Hayes hat diese Silikonblumentöpfe mit einer organischeren Form als herkömmliche Blumentöpfe geschaffen. Der Kleinste ist ideal für einen Garten im Haus.

Paula Hayes a créé ces pots de fleurs en silicone avec une forme plus organique que les jardinières traditionnelles. Le plus petit modèle est idéal pour disposer d'un jardin à l'intérieur de sa maison.

Paula Hayes heeft deze silicone bloembakken ontworpen. Zij hebben een organischer vorm dan de traditionele bloempotten. De kleinste is ideaal voor een tuin binnenshuis.

Paula Hayes
New York, USA
www.paulahayes.com

Silicone / Silicone/ Silikon / Silicone

Plant cultivation / Culture de plantes
Pflanzenanbau / Plantenteelt

Little plant pots are ideal for growing orchids.

Les petits pots de fleurs sont parfaits pour cultiver des orchidées.

Die kleinen Blumentöpfe sind ideal für die Orchideenzucht.

Kleine bloempotten zijn ideaal voor het telen van orchideeën.

Bird Nesting House

© Victoria Sambunaris

Paula Hayes designed this unique tree to favor the nesting of the birds in the nest hanging from one of its branches.

Paula Hayes hat diesen sonderbaren Baum entworfen, um das Nisten der Vögel in dem an einem seiner Äste hängenden Nest zu fördern.

Paula Hayes a conçu ce drôle d'arbre pour favoriser la nidification des oiseaux dans le nid suspendu à l'une des branches.

Paula Hayes ontwierp deze bijzondere boom om de nesteling van vogels in een nest dat boven één van de takken van deze boom hangt te bevorderen.

Paula Hayes
New York, USA
www.paulahayes.com

Wood / Bois / Holz / Hout

Nesting and rearing / Nidification et élevage / Nisten und Aufzucht / Nestelen en voeden

SCIENCE & TECHNOLOGY

Science and technology go hand in hand with the 'green revolution' that aims to find a way out of the energy crisis. Nevertheless, political action and money are also necessary to steer clear of this environmental crisis and the definitive depletion of resources. Switching to renewables and raising awareness on saving energy are vital measures to combat the looming specter of climate change.

Science et technologie vont de paire dans le cadre de la « révolution verte » pour résoudre le problème énergétique. Cependant, il faut une volonté politique et de l'argent pour parvenir à dépasser la grave crise environnementale et l'épuisement des ressources. Le pari des énergies renouvelables et la sensibilisation sur le thème de l'économie d'énergie occupent un rôle primordial dans la lutte contre le changement climatique qui nous guette.

Wissenschaft und Technik gehen bei der «grünen Revolution» Hand in Hand, um das Energieproblem zu lösen. Nötig sind jedoch politischer Wille und Geld, um die schwere Umweltkrise und die Erschöpfung der Ressourcen zu überwinden. Auf erneuerbare Energien und die Sensibilisierung bezüglich des Energiesparens zu setzen, sind wesentliche Schritte im Kampf gegen den uns alle bedrohenden Klimawandel.

Wetenschap en technologie gaan in het licht van de «groene revolutie» hand in hand, om het energieprobleem op te lossen. Er is echter politieke wil en geld nodig om de ernstige milieucrisis en de uitputting van natuurlijke bronnen op te lossen. Het kiezen voor hernieuwbare energie en bewustmaking op het gebied van energiebesparing zijn essentieel in de strijd tegen de op de loer liggende klimaatveran-

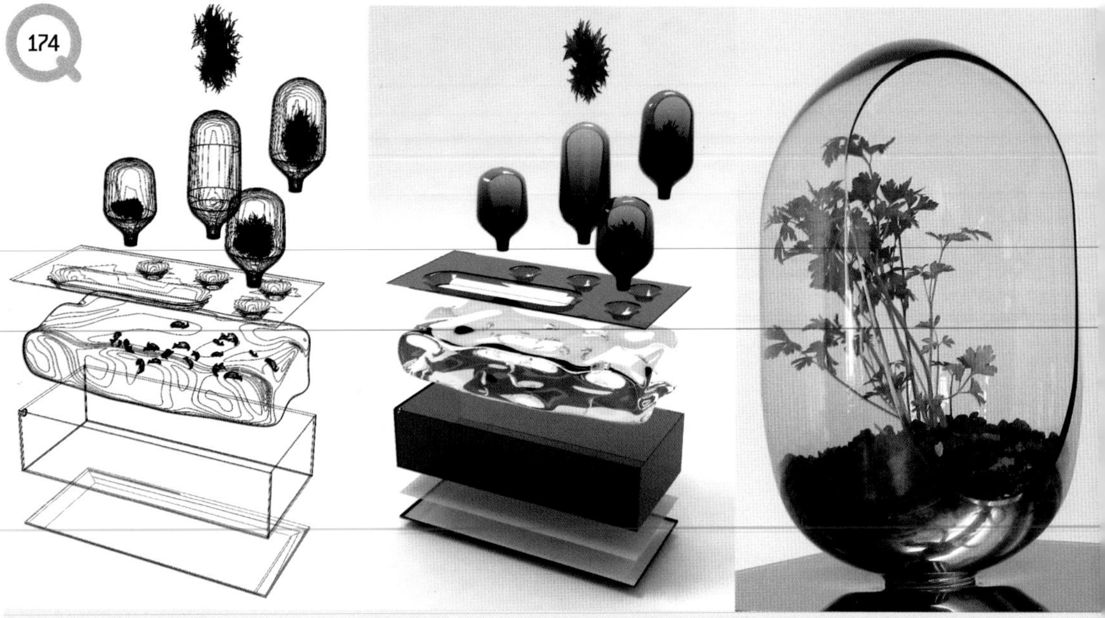

Local River

Local River is a natural ecosystem for the home, halfway between an aquarium and a self-sufficient greenhouse: the plants feed on the waste produced by the fish, which in turn benefit from the plants being natural filters. It can also be used for growing food plants and is carbon neutral.

Local River ist ein natürliches Ökosystem für zu Hause, halb Aquarium und halb autarkes Gewächshaus: Die Pflanzen profitieren von den Abfällen der Fische und diese nutzen die Pflanzen als natürliche Filter. Außerdem dient es zum Anbau von essbaren Pflanzen und zeichnet sich dadurch aus, dass es kohlenstoffneutral ist.

Local River est un écosystème naturel pour la maison, à mi-chemin entre l'aquarium et la serre autosuffisante : les plantes bénéficient des déchets des poissons et les poissons utilisent les plantes comme filtres naturels. De plus, il sert à la culture de plantes comestibles et se distingue par son bilan carbone neutre.

Local River is een natuurlijk ecosysteem voor thuis en houdt het midden tussen een aquarium en een zelfvoorzienende kas: de planten benutten de afvalstoffen van de vissen en deze profiteren van de planten als natuurlijke filters. Bovendien dient het voor het kweken van eetbare planten en onderscheidt het zich doordat het koolstofneutraal is.

@ **Mathieu Lehanneur, Anthony van den Bossche**
Paris, France
www.mathieulehanneur.com

Glass: blown & thermoformed, water pump, and joints / Verre soufflé et thermoformé, pompe à eau, joints / Mundgeblasenes und warm geformtes Glas, Wasserpumpe, Verbindungen / Glas: geblazen en thermogevormd, waterpomp, verbindingen

Biomimicry and reduced carbon footprint / Biomimesis, réduction de l'impact environnemental / Bionik, Verminderung des ökologischen Fußabdrucks / Biomimesis, vermindering van de ecologische voetafdruk

1:11

Soil Lamp

© Mariëlle Leenders, Rene van der Hulst

This lamp runs on energy generated by mud, which is contained in various cells where copper and zinc conduct the electricity generated through the mud itself, which should be kept moist. This is a way of obtaining a source of light that is 100% renewable.

Diese Lampe funktioniert mit der Energie, die aus dem Lehm erzeugt wird, der sich in mehreren Zellen befindet. Dort leiten Kupfer und Zink die Elektrizität, die vom Lehm selbst erzeugt wird. Der Lehm muss regelmäßig befeuchtet werden. Auf diese Weise erhält man eine zu 100 % erneuerbare Lichtquelle.

Cette lampe fonctionne à partir de l'énergie générée par l'argile qui se trouve dans plusieurs cellules. De là, le cuivre et le zinc conduisent l'électricité produite par l'argile elle-même, qui doit être mouillée régulièrement. C'est une façon d'obtenir une source de lumière 100 % renouvelable.

Deze lamp werkt op energie die geproduceerd wordt door modder in diverse reageerbuisjes. Koper en zink geleiden de door de modder geproduceerde stroom. Af en toe water geven is het enige wat de lamp nodig heeft. Het is een manier om 100% hernieuwbaar licht te krijgen.

Marieke Staps
Tilburg, The Netherlands
www.mariekestaps.nl

Copper, zinc, glass / Cuivre, zinc, verre / Kupfer, Zink, Glas / Koper, zink, glas

Energy efficiency / Efficience énergétique / Energieeffizienz / Energie-efficiëntie

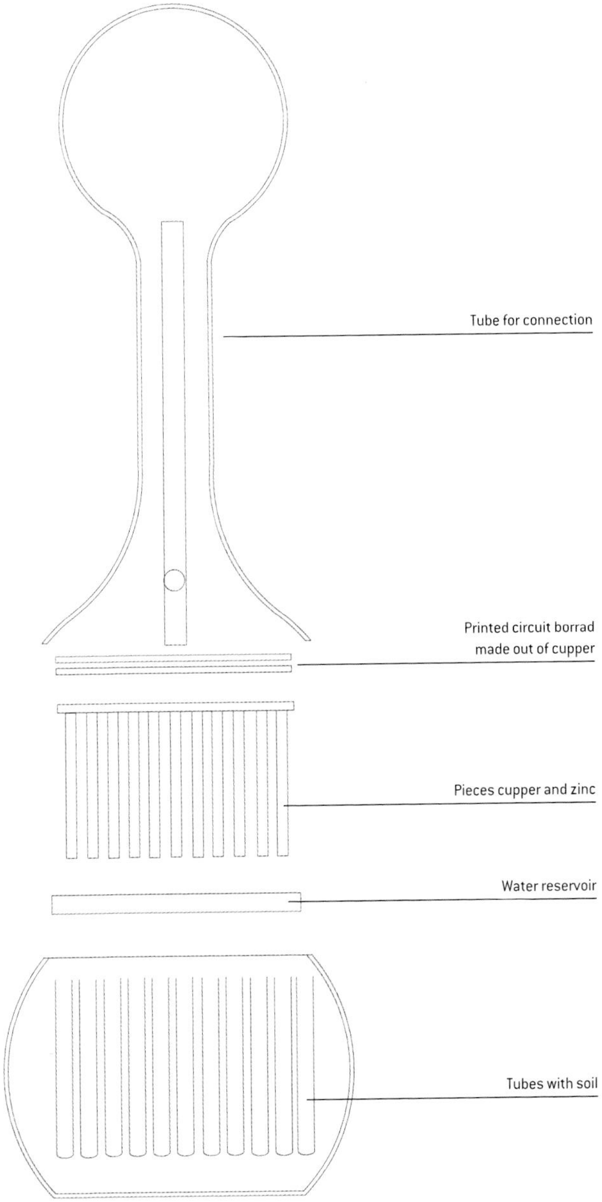
Tube for connection
Printed circuit borrad
made out of cupper
Pieces cupper and zinc
Water reservoir
Tubes with soil

Hatch

The Hatch plant pot is a product made from real eggshell. Hatch provides a space for the seedlings to be planted in our urban kitchen garden. Once the seedlings have grown sufficiently, they can be transplanted in the garden until harvesting time. The eggshell is biodegradable.

Der Blumentopf *Hatch* ist ein Produkt, das aus echten Eierschalen hergestellt wird. *Hatch* schafft einen Platz für die Pflanzenschulen unseres städtischen Gartens. Wenn sie genug gewachsen sind, können sie bis zum Zeitpunkt der Ernte in den Obst- bzw. Gemüsegarten umgesetzt werden. Die Schale ist biologisch abbaubar.

Le pot de fleurs *Hatch* est un produit créé à partir de véritables coquilles d'œufs. *Hatch* fournit un espace pour les plantes de notre jardin de ville. Une fois que les plantes auront suffisamment poussé, on pourra les replanter dans le jardin jusqu'au moment de la récolte. La coquille est biodégradable.

De bloempot *Hatch* is een product gemaakt van echte eierschalen. *Hatch* schept een ruimte voor de aanplant van onze stadstuin. Zodra de planten voldoende zijn gegroeid, kunnen ze worden overgeplant naar de groentetuin totdat ze worden geoogst. De schaal is biologisch afbreekbaar.

Nosigner
www.nosigner.com

Eggshell / Coquille d'œuf / Eierschale / Eierschalen

Biodegradable / Biodégradable / Biologisch abbaubar / Biologisch afbreekbaar

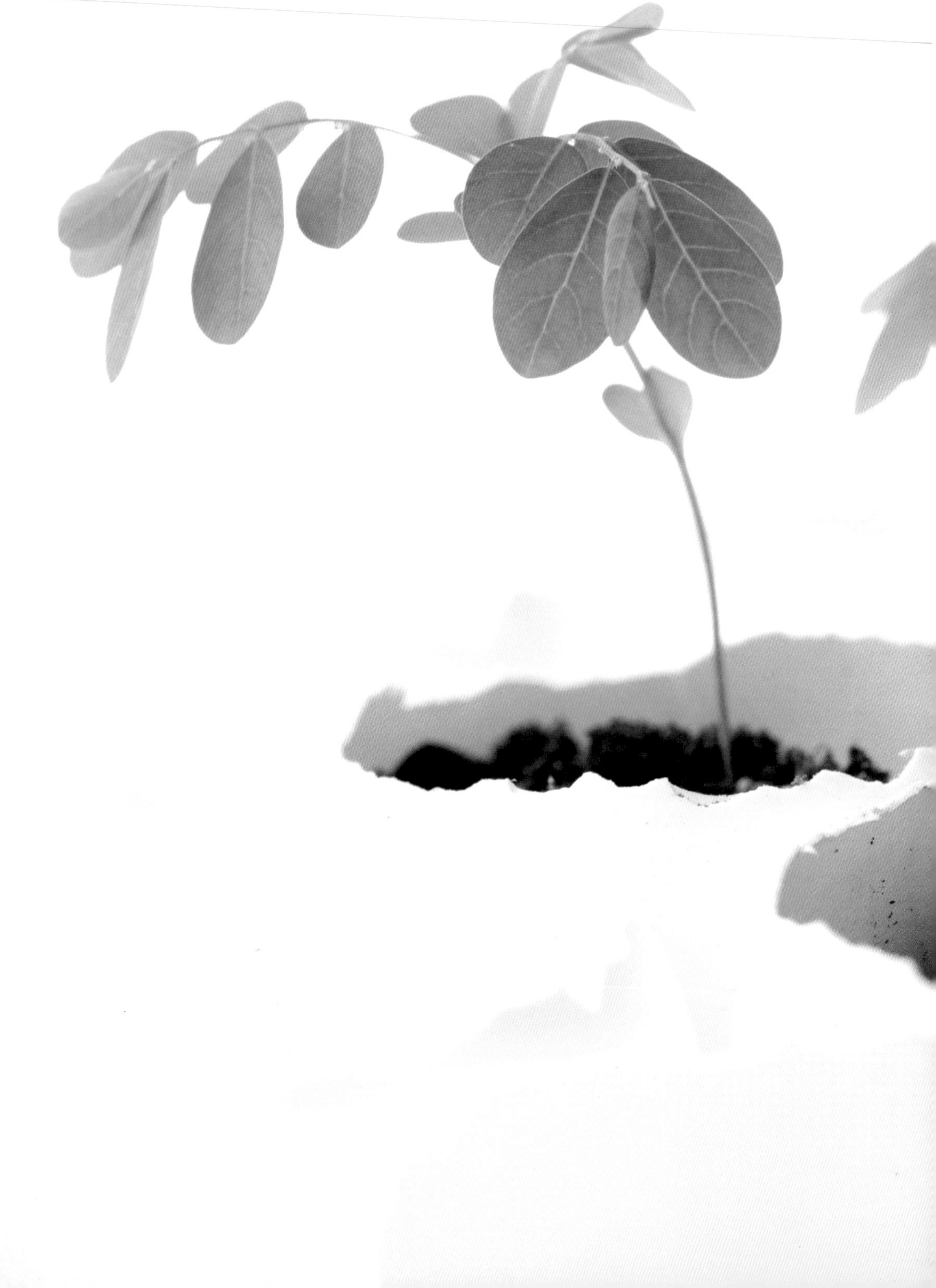

Egg shells are a biodegradable alternative for cultivating in nurseries. When the shoots from the seeds that we have sown are the right size, it is the right moment to transplant them to the garden.

Les coquilles d'œuf constituent une alternative biodégradable pour cultiver ses plans. Lorsque les graines semées ont atteint la taille adéquate, il faut les replanter dans le potager.

Eierschalen sind eine biologisch abbaubare Alternative für den Baumschulanbau. Nachdem die Aussaat die angemessene Größe erreicht hat, muss sie in den Gemüsegarten umgepflanzt werden.

De eierschalen zijn een biologisch afbreekbaar alternatief voor aanplant. Wanneer de gezaaide zaadjes voldoende ontkiemd zijn, is het moment aangebroken om ze in de moestuin over te planten.

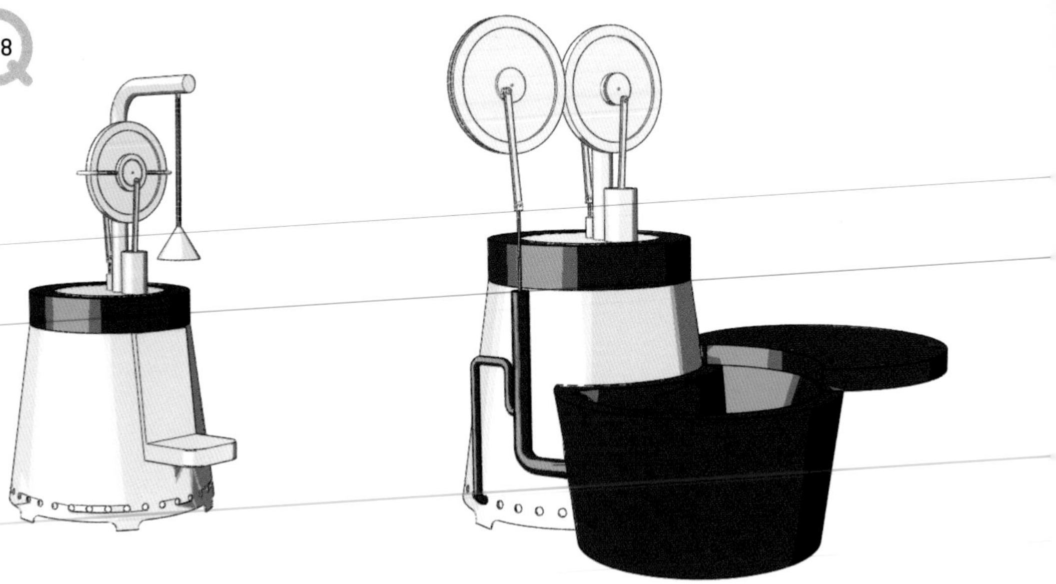

Power Plant

Power Plant is a prototype for energy generation using the compost we produce and for obtaining heat. The idea is based on the hot or active aerobic composting method, where the temperature is controlled to enable more active bacteria to develop and produce compost faster.

Power Plant ist ein Prototyp zur Erzeugung von Energie aus Kompost und zur Wärmegewinnung. Die Idee geht von der Methode der aktiven aeroben Kompostierung (Thermokompostierung) aus, bei der man die Temperatur kontrolliert, um die Entwicklung der aktivsten Bakterien zu ermöglichen und so schneller Kompost zu gewinnen.

Power Plant est un prototype qui permet de générer de l'énergie à partir du compost que nous produisons et ainsi produire de la chaleur. L'idée est basée sur la méthode du compostage aérobie actif, appelé aussi compostage à chaud, pour lequel on contrôle la température afin de permettre le développement des bactéries les plus actives et obtenir du compost plus rapidement.

Power Plant is een prototype om vanuit het compost dat we produceren energie te genereren en warmte te verkrijgen. Het idee is gebaseerd op de actieve aërobe compostering, ook wel warme compostering genoemd, waarbij de temperatuur wordt gecontroleerd om de ontwikkeling van de actiefste bacteriën toe te staan en snel compost te verkrijgen.

Guus Van Leeuwen
Eindhoven, The Netherlands
www.gewoonguus.nl

Compost bin / Bac à compost / Kompostierbehälter / Compostemmer

Composting and biomimicry / Compostage, biomimesis / Kompostierung, Bionik / Compost, biomimesis

Kielder Observatory

Kielder Observatory was designed for professional and amateur astronomers. It features two permanent telescopes installed in two towers, with a turning capacity of 360° and an observation deck for hand-held telescopes. The observatory generates its own energy through wind turbines and photovoltaic panels, and includes a composting toilet.

Das *Kielder Observatory* ist ein Observatorium für Profi- und Hobby-Astronomen. Es verfügt über zwei fest installierte Teleskope in den zwei Aufbauten, die sich um 360° drehen können, und über eine Beobachtungsplattform für Handteleskope. Das Observatorium erzeugt seine eigene Energie durch Windturbinen und Solarpaneele und hat eine Komposttoilette.

Kielder Observatory est un observatoire conçu pour accueillir des astronomes professionnels et amateurs. Les deux tours sont équipées d'un télescope fixe avec une capacité de rotation de 360° et d'une plate-forme d'observation pour des télescopes manuels. L'observatoire génère sa propre énergie par le biais d'éoliennes et de panneaux photovoltaïques et dispose de toilettes à compostage.

Kielder Observatory is een observatorium voor professionele en amateurastronomen. Het beschikt over twee vaste telescopen, die in de twee torens zijn aangebracht en een draaivermogen van 360° hebben, en een observatieplatform voor handtelescopen. Het observatorium produceert zijn eigen energie door middel van windturbines en zonnepanelen en heeft een composttoilet.

Charles Barclay Architects
London, United Kingdom
www.cbarchitects.co.uk

Oregon pine and small larch wood boards / Pin d'Oregon, lattes en bois de mélèze / Douglastanne, Lärchenholz-Verkleidung / Douglasspar, lamellen van larikshout

Solar energy, wind energy, bioclimatic strategies and composting / Énergie solaire, énergie éolienne, stratégies bioclimatiques, autocompostage / Sonnenenergie, Windenergie, bioklimatische Strategien, Kompostierung / Zonne-energie, windenergie, bioklimatologische strategieën, zelfcompostering

The two telescopes are installed in one end of the observatory, beneath a roof that opens up to the sky.

Les deux télescopes sont installés à une extrémité de l'observatoire, sous un toit qui s'ouvre sur le ciel.

Die beiden Teleskope sind an einem Ende der Beobachtungsstation unter einem Dach, das zum Himmel geöffnet ist, aufgestellt.

De twee telescopen zijn aan één kant van het observatorium geïnstalleerd, onder een afdekking die zich naar de hemel opent.

MEADE
LX200
BCF

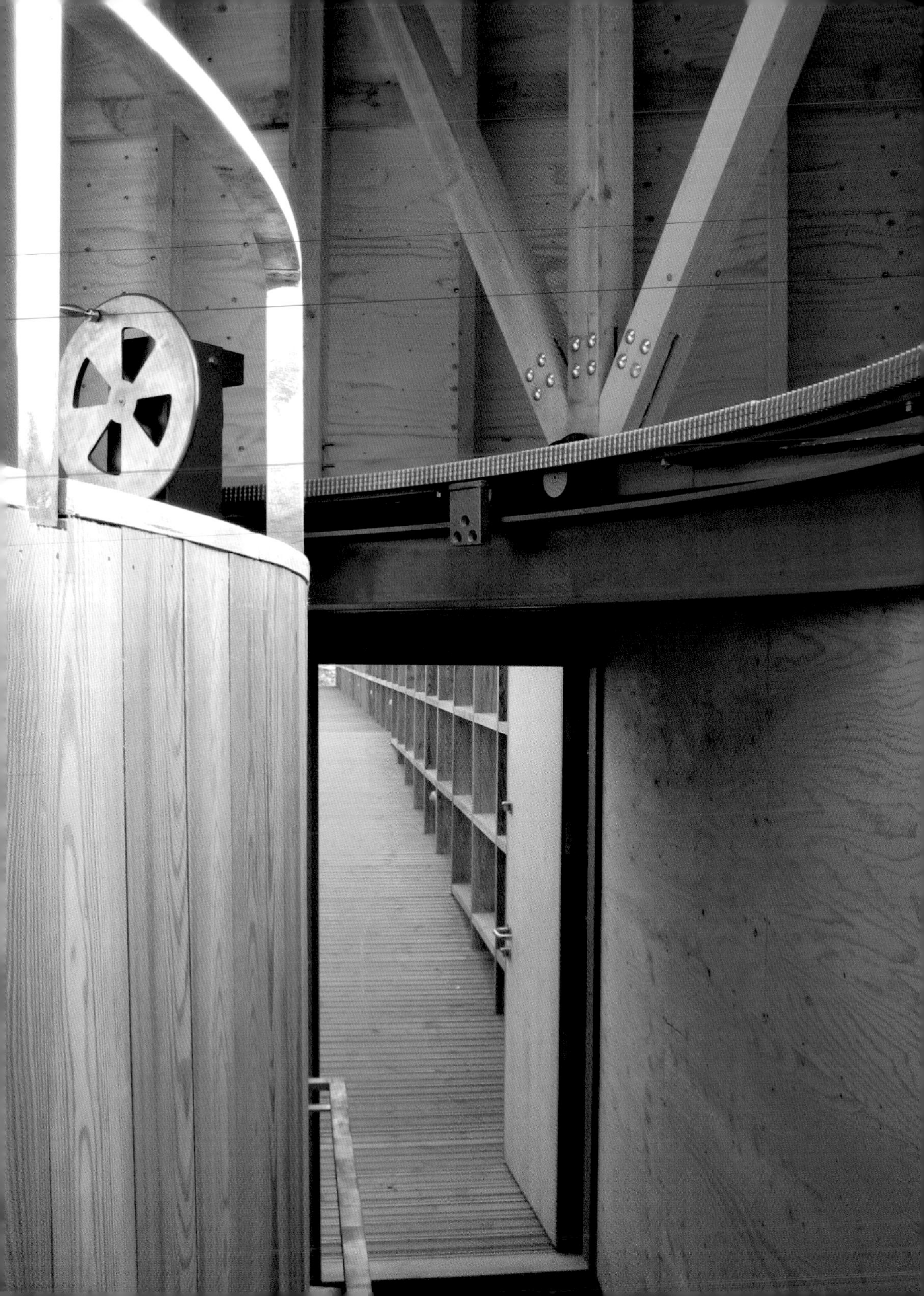

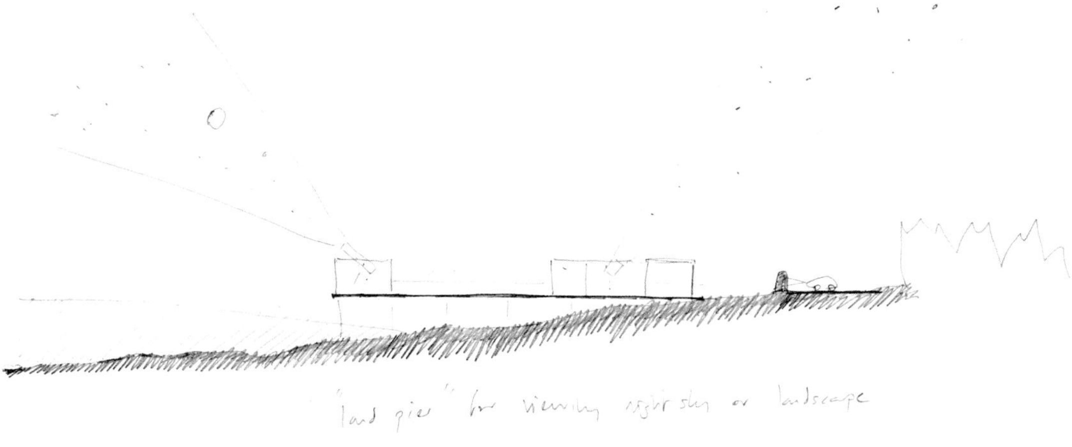
"land pier" for viewing night sky or landscape

Sketch

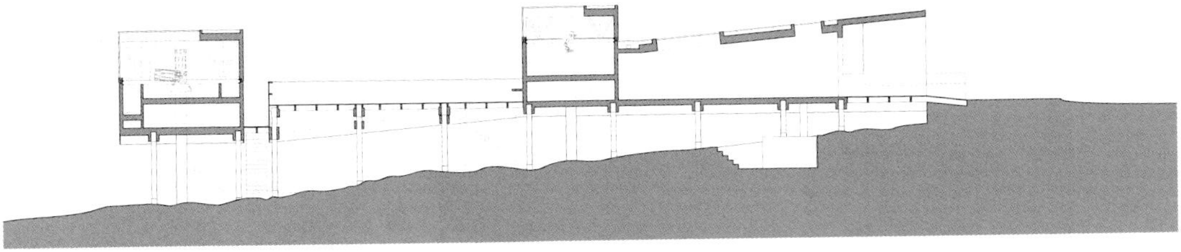
Section

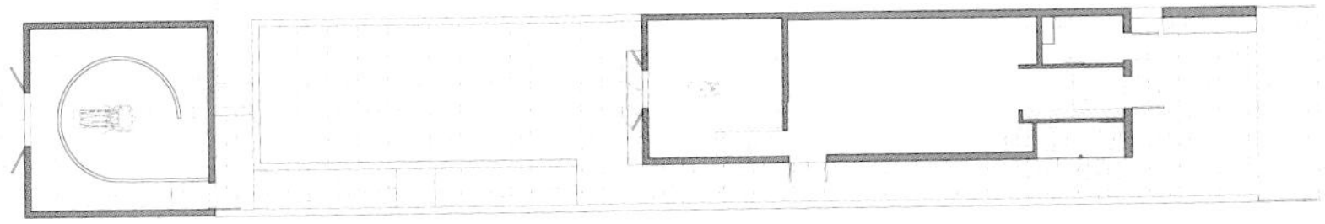
Floor plan

Nano Vent-Skin

Nano Vent-Skin is a cladding for buildings made with microturbines powered by solar energy, and which removes CO_2 from the atmosphere owing to its surface being impregnated with micro-organisms that feed on it.

Nano Vent-Skin ist eine Gebäudeverkleidung aus Mikroturbinen, die durch Sonnenenergie gespeist werden und CO_2 aus der Atmosphäre absorbieren. Möglich ist dies dank der Mikroorganismen, mit denen die Verkleidung imprägniert ist und die sich von CO_2 ernähren.

Nano Vent-Skin est un revêtement d'immeuble créé à partir de micro-turbines alimentées par l'énergie solaire et qui sont chargées d'éliminer le CO_2 de l'atmosphère grâce à leur surface imprégnée de micro-organismes qui se nourrissent de ce gaz.

Nano Vent-Skin is een bekleding voor gebouwen die bestaat uit microturbines die met zonne-energie worden gevoed en belast zijn met de verwijdering van CO_2 uit de atmosfeer. Dit is mogelijk omdat het oppervlak doordrenkt is met micro-organismen die erdoor gevoed worden.

Agustín Otegui
Mexico City, Mexico
www.agustin-otegui.com
http://nanoventskin.blogspot.com

Solar microturbines with polarized compounds, microcables, and organisms / Micro-turbines solaires avec composants polarisés, micro-câbles, organismes / Solarbetriebene Mikroturbinen mit polarisierten Verbindungen, Mikrokabel, Organismen / Microturbines met gepolariseerde verbindingen, microkabels, organismen

Energy efficiency, solar energy, and CO_2 reduction / Efficience énergétique, énergie solaire, réduction des émissions de CO_2 / Energie-Effizienz, Sonnenenergie, Reduktion von CO_2 / Energie-efficiëntie, zonne-energie, CO_2-reductie

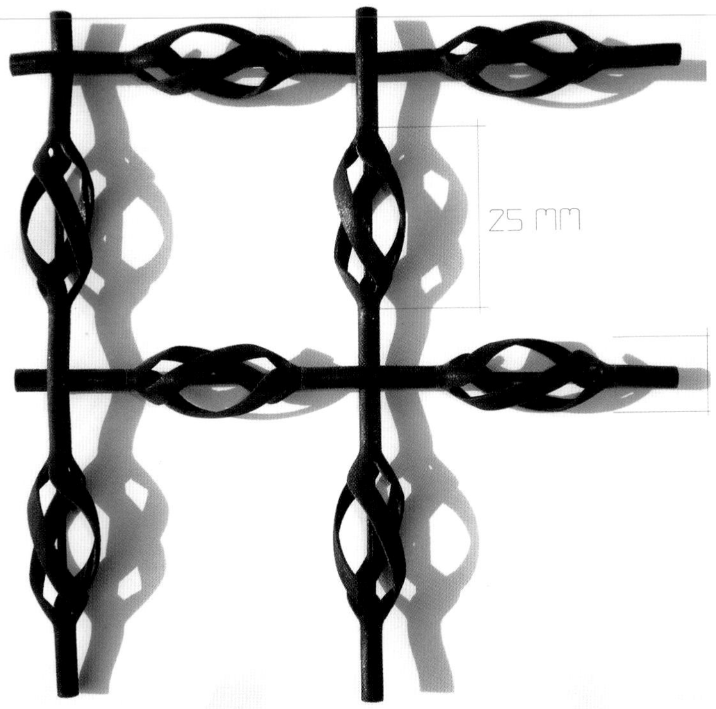
25 mm

Otegui used biotechnology to create a grid of microturbines that are powered by solar energy that is stored in internal nanocables.

Otegui a utilisé la biotechnologie pour créer un maillage de micro turbines alimentées par l'énergie solaire stockée dans ce qu'il appelle des nanocâbles internes.

Otegui nutzte die Biotechnologie für den Bau eines Mikroturbinennetzwerks, das von Sonnenenergie, die in den von ihm bezeichneten internen Nanokabeln *gespeichert wird, versorgt wird.*

Otegui gebruikte de biotechnologie om een net van microturbines te creëren dat met zonne-energie wordt gevoed. Deze energie wordt opgeslagen in de zogenaamde interne nanokabels.

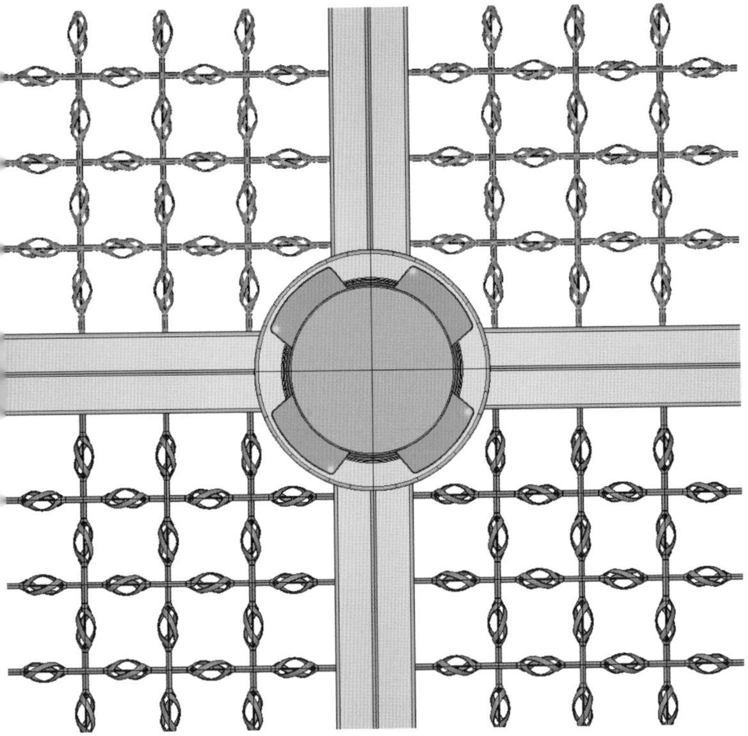

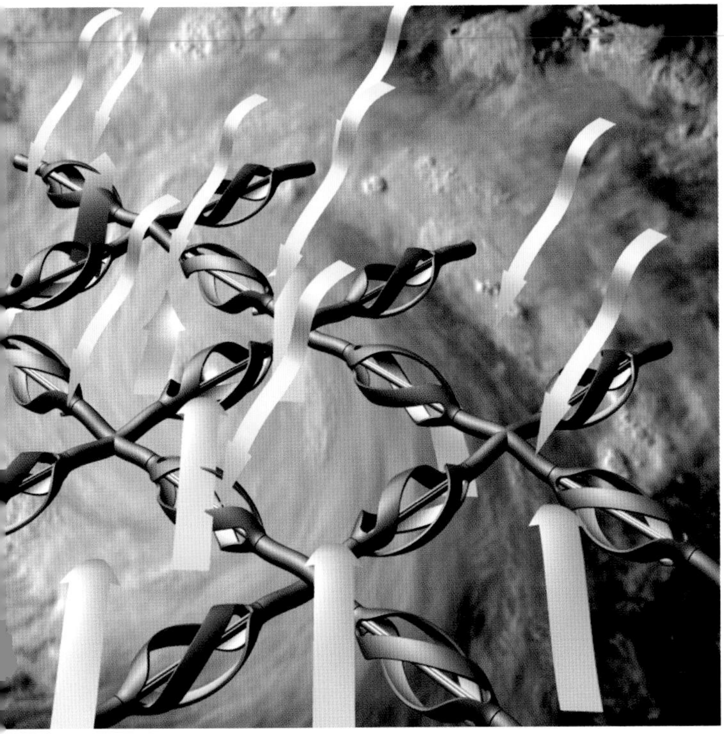

Each group has a sensor in the corner with a materials bank. When any of the turbines has a fault, a signal is sent through the nanocables to the central system for the device to be automatically repaired.

Chaque groupe dispose d'un capteur dans un angle avec un réservoir à matière. Lorsque l'une des turbines est en panne, les nanocâbles envoient un signal au système central pour s'autoréparer.

Jedes Aggregat verfügt an der Ecke über einen Sensor mit einem Materialdepot. Tritt an einer Turbine eine Störung ein, wird ein Signal über die Nanokabel zum Zentralsystem gesendet, damit es sich selbst repariert.

Elke groep is voorzien van een sensor in de hoek met een materiaalreservoir. Wanneer een van de turbines een storing heeft, wordt via de nanokabels een signaal naar het centrale systeem gestuurd om zichzelf te repareren.

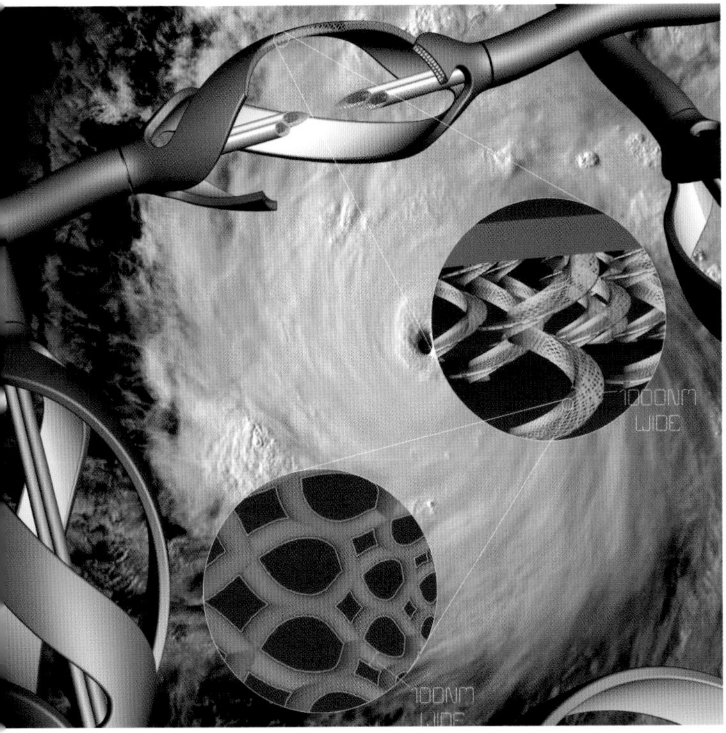
1000NM
WIDE
100NM
WIDE

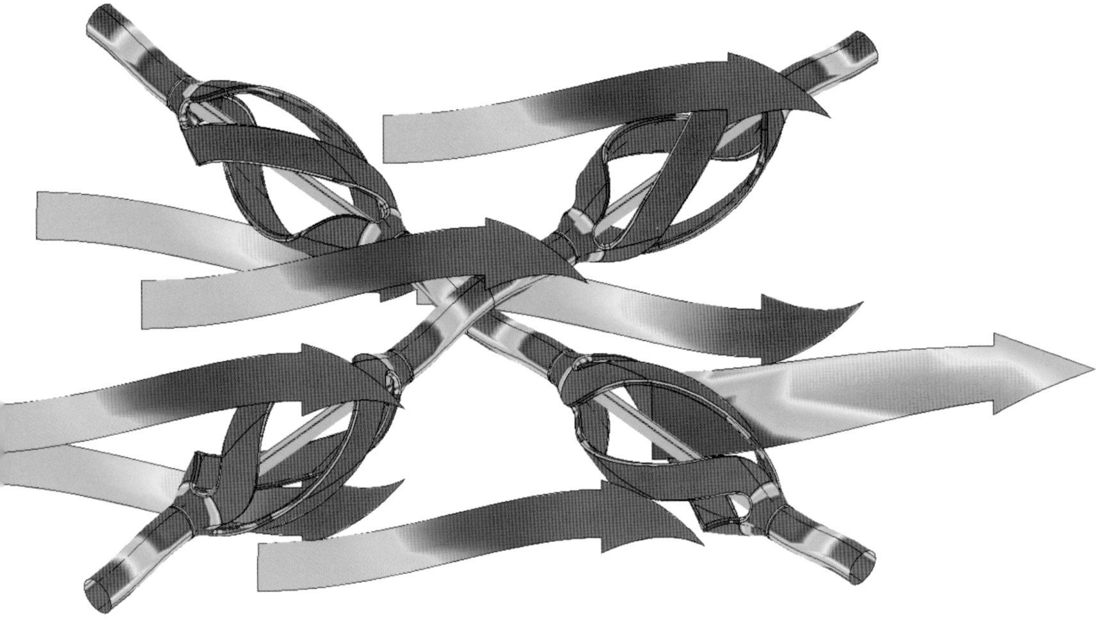

ind contact analysis

Wind Dam

© Chetwood Associates

This wind dam captures energy by means of enormous sails measuring 246 x 82 feet and is located in mountain passes with strong wind currents. It has an approximate annual output of 120 MW.

Dieser Wind-Damm fängt die Energie durch riesige Segel der Größe 75 x 25 m ein. Er befindet sich in Bergschluchten mit starken Windströmungen. Seine geschätzte Jahresproduktion beträgt 120 MW.

Ce barrage éolien capte l'énergie au moyen de gigantesques voiles de 75 x 25 m. Il se trouve dans des massifs montagneux parcourus par des vents puissants. Sa production annuelle est estimée à 120 MW.

Deze winddam vangt energie op door middel van enorme zeilen van 75 x 25 m die tussen bergkloven met sterke windstromen worden gespannen. De jaarproductie wordt geschat op 120 MW.

Laurie Chetwood/Chetwood Associates, WSP Finland Engineers
London, United Kingdom
www.chetwood-associates.com

246 x 82 feet sails, wind turbine / Voiles de 75 x 25 m, turbine éolienne / Segel von 75 x 25 m, Windturbine / Zeilen van 75 x 25 m, windturbine

Wind power / Énergie éolienne / Windenergie / Energie-efficiëntie

High Voltage Transmisison

© Arphenotype

The architect, Dietmar Köring, has designed these high-voltage towers as the result of a competition held by the members of the Icelandic electricity company, Landsnet, who, tired of seeing the same old posts, went out in search of a new transport grid running on energy adapted to nature.

Der Architekt Dietmar Köring hat diese Hochspannungsmasten als Ergebnis eines Wettbewerbs, der von den Mitgliedern der isländischen Elektrizitätsgesellschaft Landsnet organisiert wurde, entworfen. Weil diese es leid waren, die alten Masten zu sehen, suchten sie ein neues Energietransportnetz, das der Natur angepasst ist.

L'architecte Dietmar Köring a conçu ces tours à haute tension pour l'appel d'offres organisé par les membres de la société électrique islandaise Landsnet, qui, lassés de voir les vieux pylônes, étaient en quête d'un nouveau réseau pour transporter l'énergie qui s'inscrive dans le respect de la nature.

De architect Dietmar Köring heeft deze hoogspanningstorens ontworpen als resultaat van de wedstrijd die werd uitgeschreven door de leden van de IJslandse elektriciteitsmaatschappij Landsnet die genoeg hadden van de ouderwetse elektriciteitspalen en op zoek gingen naar een nieuw in de natuur geïntegreerd energietransportnetwerk.

Diezmar Köring/Arphenotype
London, United Kingdom
www.arphenotype.com

Plastic reinforced with eco-resins resistant to wide temperature ranges, solar rays and strong winds / Composés en plastique renforcés par des éco-résines résistant à diverses températures, aux rayons du soleil et à la force du vent / Kunststoffverbindungen, verstärkt mit temperatur-, sonnen- und windbeständigen Ökoharzen / Verbindingen van gewapende kunststof met ecohars die bestand is tegen verschillende temperaturen, zonnestralen en windkrachten

Transportation of renewable energies / Transport d'énergies renouvelables / Transport erneuerbarer Energien / Transport van hernieuwbare energie

Each pylon is between 56 and 105 feet high.

Chaque pylône mesure de 17 à 32 mètres de haut.

Die einzelnen Pylone sind zwischen 17 und 32 Meter hoch.

Elke paal heeft een hoogte van 17 tot 23 meter.

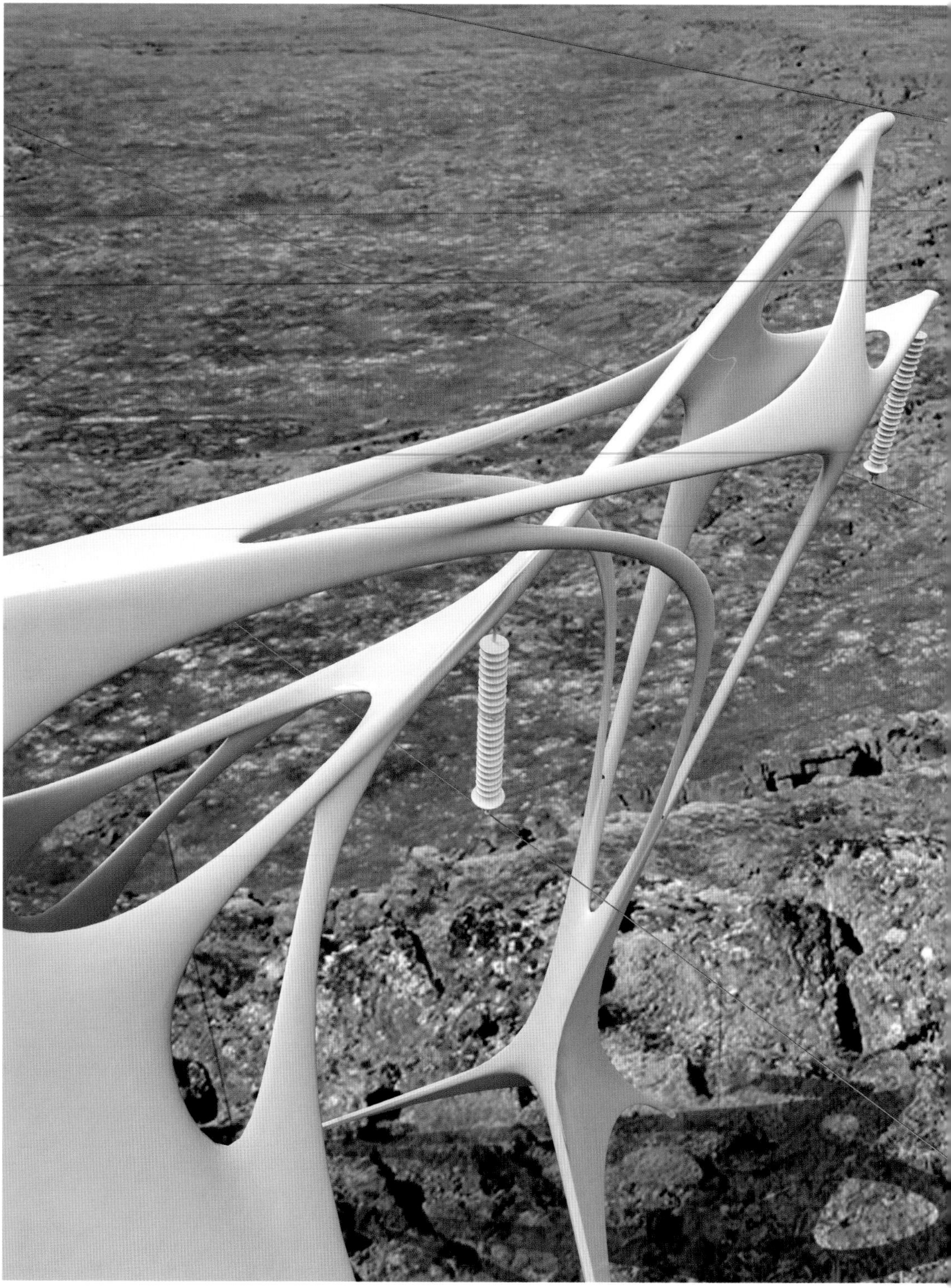

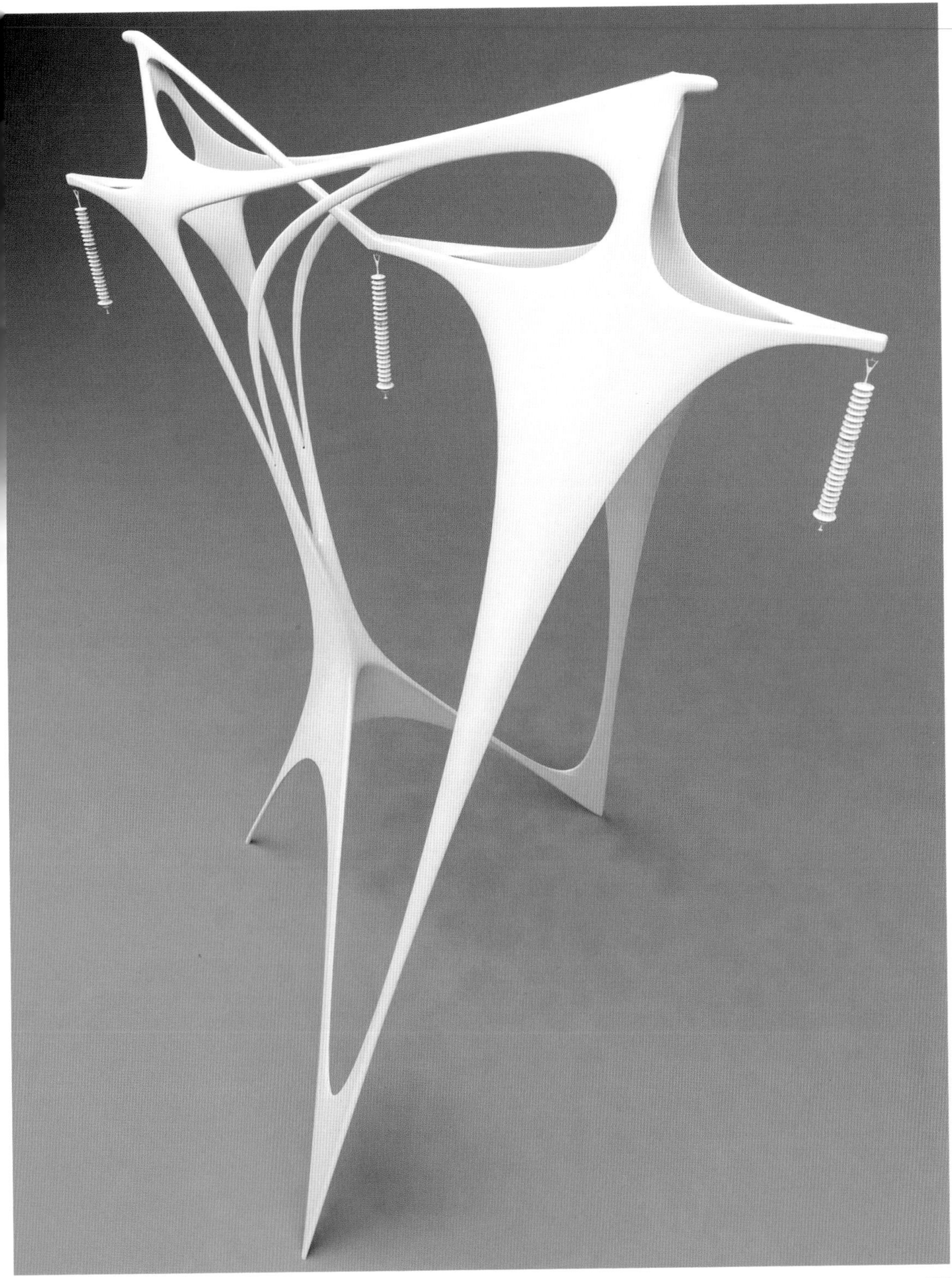

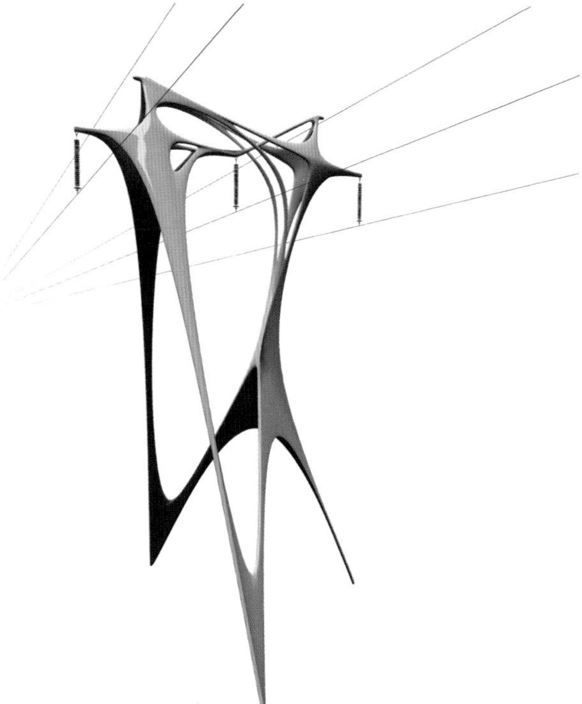

Perspective

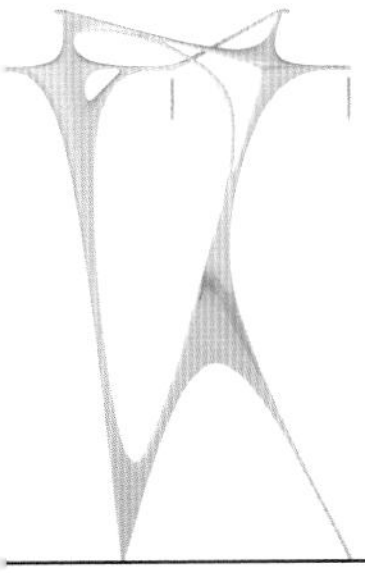

Elevation front

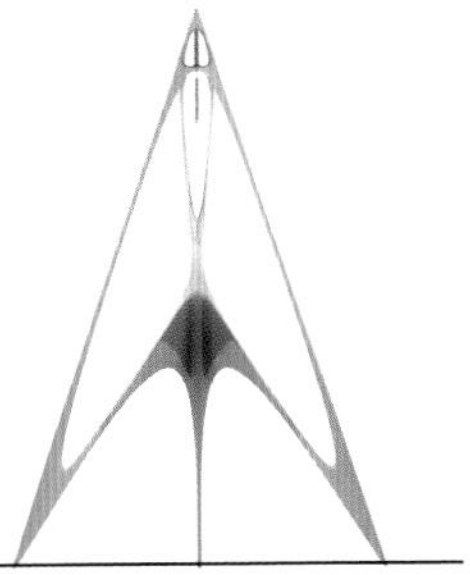

Elevation right

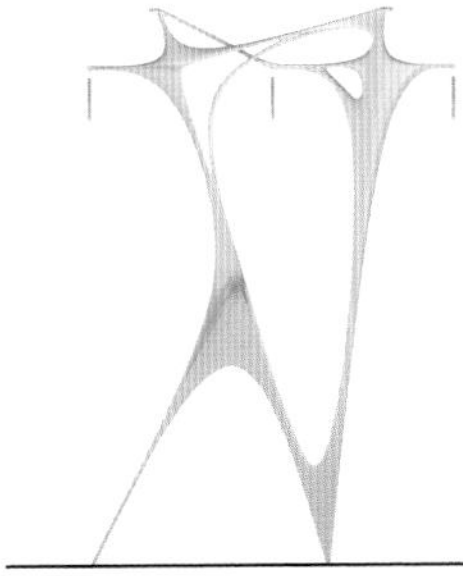

Elevation back

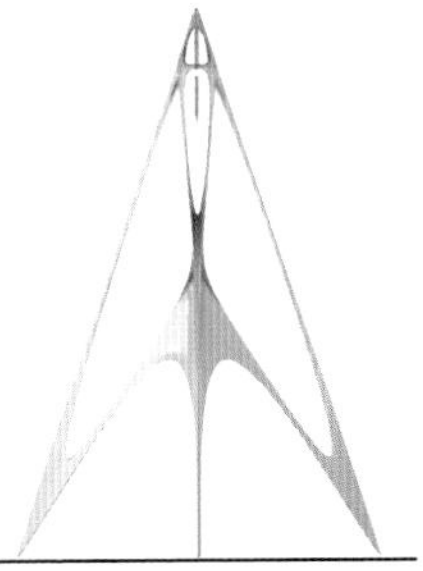

Elevation left

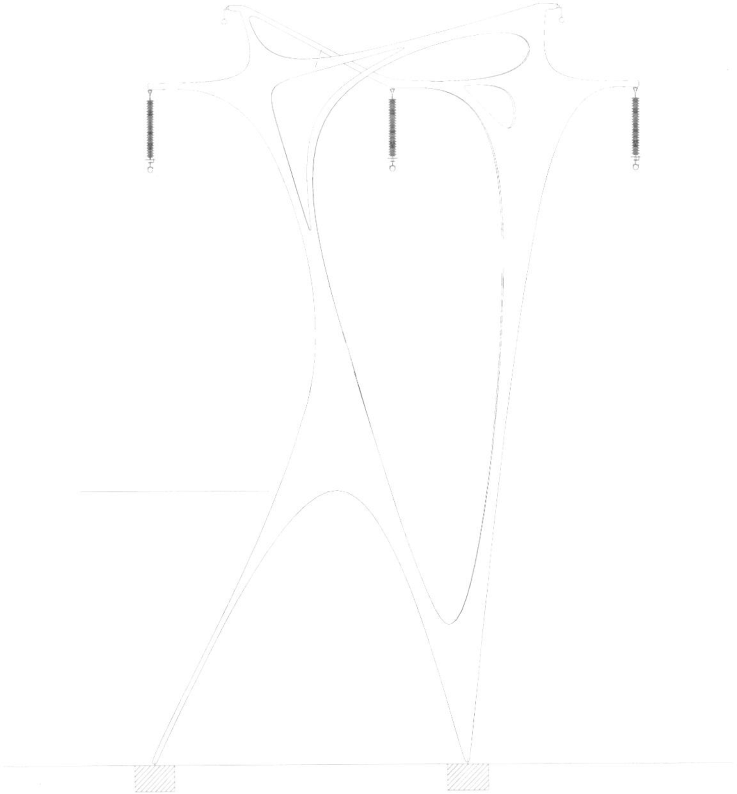

Perspective

HANDLE +
REFILL
CONTAINER

Veil Solar Shade

These solar shades were designed as part of an Australian Government project to install shades in schools and protect children from the harmful effects of the sun. The top is fitted with solar cells and the lower part has an LED monitoring system with green or red light to indicate whether or not the solar collection is correct.

Diese Solar-Sonnenschirme wurden als Teil eines australischen Regierungsprogramms für die Installation in Schulen entworfen, um die Kinder vor den schädlichen Sonneneinwirkungen zu schützen. Die Hüllen verfügen über Solarzellen und im unteren Teil befindet sich ein Kontrollsystem mit einer LED, die grün oder rot leuchtet und dadurch anzeigt, ob die Sonnenenergie korrekt aufgefangen wird.

Ces parasols solaires font partie d'un programme gouvernemental australien qui vise à les installer dans les collèges afin de protéger les enfants des effets nocifs du soleil. Ils sont recouverts de cellules photosensibles et la partie inférieure dispose d'un système de surveillance avec une LED qui s'éclaire en vert ou en rouge, indiquant si la captation solaire est correcte ou pas.

Deze zonneschermen werden ontworpen als onderdeel van een Australisch overheidsprogramma om in scholen te worden geïnstalleerd en de kinderen te beschermen tegen de schadelijke effecten van de zon. De zonneschermen beschikken over zonnecellen en de onderkant is uitgerust met een monitoringsysteem met een LED die groen of rood oplicht. Hiermee wordt aangegeven of de zonne-energie al dan niet op de juiste wijze wordt opgevangen.

@ **Büro North, VEIL (Victorian Eco Innovation Lab), University of Melbourne (Initial Concept Studio), 3D Visualisation**
Melbourne, Australia
www.buronorth.com

Solar panels, others / Panneaux solaires, divers / Solarpaneele, Verschiedenes / Zonnepanelen, divers

Photovoltaic solar energy, energy efficiency, and environmental education program / Énergie solaire photovoltaïque, efficience énergétique, programme d'éducation environnementale / Photovoltaische Sonnenenergie, Energie-Effizienz, Umwelterziehungs-Programm / Fotovoltaïsche omzetting van zonne-energie, energie-efficiëntie, milieueducatieprogramma

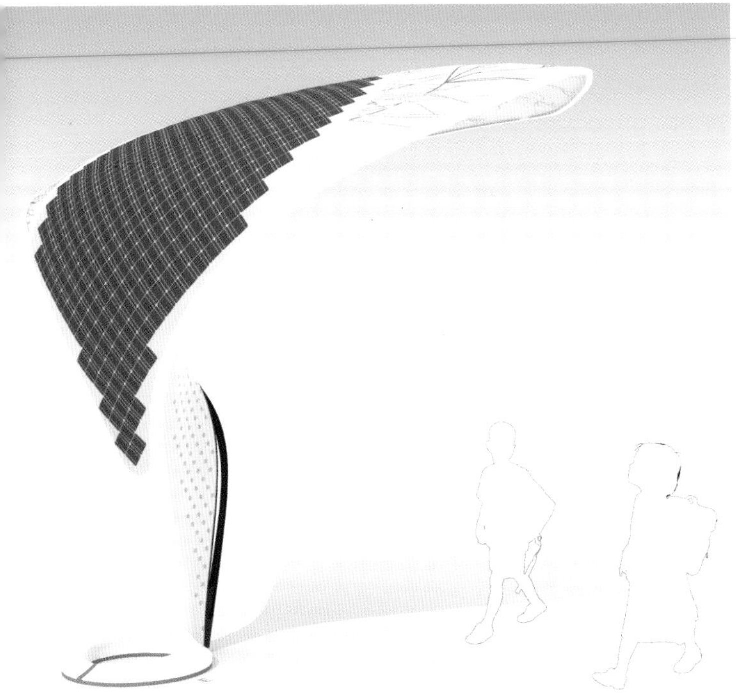

The rotating base of solar panels enables the shade to be oriented towards the sun all day long.

La base rotative des panneaux solaires permet d'orienter le parasol de manière à recevoir le plus de soleil possible tout au long de la journée.

Das drehbare Unterteil der Solarpaneele ermöglicht die günstigste Sonnenausrichtung des Sonnenschirms im Tagesverlauf.

Dankzij de draaibare basis van de zonnepanelen kan in de loop van de dag telkens gekozen worden voor de meest gunstige oriëntatie ten opzichte van de zon.

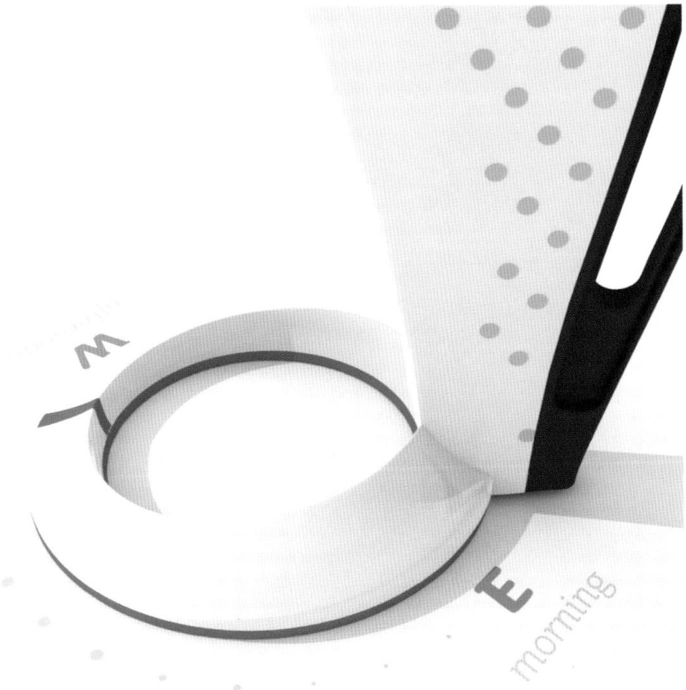
W
E
morning

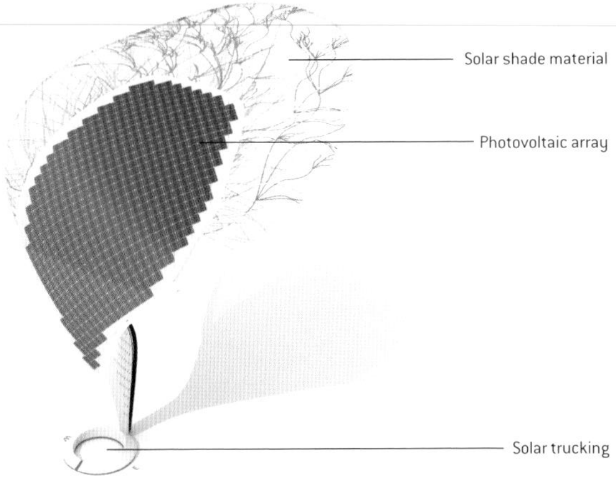
Solar shade material
Photovoltaic array
Solar trucking

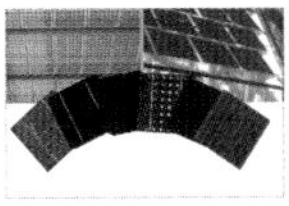

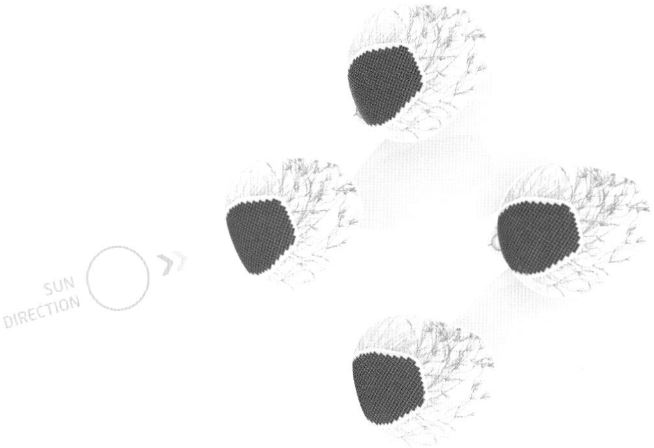
SUN
DIRECTION

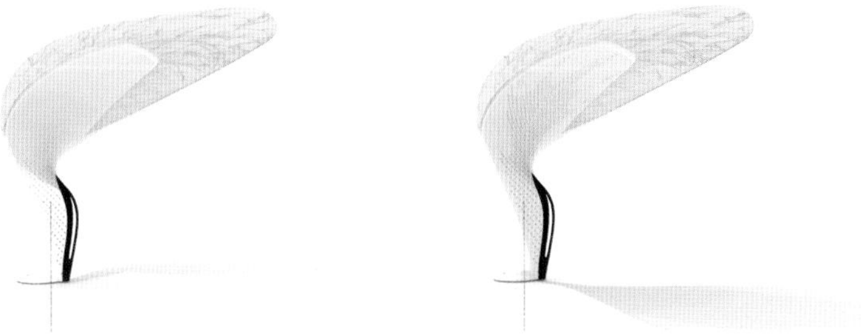

Energy Bucket

© Curzio Castellan

The Italian designer Stefano Merlo created a bucket that stores energy during the day and emits light at night by means of the 1 kW LED lights housed inside it. Energy Bucket works like LED post lights already used in some gardens.

Der italienische Designer Stefano Merlo entwarf einen Eimer, der tagsüber Energie speichert und nachts dank einer eingebauten LED mit 1K leuchtet. *Energy Bucket* funktioniert wie die LED-Leuchten, die bereits in einigen Gärten benutzt werden.

Le créateur italien Stefano Merlo a conçu un cube qui stocke l'énergie pendant la journée et s'éclaire la nuit grâce à des diodes LED de 1K intégrées. *Energy Bucket* fonctionne comme les lampadaires à éclairage LED déjà utilisés dans certains jardins.

De Italiaanse designer Stefano Merlo ontwierp een emmer die overdag energie opslaat en 's avonds oplicht dankzij 1K LED-lampjes die zich aan de binnenkant bevinden. *Energy Bucket* werkt zoals de LED-lichtzuilen die reeds in sommige tuinen worden gebruikt.

Stefano Merlo
Treviso, Bolzano, Italy
www.stefanomerlo.com

Solar panels, 1K LED lights, and polyethylene plastic / Panneaux solaires, lumières LED 1K, plastique polyéthylène / Solarpaneele, LED-Leuchten 1 K, Polyethylen / Zonnepanelen, 1K LED-lampjes, polyethyleen kunststof

Energy efficiency and solar energy /Efficience énergétique, énergie solaire / Energie-Effizienz, Sonnenenergie / Energie-efficiëntie, zonne-energie

During the day, the cube captures sunlight to enable it to be self-sufficient at night.

Pendant la journée, le cube capte la lumière du soleil et devient autosuffisant pendant la nuit.

Tagsüber nimmt der Würfel das Sonnenlicht auf, um sich nachts damit selbst zu versorgen.

Overdag vangt de emmer het zonlicht op om 's nachts zelfvoorzienend te zijn.

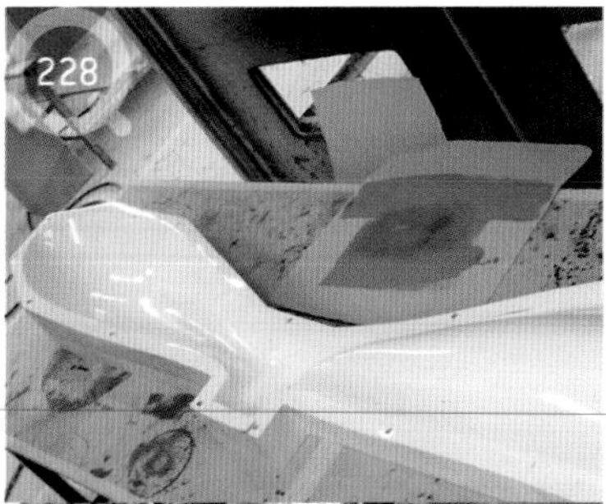

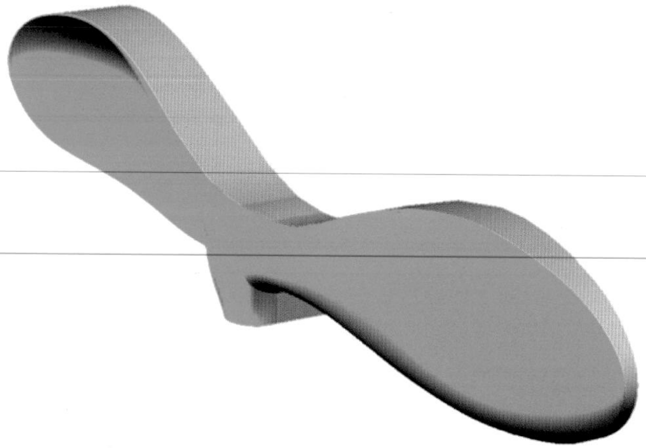

Light Wind

© Ingmar Cramers

This outdoor light is by the Dutch design team Demakersvan. Its propeller uses the wind to recharge the batteries powering the lamp. Standing 240 cm tall, it generates enough power to provide efficient and ecological lighting.

Diese Außenlampe ist ein Design des niederländischen Studios Demakersvan. Ihr Propeller im oberen Teil nutzt die Windkraft für das Aufladen der Batterien, die die Lampe speisen. Mit ihrer Höhe von 240 cm erzeugt sie genug Energie, um auf effiziente und ökologische Weise die Umgebung zu beleuchten.

Cette lampe d'extérieur est une création des Hollandais Demakersvan. Son hélice supérieure utilise la force du vent pour recharger les batteries qui alimentent la lampe. Avec ses 240 cm de hauteur, elle génère une énergie suffisante pour éclairer de manière efficiente et écologique.

Deze buitenlamp is een creatie van het Nederlandse ontwerpteam Demakersvan. De schroefvormige lampenkap wordt aangedreven door de wind waarmee de batterijen die de lamp van energie voorzien worden opgeladen. De 240 cm hoge lamp produceert voldoende energie om op efficiënte en milieuvriendelijke wijze voor verlichting te zorgen.

Demakersvan
Rotterdam, The Netherlands
www.demakersvan.com

High end sail fabric, stainless steel, and wood / Toile de voile, acier inoxydable, bois / Segeltuch, rostfreier Stahl, Holz / Zeilstof, roestvrij staal, hout

Wind energy, and energy efficiency / Énergie éolienne, efficience énergétique / Windenergie, Energie-Effizienz / Windenergie, energie-efficiëntie

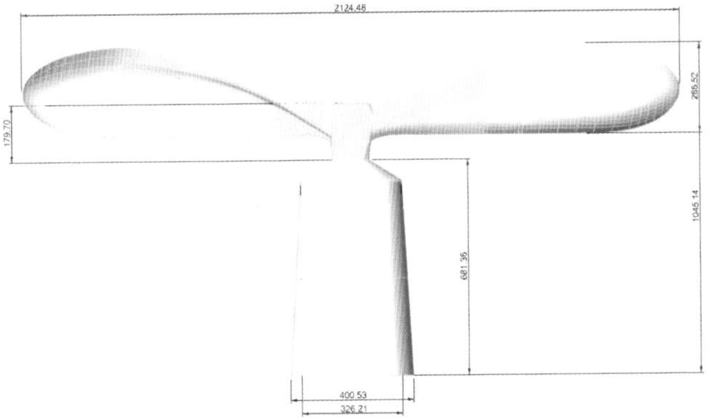
2124.48
179.70
265.52
1045.14
681.36
400.53
326.21

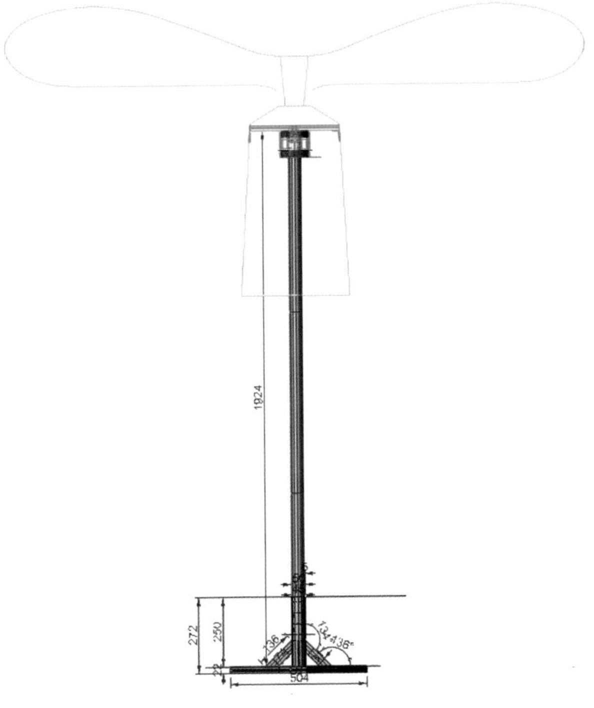
1924
272
250
22
136
504

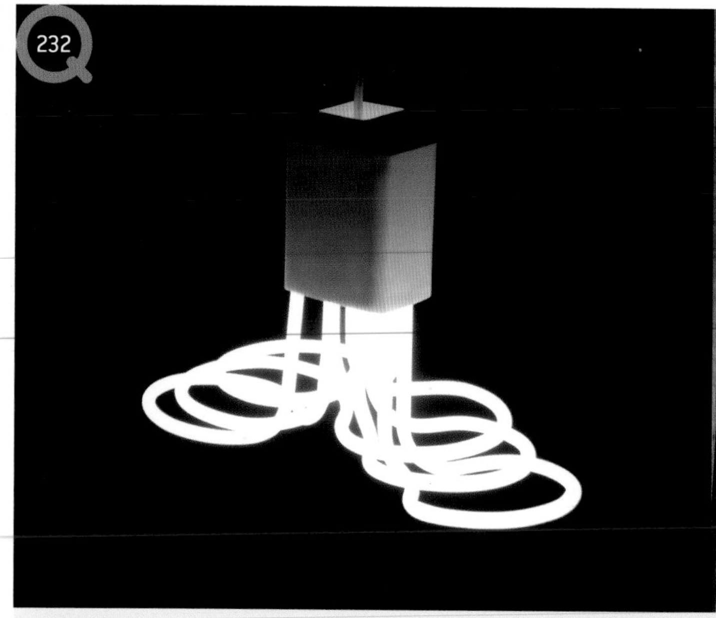

Plumen

Hulger presents Plumen, an alternative design for energy-saving light bulbs. The idea is that light bulbs should no longer be cold objects, and that they should be a feature in the design of spaces while providing cost and energy savings.

Hulger präsentiert *Plumen*, ein alternatives Design für Energiesparlampen. Die Idee ist, dass die Sparlampen kein kalten Objekte mehr sind, sondern eine wichtige Rolle bei der Raumgestaltung spielen und außerdem Geld und Energie sparen.

Hulger présente *Plumen*, un design alternatif pour les ampoules basse consommation. L'idée c'est de faire en sorte que les ampoules ne soient plus un objet froid et acquièrent un rôle prépondérant dans le design des espaces afin de permettre d'économiser en termes de coût et de consommation d'énergie.

Hulger presenteert *Plumen*, een alternatief ontwerp voor spaarlampen. De bedoeling is dat lampen niet langer een kil object zijn, maar een belangrijke rol gaan spelen in het ontwerp van ruimten, en tegelijkertijd geld en energie besparen.

Hulger
London, United Kingdom
www.hulger.com

Aluminum cartridge and glass tube / Douille en aluminium, tube en verre / Aluminiumfassung, Glasrohr / Aluminium lampfitting, glazen buis

Energy efficiency / Efficience énergétique / Energie-Effizienz / Energie-efficiëntie

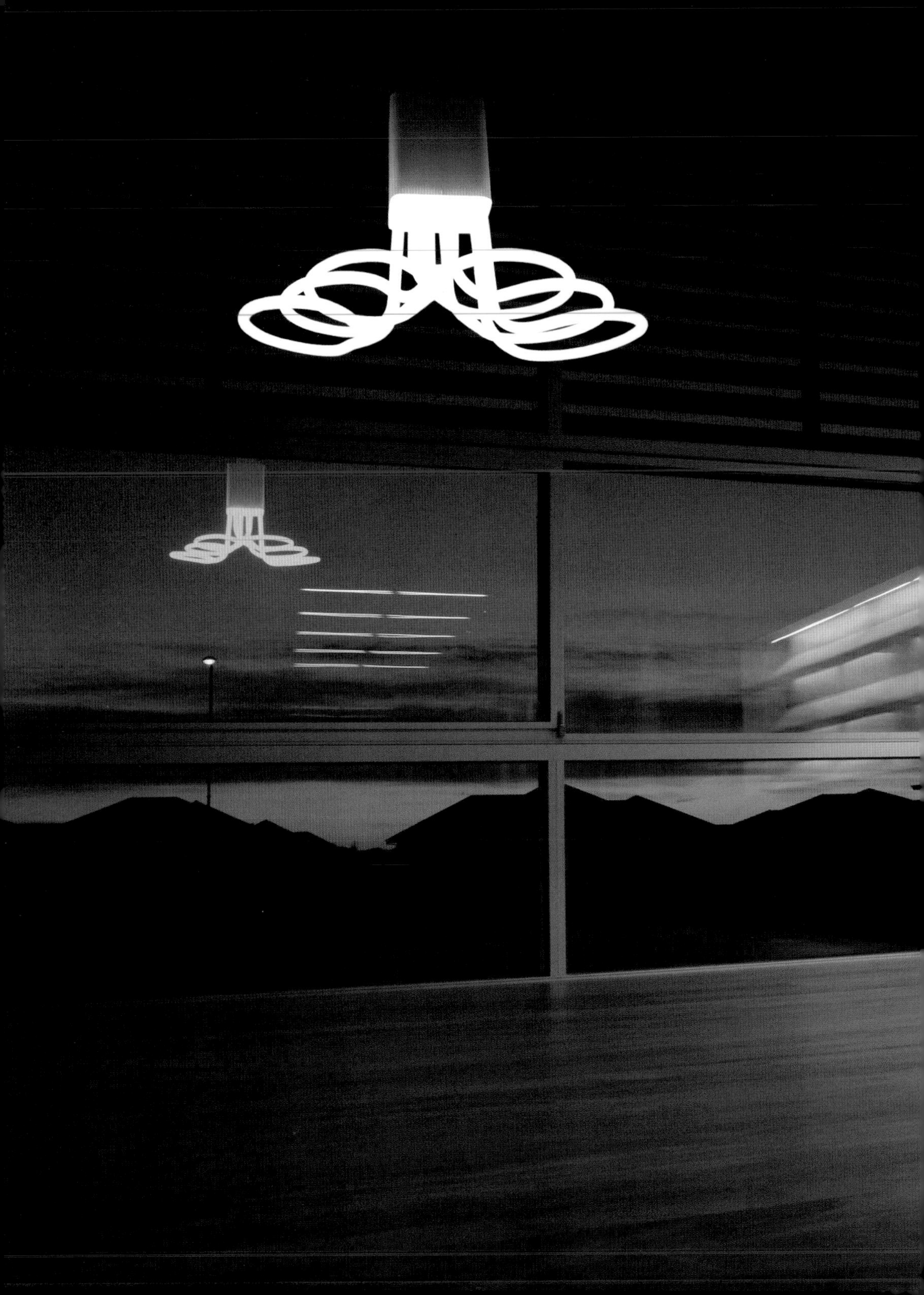

The possibilities of tubular material are immense: a church, an office, or a bathroom.

Les possibilités du matériel tubulaire sont infinies : une église, un bureau ou une salle de bains.

Die Möglichkeiten des Röhrenmaterials sind unendlich: eine Kirche, ein Büro oder ein Bad.

De mogelijkheden van buismateriaal zijn oneindig: een kerk, een kantoor of een badkamer.

Bulb 2.0

Bulb 2.0, with its post-modern look, pays tribute to the classic incandescent light bulb that has become completely obsolete in the wake of the new energy efficient designs of the 21st century.

Bulb 2.0 huldigt mit ihrem postmodernen Stil der klassischen Glühlampe, die sich verabschiedet, weil sie gegenüber den neuen energiesparenden Designs dieses Jahrhunderts obsolet geworden ist.

Bulb 2.0, de par son style post-moderne, rend hommage à l'ampoule incandescente classique qui disparaît, de plus en plus dépassée par rapport aux nouveaux designs énergétiquement efficients du siècle en cours.

Bulb 2.0 brengt, met zijn postmoderne stijl, hulde aan de klassieke gloeilamp die in onbruik raakt ten aanzien van nieuwe energie-efficiënte ontwerpen van deze eeuw.

Felix Stark *for* **FORMSTARK**
Köln, Germany
www.formstark.com

Aluminum bulb holder, glass tube / Douille en aluminium, tube en verre / Aluminiumfassung, Glasrohr / Aluminium lampfitting, glazen buis

Energy efficiency / Efficience énergétique / Energieeffizienz / Energie-efficiëntie

Bulb 2.0 8 W 60mA
Design: Felix Stark
Bulb 2.0 8 W 60mA
Design: Felix Stark

Bulb 2.0 8 W 60mA
Design: Felix Stark

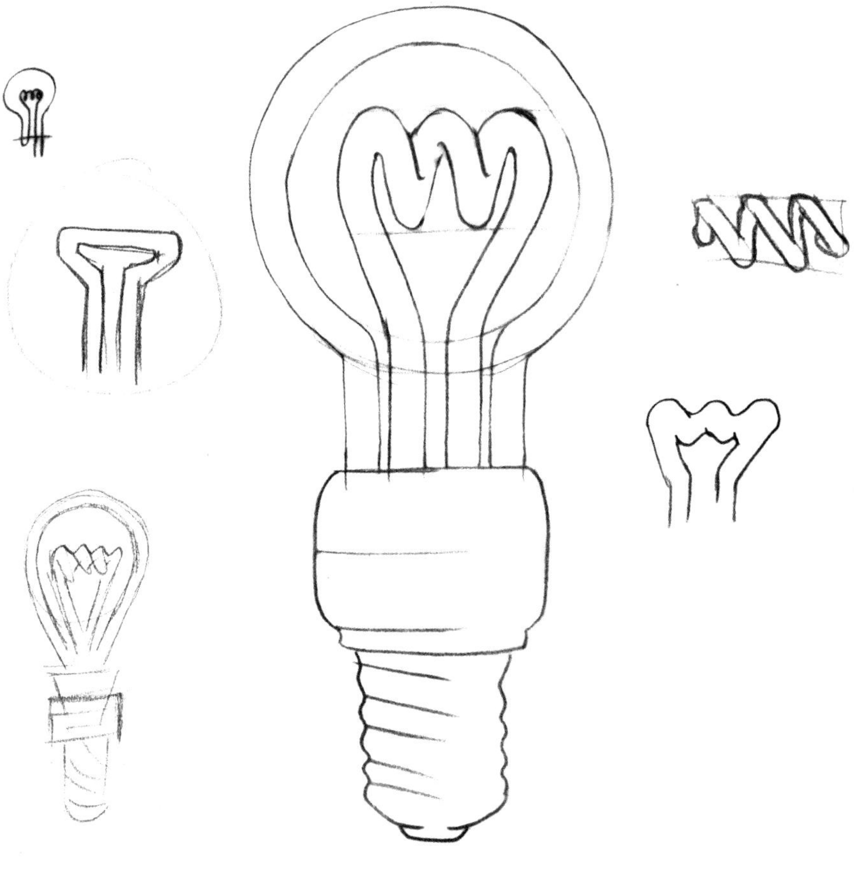

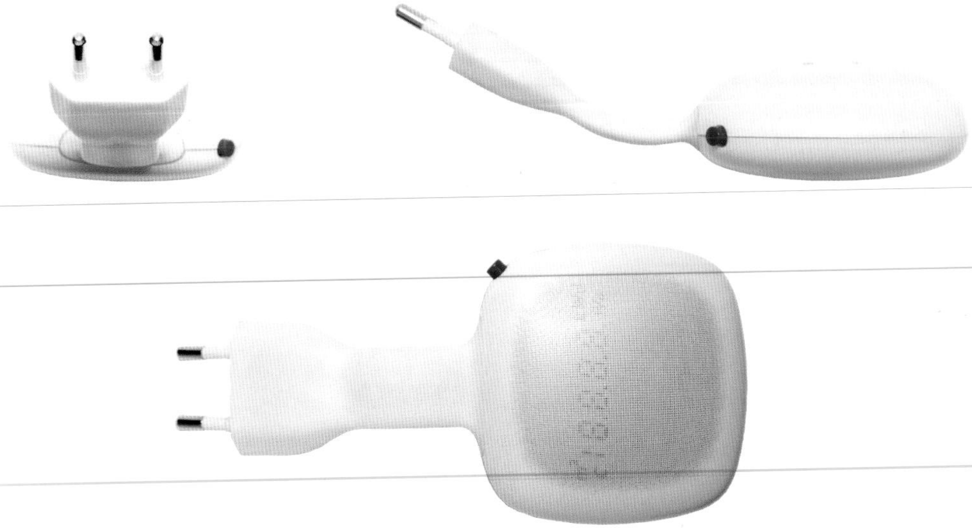

Wattcher

Wattcher monitors the electricity consumption in the home merely by connecting it to the power supply. Intuitive and easy to use, it shows the amount of electricity consumed at all times.

Wattcher überwacht den Stromverbrauch zu Hause. Man muss das Gerät nur in die Steckdose stecken. Es ist einfach und intuitiv zu bedienen und zeigt jederzeit den Stromverbrauch an.

Wattcher contrôle la consommation d'électricité au sein du foyer, il suffit de le brancher sur une prise de courant électrique. Facile à utiliser et intuitif, il affiche la consommation d'électricité à tout moment.

Wattcher controleert het energieverbruik in huis. Hij hoeft alleen maar op het lichtnet te worden aangesloten. Wattcher is gebruiksvriendelijk en intuïtief en toont op ieder moment het energieverbruik.

@ **Marcel Wanders**
for **INNOVADERS**
Amsterdam, The Netherlands
www.innovaders.nl

Environmental awareness / Prise de conscience environnementale / Umweltbewusstseinsbildung / Milieubewustmaking

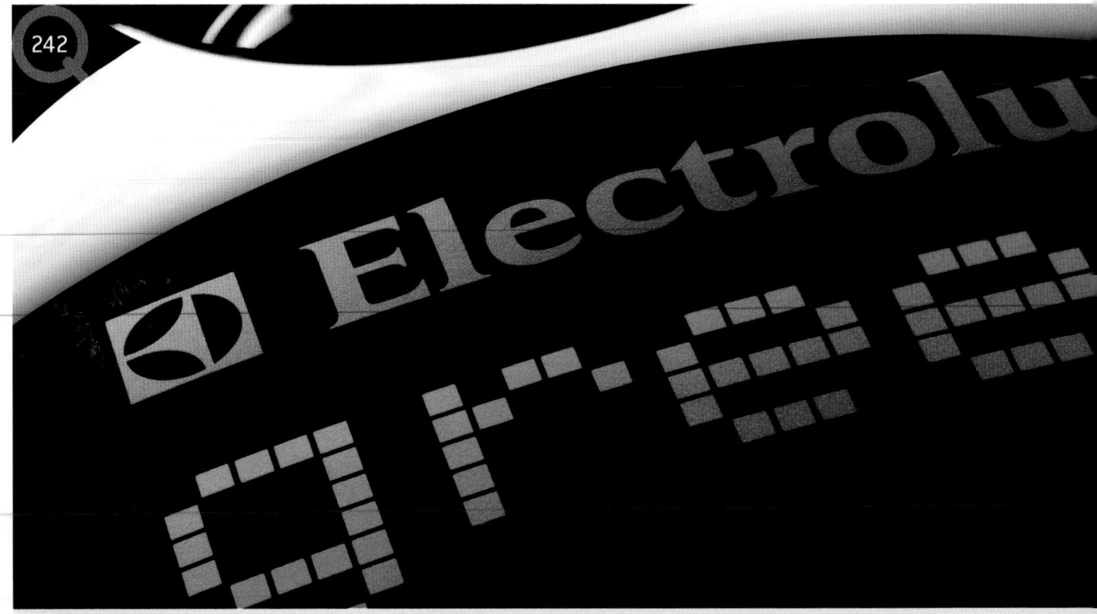
Electrolux

Ultra Silencer Green

© Electrolux

Made from recycled material, this vacuum cleaner consumes 33% less energy and gives the same performance as a 2,000 W vacuum cleaner. It features an energy-efficient motor that is much quieter, producing only 71 dB, compared to the 78 dB of normal vacuum cleaners.

Dieser aus recycelten Materialien hergestellte Staubsauger verbraucht rund 33 % weniger Energie und hat dieselbe Leistungsstärke wie ein 2000-W-Staubsauger. Er verfügt über einen energieeffizienten Motor, der dank seines Pegels von 71 dB gegenüber 78 dB traditioneller Staubsauger weniger störenden Lärm verursacht.

Élaboré avec des matériaux recyclés, cet aspirateur consomme 33 % d'énergie en moins qu'un aspirateur de 2000 W tout en ayant le même rendement. Il dispose d'un moteur qui utilise l'énergie de façon efficiente et n'émet pas de bruits gênants car son niveau sonore est de 71 dB contre 78 dB pour les aspirateurs traditionnels.

Deze van gerecycled materiaal gemaakte stofzuiger verbruikt 33% minder energie en heeft hetzelfde rendement als een stofzuiger van 2.000 W. Hij beschikt over een energie-efficiënte motor die geen hinderlijke geluiden voortbrengt en slechts een geluidsniveau van 71 dB produceert in plaats van de gebruikelijke 78 dB.

Electrolux
www.electrolux.com

Recycled materials / Matériaux recyclés / Wiederverwertete Materialien / Gerecyclede materialen

Energy efficiency and reduced noise pollution / Efficience énergétique, réduction de la pollution sonore / Energie-Effizienz, Verminderung der akustischen Kontamination / Energie-efficiëntie, vermindering van geluidsoverlast

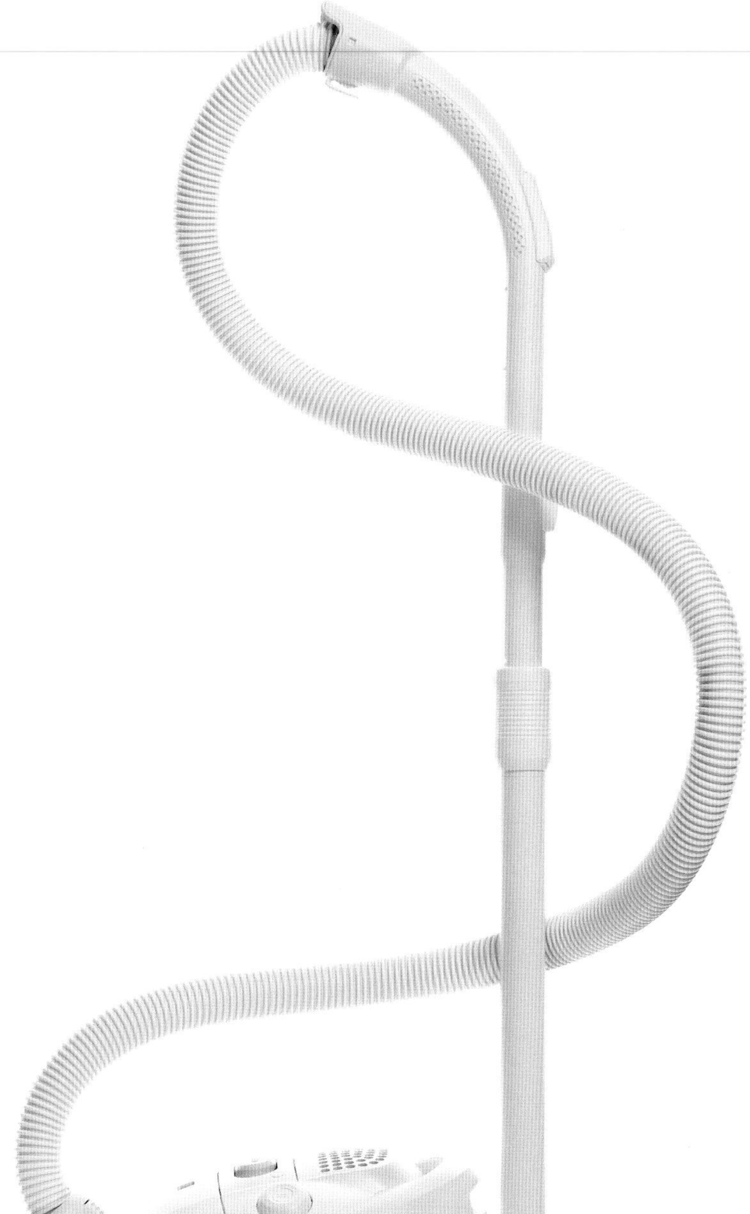

Silent and made from recycled materials, this is one of Electrolux's 'greenest' products.

Silencieux et issu de matériaux recyclés, il s'agit de l'un des produits les plus verts d'Electrolux.

Leise und aus Recyclat hergestellt, handelt es sich hierbei um eines der grünsten Electrolux-Erzeugnisse.

Deze stille en van gerecyclede materialen gemaakte stofzuiger is een van de groenste producten van Electrolux.

Electrolux
green

Electrolux
green
12M XXL REACH • WASHABLE HEPA H12 FILTER
ultrasilencer

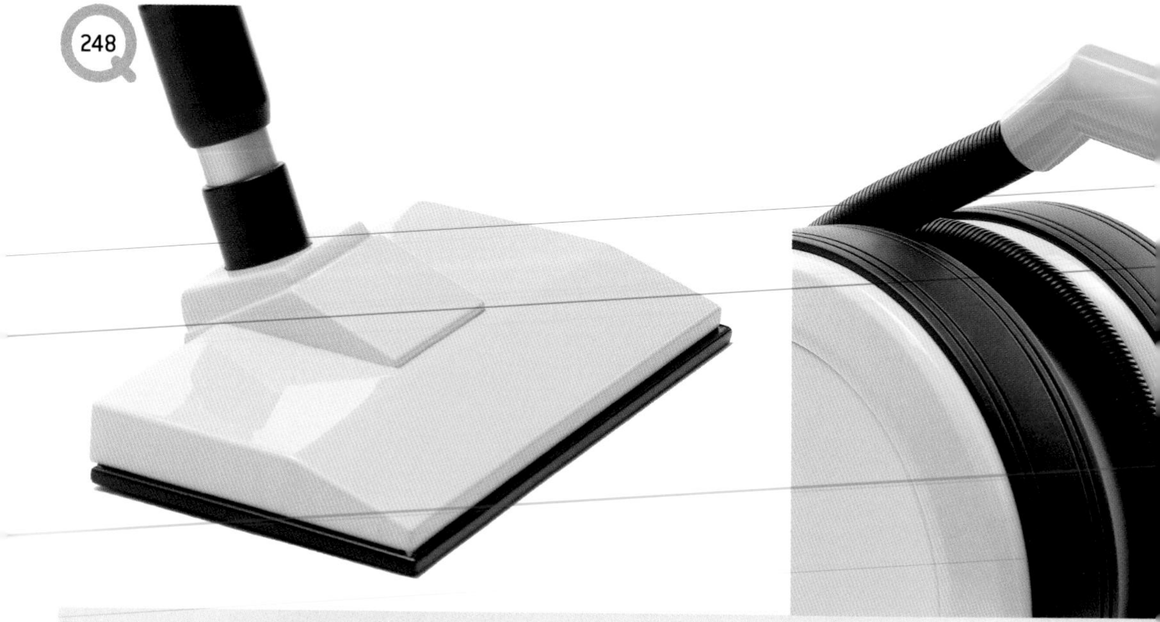

Eclipse Vacuum Cleaner

This automatic vacuum cleaner incorporates a navigation sensor that avoids obstacles whenever it is cleaning, adapting its movements for more efficient, smarter cleaning.

Dieser automatische Staubsauger hat einen eingebauten Navigations-Sensor, der während des Staubsaugens Hindernisse umgeht und seine Bewegungen für eine effektive und intelligente Reinigung anpasst.

Cet aspirateur automatique dispose d'un capteur de navigation qui évite les obstacles pendant le nettoyage, en adaptant ses mouvements afin de garantir une propreté effective et intelligente.

Deze automatische stofzuiger bevat een navigatiesensor die obstakels uit de weg gaat terwijl hij aan het zuigen is. De stofzuiger past zijn bewegingen op intelligente wijze aan zodat een effectieve reiniging wordt verkregen.

Erik Andershed
for **ELECTROLUX**
Stockholm, Sweden
www.electrolux.com

Energy efficiency, 'smart' cleaning / Efficience énergétique, « nettoyage intelligent » / Energieeffizienz, «intelligente Reinigung» / Energie-efficiëntie, «intelligente reiniging»

Electrolux

UMBI

Umbi Fridge

© Electrolux

Two energy efficient fridges. The larger of the two, which forms the base, serves for the kitchen. The smaller one can be taken out into the garden or on a picnic, and is totally self-sufficient.

Zwei energiesparende Kühlschränke. Der Größere, der als Basisgerät fungiert, ist für die Küche. Den Kleineren kann man in den Garten oder zum Picknick mitnehmen, da er völlig autark ist.

Deux réfrigérateurs énergétiquement efficients. Le plus grand, qui constitue la base, est destiné à la cuisine. Le plus petit peut être transporté vers le jardin ou en pique-nique. Il est totalement autosuffisant.

Twee energie-efficiënte koelkasten. De grootste is de basisunit voor in de keuken. De kleinere kan meegenomen worden naar de tuin of voor de picknick. Beide zijn geheel zelfvoorzienend.

Electrolux
Stockholm, Sweden
www.electrolux.com

Energy efficiency, modular / Efficience énergétique, modulaire / Energieeffizienz, modular / Energie-efficiëntie, modulair

UMBI
Electrolux
UMBI
Electrolux

Electrolux

Oxygen Clothes Pin

This device employs ion technology to freshen up clothing with bad odors, without needing to wash it.

Dieses Gerät nutzt die Ionen-Technologie um schlecht riechende Kleidung aufzufrischen, ohne sie waschen zu müssen.

Cet appareil utilise la technologie des ions pour rafraîchir les vêtements et les débarrasser des mauvaises odeurs sans les laver.

Dit apparaat gebruikt iontechnologie om slecht ruikende kleding op te frissen, zonder dat deze hoeft te worden gewassen.

Electrolux
Stockholm, Sweden
www.electrolux.com

Bioelectricity, hydrodynamics / Bioélectricité, hydrodynamique / Bioelektrizität, hydrodynamisch / Bio-elektriciteit, hydrodynamica

Electrolux
Oxygen
on/off

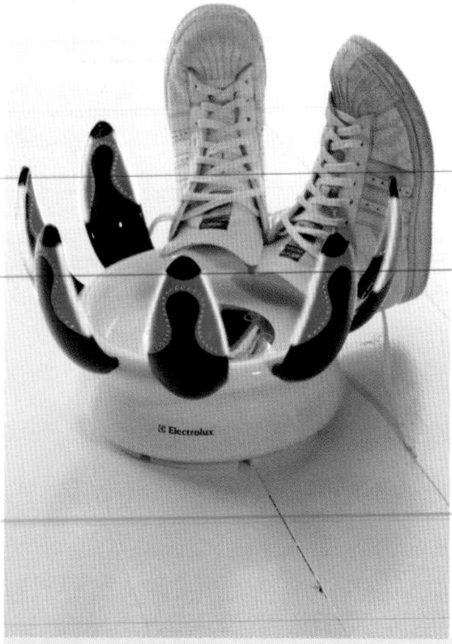

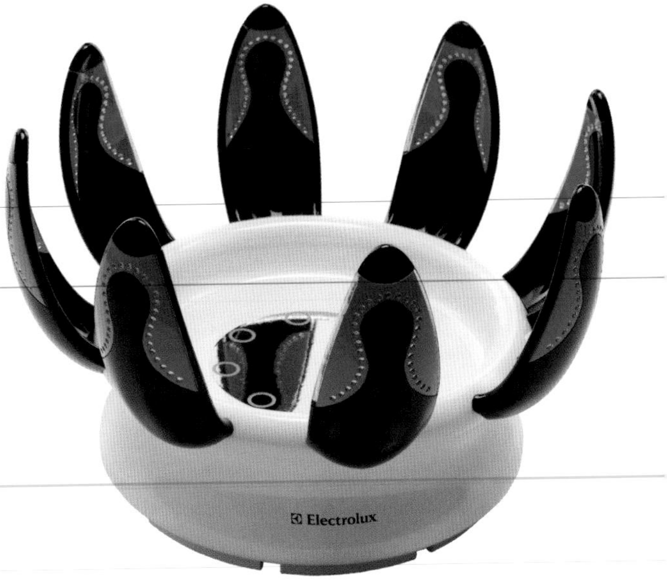
Electrolux

Happy Feet

This solution for cleaning and disinfecting shoes uses charcoal and ultraviolet rays to remove odors and to sterilize footwear.

Dies ist eine Lösung für die Reinigung und Desinfektion von Schuhen. Sie nutzt Holzkohle und UV-Strahlen, um Gerüche zu beseitigen und die Schuhe keimfrei zu machen.

Il s'agit d'une solution pour nettoyer et désinfecter les chaussures. Elle utilise du charbon végétal et des rayons ultraviolets pour éliminer les odeurs et stériliser la chaussure.

Dit is een oplossing om schoenen schoon te maken en te desinfecteren. Er worden plantaardige kolen en ultraviolette stralen gebruikt om de geuren te verwijderen en de schoenen te steriliseren.

Electrolux
Stockholm, Sweden
www.electrolux.com

Chemical-free / Sans produits chimiques / Ohne Chemikalien / Zonder chemicaliën

Electrolux

Wellos

Wellos

This ecological washing ball is designed to protect the environment and offers excellent benefits for family health and finances. Using bioelectricity and hydrodynamics, the water is ionized changing its molecular structure, thereby enhancing the washing process. Moreover, Wellos dispenses with the need for detergent and softener.

Dieser ökologische Wäscheball wurde entworfen, um die Umwelt zu schützen. und bietet außerdem enorme Vorteile für die Gesundheit und den Geldbeutel von Familien. Durch Bioelektrizität und Hydrodynamik wird das Wasser ionisiert, verändert seine molekulare Struktur und wirkt sich damit positiv auf das Waschen aus. Man braucht weder Waschmittel noch Weichspüler.

Cette boule de lavage écologique a été conçue pour protéger l'environnement et offre d'excellents avantages pour la santé et les finances de la famille. On ionise l'eau, par le biais de la bioélectricité et de l'hydrodynamique, ce qui modifie sa structure moléculaire et favorise le lavage. Pas besoin de lessive ni d'adoucissant.

Deze ecologische wasbol is ontworpen om het milieu te beschermen en biedt uitstekende voordelen voor de gezondheid en de gezinseconomie. Door middel van bio-elektriciteit en hydrodynamica wordt het water geïoniseerd waardoor zijn moleculaire opbouw verandert en het wassen verbetert. Er is geen wasmiddel of wasverzachter nodig.

Wellos
Barcelona, Spain
www.wellos.cat

Magnets on each end, anti-bacteria balls, alkaline balls, anti-chorine balls / Des aimants à chaque extrémité, boules antibactériennes, boules alcalines, boules anti-chlore / Magnete an jedem Ende, antibakterielle Kugeln, alkalische Kugeln, Antichlor-Kugeln / Magneten aan elk uiteinde, antibacteriële bollen, alkalinebollen, antichloorbollen

Reduces need for detergent by at least 80%, antiallergenic, cleaner waste water / Réduction d'au moins 80 % de la lessive, anti-allergène, eaux résiduelles moins polluantes / Waschmitteleinsparung von mindestens 80%, antiallergisch, weniger umweltschädliches Abwasser / Minstens 80% minder wasmiddelverbruik, antiallergisch, minder vervuilend afvalwater

Sandy Eco

Sandy Eco

© ChauhanStudio

This green telephone is made from recycled plastic and comes in a recycled cardboard box, which can in turn also be recycled.

Dieses grüne Telefon ist aus wiederverwertetem Kunststoff hergestellt und wird in einer wiederverwertbaren Schachtel aus recyceltem Karton verkauft.

Ce téléphone vert est fabriqué à partir de matières plastiques recyclés et il est présenté dans une boîte en carton recyclé et également recyclable.

Deze groene telefoon is gemaakt van gerecyclede kunststoffen en wordt in een eveneens recyclebare doos van gerecycled karton geleverd.

ChauhanStudio
London, United Kingdom
www.chauhanstudio.com

Recycled plastic (telephone), recycleo cardboard (packing) / Plastiques recyclés (téléphone), carton recyclé (emballage) / Recycelte Kunststoffe (Telefon), recycelte Pappe (Verpackung) / Gerecyclede kunststof (telefoon), gerecycled karton (verpakking)

Recycling / Recyclage / Wiederverwertung / Recycling

SANDY ECO

NOKIA

Nokia 3110 Evolve

The perfect union of uncompromised design and eco-innovation. Its bio-covers were created from over 50% renewable materials. The packaging is also smaller and uses 60% recycled materials. The battery is recharged responsibly, with a charger that minimizes energy use.

Die perfekte Verbindung von Gesamtdesign und ökologischer Erneuerung: Seine Bio-Gehäuse bestehen aus über 50 % wiederverwertbarer Materialien. Die Verpackung ist ebenfalls kleiner und enthält 60 % Recycling-Material. Die Batterie wird auf verantwortliche Weise – mit einem Ladegerät, das den Energieverbrauch minimiert – aufgeladen.

L'union parfaite entre le design absolu et l'innovation écologique. Leurs coques bio ont été fabriquées à partir de plus de 50 % de matériaux renouvelables. L'emballage est également plus petit et comprend 60 % de matériaux recyclés. La batterie se recharge de manière responsable, avec un chargeur qui réduit la consommation d'énergie.

De perfecte combinatie van weergaloos design en ecologische innovatie De biocovers zijn voor meer dan 50% vervaardigd uit hernieuwbare materialen. Ook de verpakking is kleiner en bestaat voor 60% uit gerecycled materiaal. De batterij wordt op verantwoorde wijze opgeladen met een oplader die het energieverbruik minimaliseert.

@ **Nokia**
www.nokia.com

More than 50% recyclable materials (housing), 60% recycled material (packaging) / Plus de 50 % de matériaux renouvelables (coque), 60 % de matériaux recyclés (emballage) / Über 50 % wiederverwertbare Materialien (Gehäuse), 60 % wiederverwertete Materialien (Verpackung) / Meer dan 50% hernieuwbare materialen (omhulsel), 60% gerecyclede materialen (verpakking)

Energy efficiency and recycling / Efficience énergétique, recyclage / Energie-Effizienz, Wiederverwertung / Energie-efficiëntie, recycling

NOKIA
1
2 ABC
3 DEF
4 GHI
5 JKL
6 MNO
7 PQRS
8 TUV
9 WXYZ
* +
0
#

hulger

hulger

Pappa Phone

© Hulger

Pappa Phone is a handmade phone made from hazelnut for VoIP calls. It works like Skype, and is compatible with Macs and PCs.

Pappa Phone ist ein handgemachtes Telefon aus Walnussbaumholz für VoIP. Es funktioniert als Skype-Telefon und ist mit Mac und PC kompatibel.

Pappa Phone est un téléphone en bois de noyer fait main pour des appels VoIP. Il fonctionne comme un téléphone Skype, compatible avec Mac et PC.

Pappa Phone is een handgemaakte notenhouten telefoon voor VoIP-gesprekken. Hij werkt als Skype-telefoon en is compatibel met Mac en PC.

Hulger
London, United Kingdom
www.hulger.com

Sustainable American walnut, metal / Bois de noyer d'Amérique durable, métal / Amerikanisches Nussbaumholz aus nachhaltigem Anbau, Metall / Duurzaam notenhout, metaal

Handcrafted, renewable material / Production manuelle, matériel renouvelable / Handgemacht, erneuerbares Material / Handmatige productie, hernieuwbaar materiaal

hulger

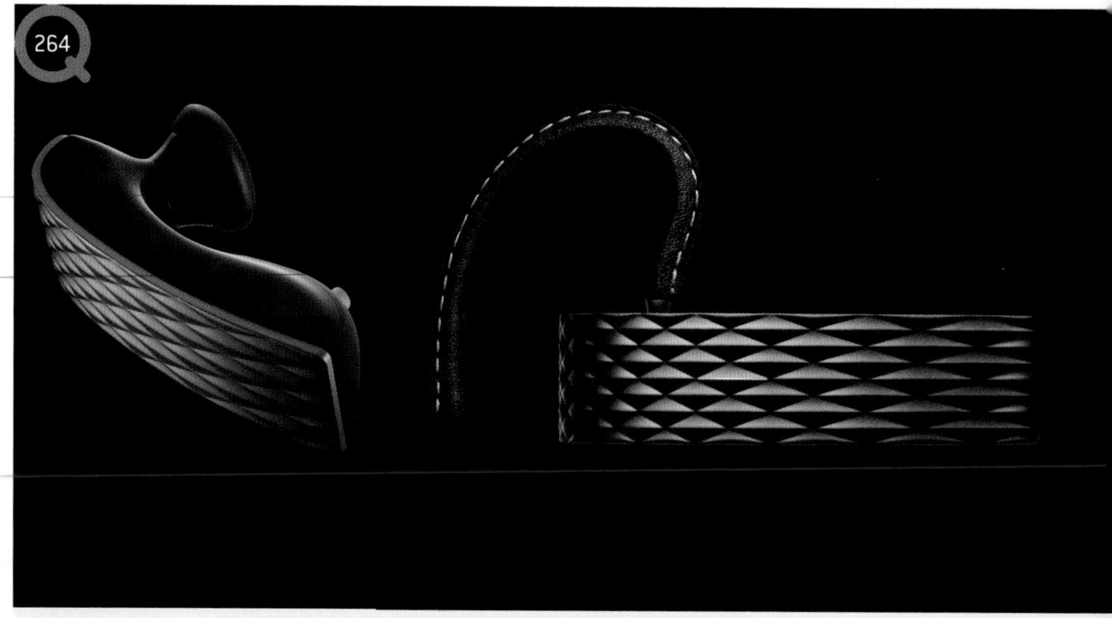

Jawbone

fuseproject are the designers of the New Jawbone®" Bluetooth® headset with NoiseAssassin™ technology – hi tech for the ear. In black, gold and silver, these headsets eliminate real world noise to leave only speech. It is able to eliminate ambient noise even in the noisiest locations (6-9 dB).

fuseproject entwickelte das Freisprech-Gerät „New Jawbone®" Bluetooth® mit NoiseAssassin™, Hightech für das Ohr. Das in den Farben Schwarz, Gold und Silber erhältliche Gerät eliminiert den Umgebungslärm, so dass nur die Stimmübertragung zu hören ist. Sogar in einer sehr lauten Umgebung (6-9 dB) ist es fähig, den Hintergrundlärm zu eliminieren.

fuseproject est à l'origine du « New Jawbone® » Bluetooth® mains libres avec technologie NoiseAssassin™, haute technologie appliquée au son. Il existe dans des tons noirs, or et argenté, et élimine tous les bruits parasites pour ne laisser entendre que le son de la voix. Même dans les endroits les plus bruyants (6 à 9dB), il est capable d'éliminer le bruit environnant.

fuseproject is de maker van de handsfree "New Jawbone®" Bluetooth® met NoiseAssassin™-technologie, hightech voor het gehoor. Verkrijgbaar in zwart, goud- en zilverkleur. Met deze headset wordt al het ware geluid geëlimineerd en blijft alleen de stem over. Zelfs in de rumoerigste omgevingen (6 tot 9 dB) is dit apparaat in staat om het achtergrondgeluid te filteren.

@ **fuseproject** *for* **ALIPH**
San Francisco, USA
www.us.jawbone.com

Various high-quality materials, surgical plastic, and fine leather / Divers matériaux hauts de gamme, plastique médical, cuir délicat / Verschiedene hochwertige Materialien, medizinischer Kunststoff, feines Leder / Diverse hoogwaardige materialen, medisch kunststof, fijn leer

Reduced noise pollution / Réduction de la pollution sonore / Verminderung der akustischen Kontamination / Vermindering van geluidsoverlast

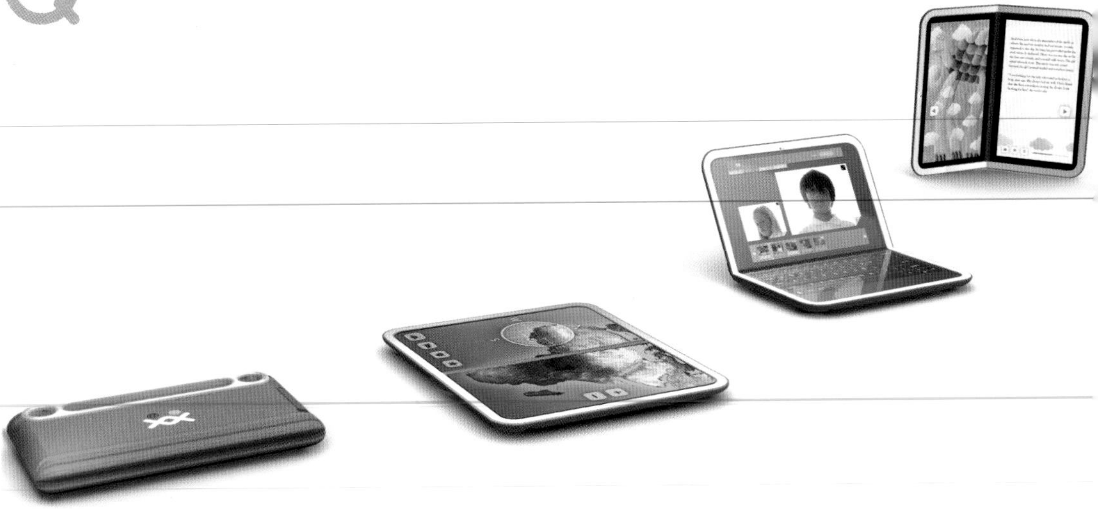

XOXO (2.0)

This is a laptop that aims to reach schools where children without resources in developing countries can learn to use new technologies by experimenting with interaction and exploration. When turned, it becomes an e-book to make reading an additional source of value for the child's adaptation.

Ein Laptop, der in Schulen eingesetzt werden soll, wo mittellose Kinder aus Entwicklungsländern lernen können, die neuen Technologien zu benutzen, indem sie durch Interaktion und Erforschung Erfahrungen machen. Wenn wir ihn drehen, verwandelt er sich in ein Lesegerät für elektronische Bücher, was einen Mehrwert für die Bildung des Kindes darstellt.

Un ordinateur portable que l'on tente d'introduire dans les écoles où les enfants sans ressources des pays en voie de développement pourraient apprendre à utiliser les nouvelles technologies en construisant des expériences par le biais de l'interaction et de l'exploration. Si on le retourne, il se transforme en lecteur de livres électroniques, faisant de la lecture une valeur ajoutée pour l'adaptation de l'enfant.

De bedoeling is dat deze laptop op scholen terechtkomt waar kansarme kinderen in ontwikkelingslanden de nieuwe technologieën kunnen leren gebruiken en door middel van interactie en onderzoek ermee kunnen experimenteren. Als we de laptop omdraaien, verandert deze in een elektronische boeklezer waardoor het lezen een toegevoegde waarde voor de aanpassing van het kind krijgt.

@ **fuseproject**
San Francisco
New York, USA
www.fuseproject.com

Education for development and energy efficiency / Éducation pour le développement, efficience énergétique / Bildung für die Entwicklung, Energie-Effizienz / Onderwijs voor ontwikkeling, energie-efficiëntie

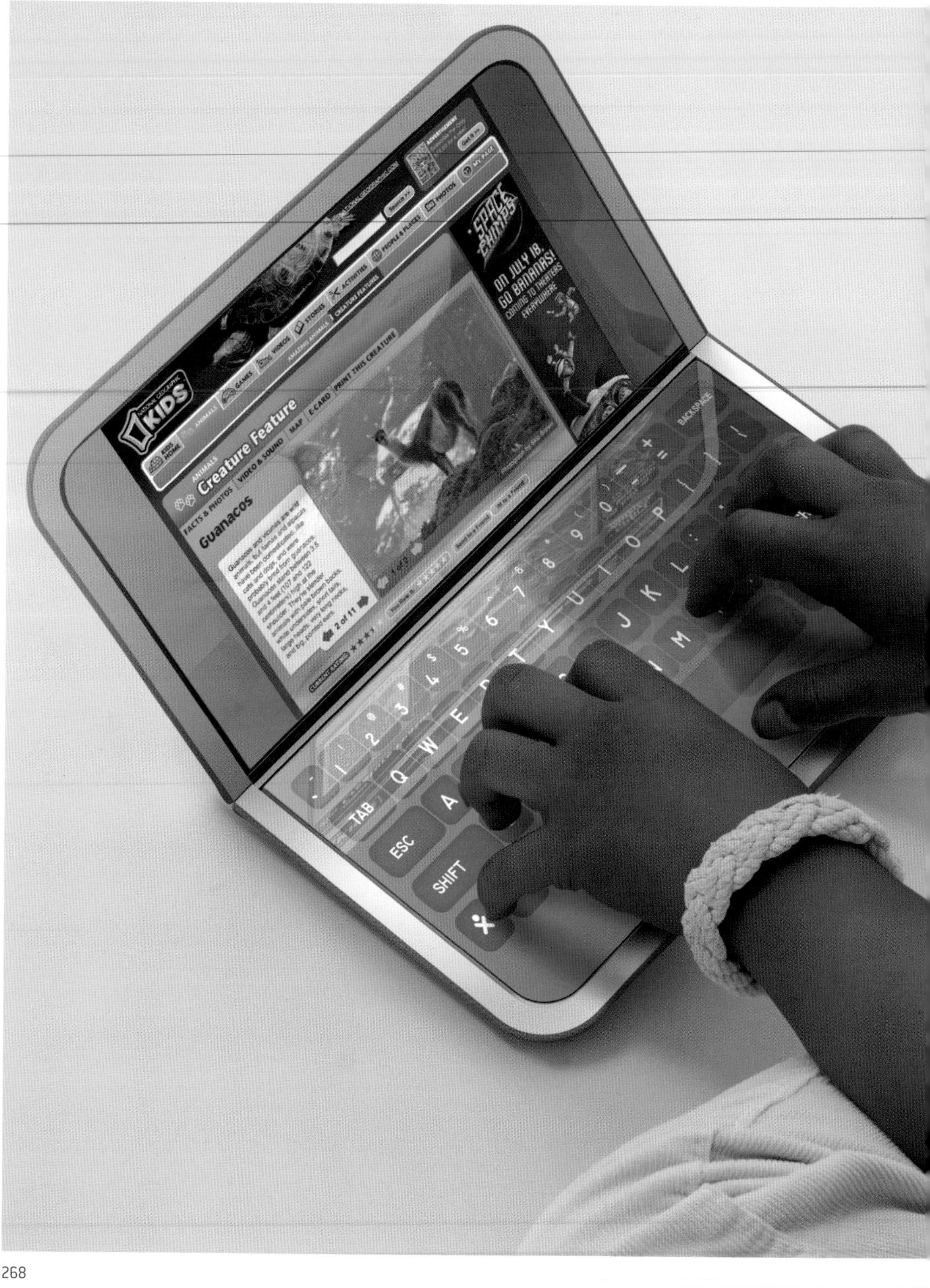
KIDS
ANIMALS
Creature Feature
FACTS & PHOTOS
VIDEO & SOUND
MAP
E-CARD
PRINT THIS CREATURE
Guanacos
ON JULY 18,
GO BANANAS!
COMING TO THEATERS
EVERYWHERE
BACKSPACE
TAB
ESC
SHIFT

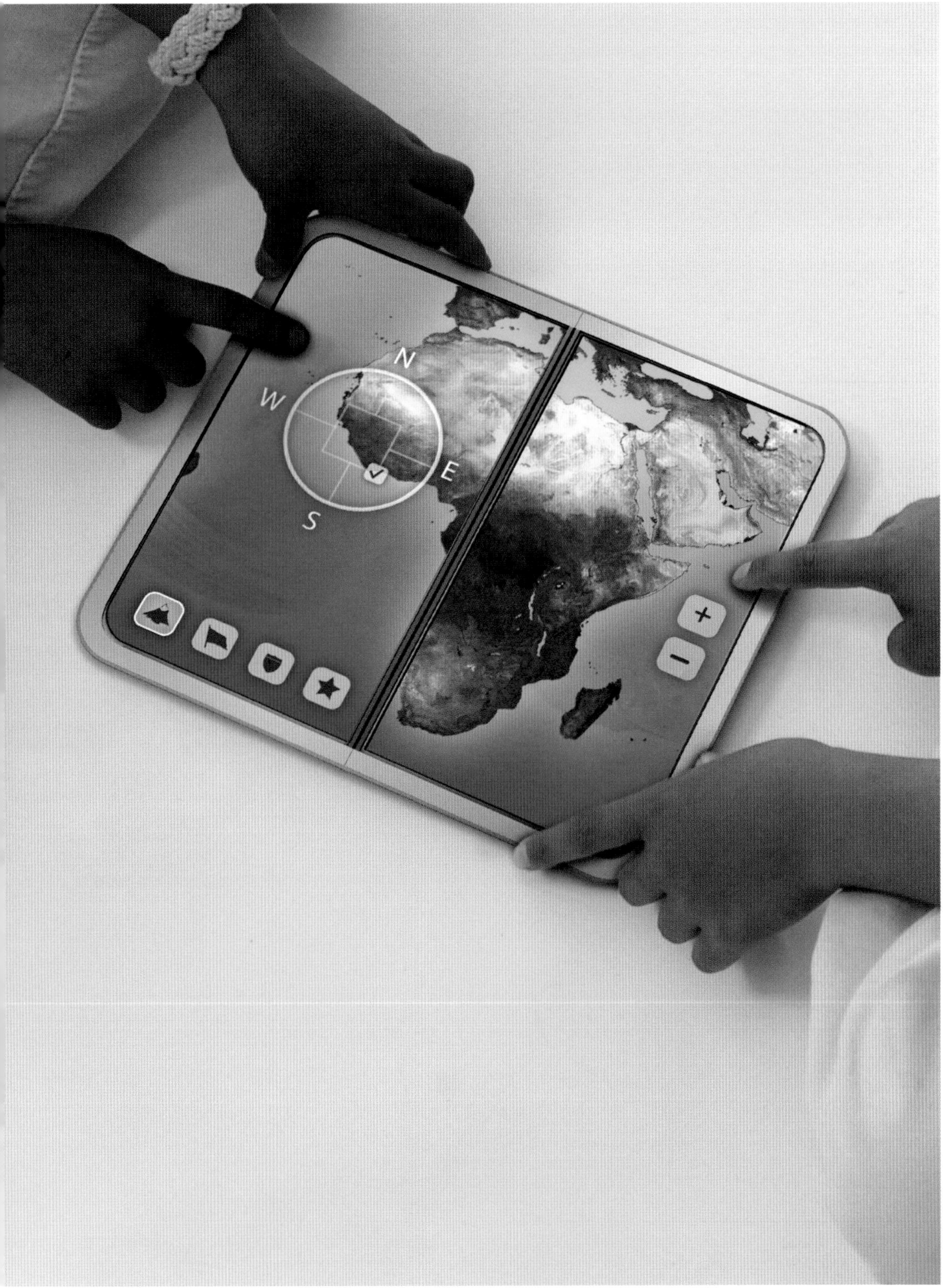
N
W
E
S

OLPC [One Laptop Per Child]

© fuseproject

OLPC is a laptop computer designed to provide knowledge and access to information technology as a modern form of education for any child in the world. It features efficient energy use; using a mechanical, crank-like device can generate enough energy for its operation.

OLPC ist ein tragbarer Computer, der dazu entworfen wurde, durch eine moderne Bildungsmethode jedem Kind auf der Welt Kenntnisse und Zugang zu den Informationstechnologien zu verschaffen. Er verbraucht wenig Strom, da man mit einem mechanischen Gerät von der Art einer Kurbel genug Energie für seinen Betrieb erzeugen kann.

OLPC est un ordinateur portable conçu pour apporter des connaissances et fournir un accès aux technologies de l'information comme moyen moderne d'éducation pour tous les enfants du monde. Sa consommation énergétique est efficiente, car avec un dispositif mécanique de type manivelle on peut générer suffisamment d'énergie pour son fonctionnement.

OLPC is een laptop die is ontworpen om elk kind ter wereld kennis van en toegang tot de informatietechnologieën als modern onderwijssysteem te verschaffen. Het energieverbruik ervan is efficiënt, aangezien een mechanische hendel voldoende energie kan produceren voor de werking van de computer.

© **fuseproject**
San Francisco, New York, USA
www.fuseproject.com

Education for development and energy efficiency / Éducation pour le développement, efficience énergétique / Bildung für die Entwicklung, Energie-Effizienz / Onderwijs voor ontwikkeling, energie-efficiëntie

English
Expressing habitual action
my teeth every day.
every day.

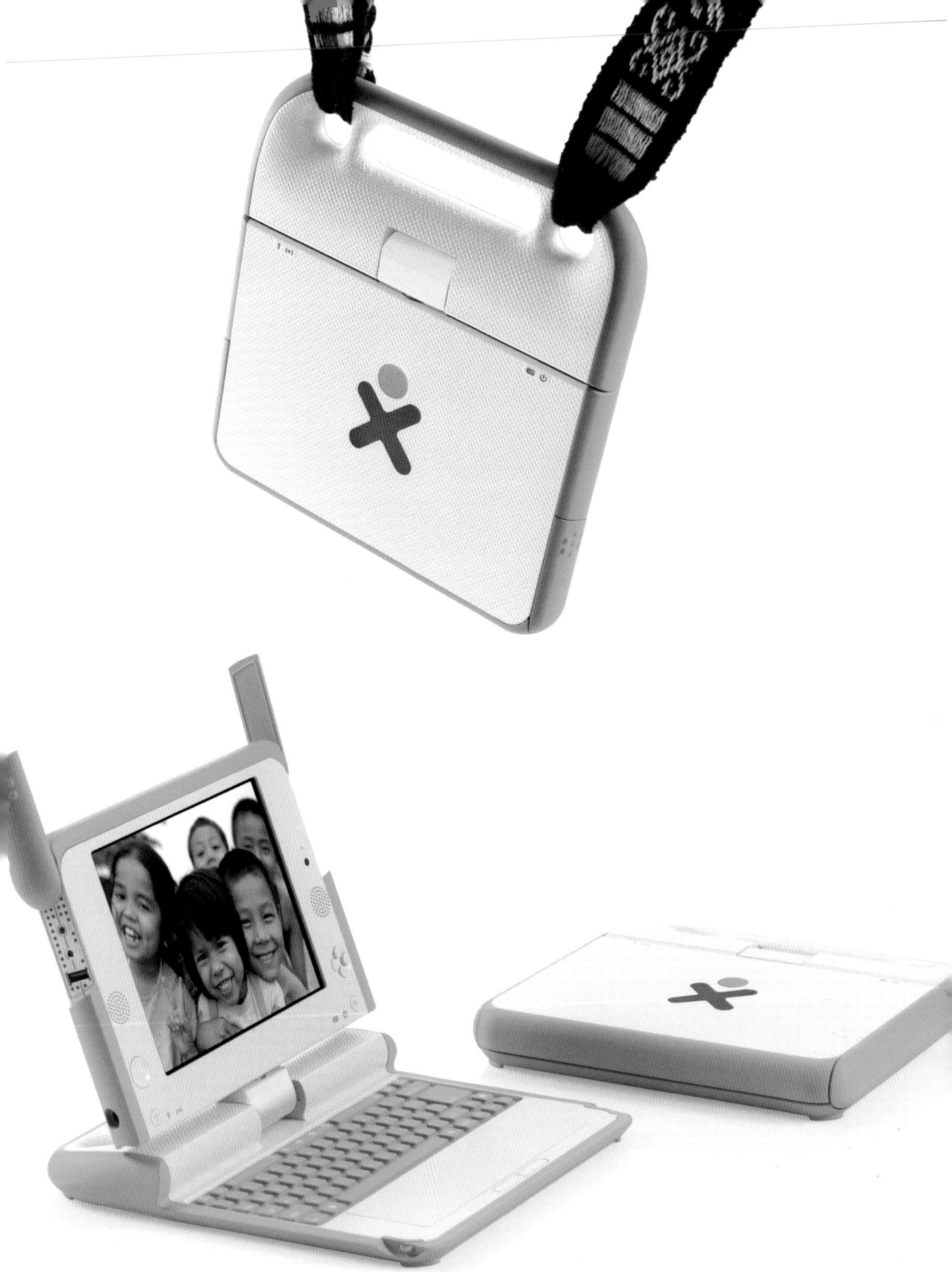

Triodos Bank

A reference for ethical banking in Europe, Triodos Bank is a credit company that contributes to sustainable development from a financial perspective. Its investments focus on renewable energy, environmental technology, organic farming, eco-construction and sustainable tourism, among others.

Die Triodos Bank ist eine renommierte ethische Bank in Europa, ein Geldinstitut, das zum nachhaltigen Wandel durch das Finanzsystem beiträgt. Ihre Investitionen werden unter anderem für erneuerbare Energien, Umwelt-Technologie, ökologische Landwirtschaft, Biokonstruktion und nachhaltigen Tourismus eingesetzt.

Emblème de la banque éthique en Europe, Triodos Bank est un organisme de crédit qui contribue au changement durable du point de vue du système financier. Leurs investissements se concentrent sur les énergies renouvelables, la technologie environnementale, l'agriculture écologique, la bio construction et le tourisme durable, entre autres.

Triodos Bank staat voor ethisch bankieren en is een Europese kredietinstelling die bijdraagt aan de duurzame verandering vanuit het financieringssysteem. Zijn investeringen zijn gericht op onder andere vernieuwbare energie, milieutechnologie, biologische landbouw, bioconstructie en duurzaam toerisme.

@ **Triodos Bank**
Holland, Belgium, United Kingdom, Germany, Spain
www.triodos.es

Ethical banking / Banque éthique
Ethische Bank / Ethische bank

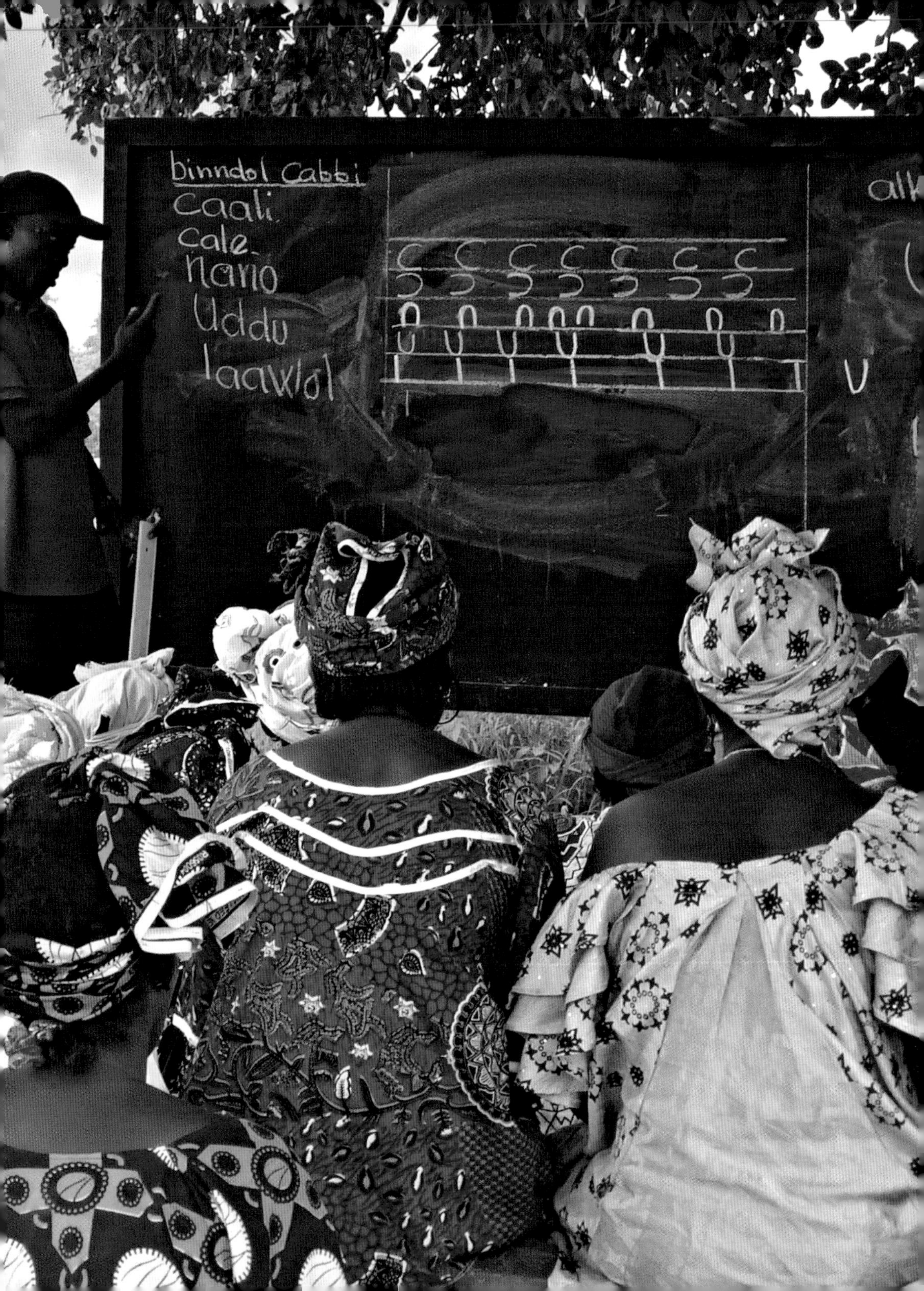

binndol Cabbi
caali
cale
Uddu
laawlol

FSC

CH
RINSPEED

CARS & TRANSPORT

If the automobile industry continues to grow at the current pace, a full-scale energy and environmental crisis will be inevitable. The question is whether it is possible to develop clean transport systems that fully meet people's transport needs. The following is a selection of non-polluting means of transport: bicycles, hydraulic drive motorcycles, hybrid and electrical vehicles, and solar-powered boats.

Si la croissance automobile se poursuit au rythme actuel, la crise énergétique et environnementale sera inévitable. Est-il possible de développer des systèmes de transport propres qui soient compatibles avec la mobilité des personnes ? Vous découvrirez par la suite une sélection de moyens de transport non polluants : bicyclettes, motocyclettes à moteur hydraulique, véhicules hybrides et électriques et bateaux qui fonctionnent à l'énergie solaire.

Wenn das Automobilwesen im derzeitigen Tempo weiterwächst, ist die Energie- und Umweltkrise unvermeidbar. Ist es möglich, saubere Transportsysteme zu entwickeln, ohne die Mobilität der Menschen einzuschränken? Im Folgenden wird eine Auswahl umweltfreundlicher Verkehrsmittel vorgestellt: Fahrräder, Motorräder mit Hydraulikmotor, Hybrid- und Elektrofahrzeuge und mit Sonnenenergie betriebene Schiffe.

Als de groei in de autosector in hetzelfde tempo als nu doorgaat, dan is de energie- en milieucrisis onvermijdbaar. Is het mogelijk om schone vervoersystemen te ontwikkelen die verenigbaar zijn met de mobiliteit van personen? Hieronder vindt u een selectie van niet-vervuilende vervoermiddelen: fietsen, motorfietsen met hydraulische motor, hybride en elektrische voertuigen en boten die op zonne-energie werken.

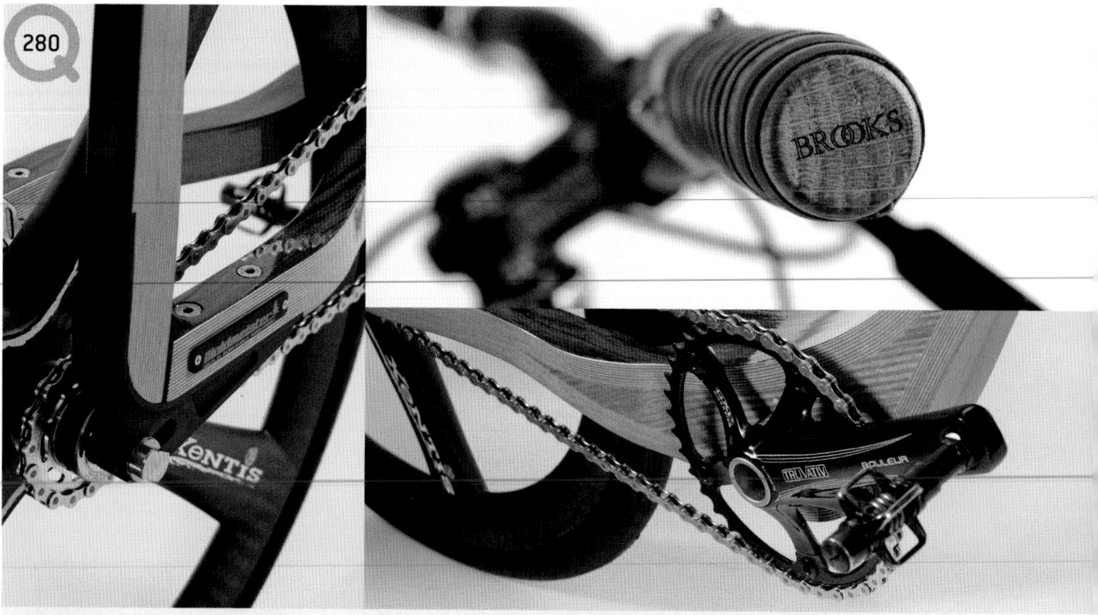
BROOKS

Waldmeister Bike

The German company Waldmeister has created this bicycle, which has a remarkable handcrafted wooden frame, dynamic qualities, and uses advanced technology.

Die deutsche Firma Waldmeister hat dieses Fahrrad hergestellt, das durch seinen handwerklich gefertigten Holzrahmen, seine dynamischen Eigenschaften und seine fortgeschrittene Technologie hervorsticht.

La compagnie allemande Waldmeister a créé cette bicyclette qui se distingue par son cadre artisanal en bois, ses qualités dynamiques et sa technologie dernière génération.

Het Duitse bedrijf Waldmeister heeft deze fiets ontworpen. Hij valt op vanwege zijn ambachtelijke houten frame, zijn dynamische eigenschappen en geavanceerde technologie.

Waldmeister Bikes
Freiburg, Germany
www.waldmeister-bikes.de

Wood, carbon, titanium / Bois, charbon, titane / Holz, Kohle, Titan / Hout, koolstof, titanium

Man-powered, VOC-free, recyclable, handcrafted / Traction humaine, sans COV, recyclable, production manuelle / Antrieb durch Körperkraft, VOC-frei, wiederverwertbar, handgemacht / Menselijke aandrijving, vrij van VOS, recyclebaar, handmatige productie

RITCHEY
XR
CARBON
KOJAK

SCHWALBE
KOJAK
XENTIS

XR
TRUVATIV
KING

The handlebars and wheel fittings are made from carbon fiber.

Le volant et la fixation des roues sont en fibre de carbone.

Lenkstange und Radhalterung sind aus Kohlenfaser.

Het stuur en de wielbevestiging zijn gemaakt van koolstofvezel.

SEALED BEARING
NoThreadSet
XR
TRUVATIV
NoThreadSet™

ULTIMATE

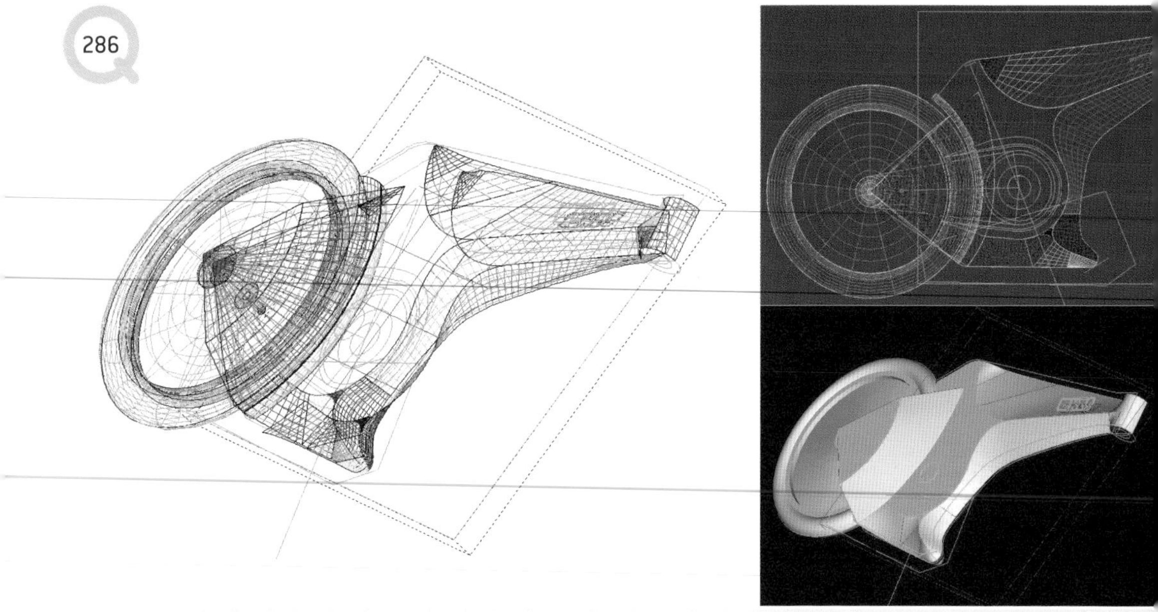

Okes Oak Lifestyle

© Vincent van Gurp

The oak frame of this sustainable bicycle is a design by Reinier Korstanje, who has developed other variants of this initial prototype. The bicycle is available in three models and is a real option for urban bike lovers. Weight: 19 kg.

Die Rahmen aus Eiche dieses nachhaltigen Fahrrads ist ein Entwurf von Reinier Korstanje, der von diesem ersten Prototyp ausgehend weitere Versionen entwickelt hat. Das Fahrrad ist in drei Modellen erhältlich und wird zu einer echten Option für die Liebhaber des Stadtfahrrads. Gewicht: 19 kg.

La structure en chêne de cette bicyclette écologique a été conçue par Reinier Korstanje qui a développé d'autres versions à partir de ce premier prototype. La bicyclette est disponible en trois modèles et devient une véritable alternative pour les amoureux de la bicyclette en ville. Poids : 19 kg.

Het eikenhouten frame van deze duurzame fiets is een ontwerp van Reinier Korstanje die vanuit dit eerste prototype andere versies heeft ontwikkeld. De fiets is verkrijgbaar in drie modellen en is een ware optie voor liefhebbers van de stadsfiets. Gewicht: 19 kg.

@ Reinier Korstanje
Oostkapelle Zeeland, the Netherlands
www.reinierkorstanje.nl

Oakwood / Chêne / Eiche / Eik

Human powered, VOC-free, recyclable / Traction humaine, sans COV (composés organiques volatiles), recyclable / Antrieb durch Körperkraft, VOC-frei, wiederverwertbar / Menselijke aandrijving, vrij van VOS, recyclebaar

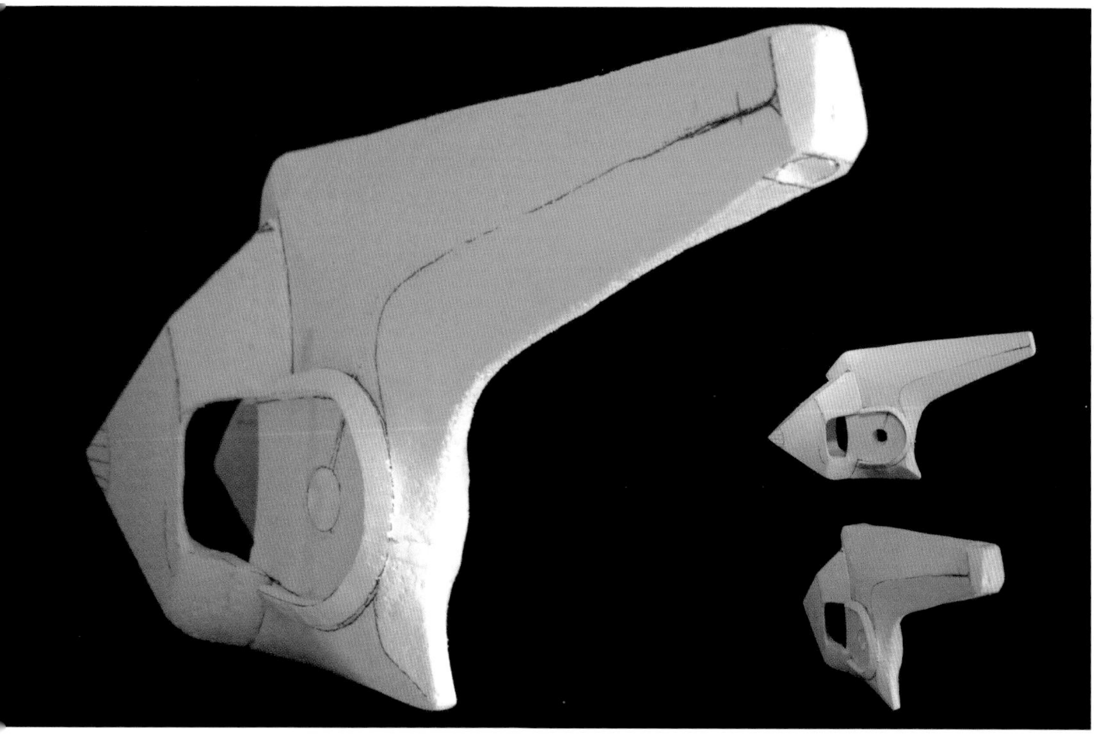

B^2O

Simple and minimalist, the B20 is an environmentally friendly bicycle. Its frame is made of bamboo fiber, which is extremely robust, with seals and finishes made from organic products. The bike weights 11 kg.

Einfach und minimalistisch: B20 ist ein Fahrrad, das die Umwelt respektiert. Sein Rahmen ist wegen der hohen Widerstandskraft aus Bambusfaser hergestellt. Die Verleimungen und das Finish erfolgen mit Bioprodukten. Das Fahrrad wiegt 11 kg.

Simple et minimaliste, B20 est une bicyclette respectueuse de l'environnement. Son cadre est en fibre de bambou, choisi pour sa grande résistance. Les encollages et les finitions sont élaborés avec des produits bio. Son poids est de 11 kg.

B20 is een eenvoudige, minimalistische en milieuvriendelijke fiets. Het frame is gemaakt van bamboevezel vanwege zijn hoge weerstand. Het lijmwerk en de afwerkingen zijn met bioproducten uitgevoerd. De fiets weegt 11 kg.

@ **Antoine Fritsch, Fritsch-Associés**
Conflans, Ste. Honorine, France
www.fritsch-associes.com

Bamboo, stainless steel, rubber, glue, ecological finishes / Bambou, acier inoxydable, caoutchouc, colle et finitions bio / Bambus, rostfreier Stahl, Kautschuk, Bio-Klebstoff und -Finish / Bamboe, roestvrij staal, rubber, biolijm en -afwerkingen

Man-powered, VOC-free, low CO_2 emissions, biomaterials / Traction humaine, sans COV, réduction des émissions de CO_2, biomatériaux / Antrieb durch Körperkraft, VOC-frei, CO_2-Reduktion, Biomaterialien / Menselijke aandrijving, vrij van VOS, CO_2-reductie, biomaterialen

MICHELIN XC

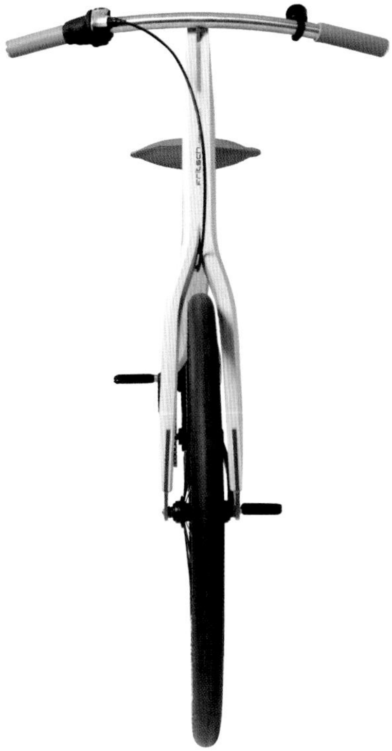

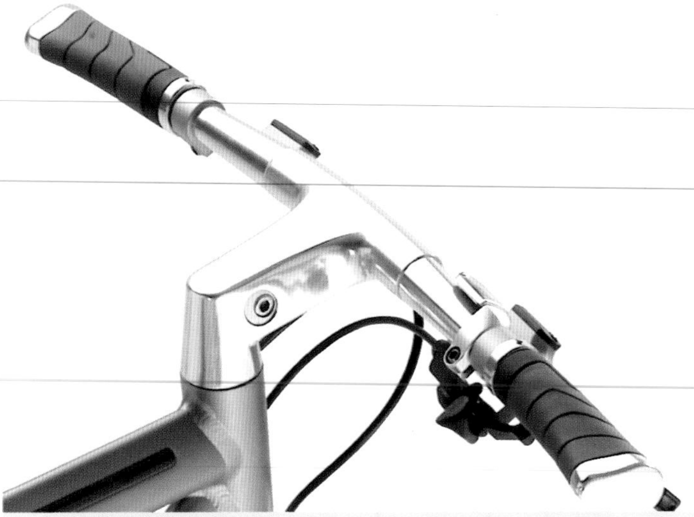

Giant City Speed

© Michael Young

Giant City Speed is an urban bicycle that blends technological innovation with minimalist design. Its comfortable position, aerodynamic curves and modern touches such as integrated headlights in the handlebar make this bike the perfect choice for urban cyclists.

Giant City Speed ist ein Stadtfahrrad, das technologische Innovation mit minimalistischem Design verbindet. Seiner komfortabler Rahmen, seine aerodynamischen Kurven und der moderne Touch wie z. B. durch den integrierten Lenker machen dieses Fahrrad zur perfekten Wahl für städtische Radfahrer.

Giant City Speed est une bicyclette urbaine qui conjugue innovation technologique et design minimaliste. Son assise confortable, ses courbes aérodynamiques et les touches de modernité comme la direction intégrée, font de cette bicyclette l'option idéale pour les cyclistes urbains.

Giant City Speed is een stadsfiets waarin technologische innovatie wordt gecombineerd met een minimalistisch design. De prettige zitpositie, de aerodynamische rondingen en de moderne details, zoals de ingebouwde versnelling, maken deze fiets uitermate geschikt voor stadsgebruik.

Michael Young for GIANT
Taipei, Taiwan
www.giant-bicycles.com

Human powered and CO_2 reduction / Traction humaine, réduction des émissions de CO_2 / Antrieb durch Körperkraft, Reduzierung von CO_2 / Menselijke aandrijving, CO_2-reductie

MAXXIS
MAXXIS

Cycling Flandria

Flandria is an urban bicycle suitable for all users. To encourage recycling, the ergonomic frame was produced from injected plastic. The bike comes equipped with seven gears, a multi-position handlebar and an anti-theft system incorporated in the frame for easy use around town.

Flandria ist ein Stadtfahrrad für jedermann. Um die Wiederverwertbarkeit zu begünstigen, wurde der ergonomische Rahmen im Spritzgussverfahren hergestellt. Das Rad verfügt über sieben Gänge, eine verstellbare Lenkstange und eine in den Rahmen integrierte Diebstahlsicherung, um den Gebrauch in der Stadt zu erleichtern.

Flandria est une bicyclette urbaine pour tous. Le cadre ergonomique est fabriqué en plastique injecté afin de favoriser le recyclage. Il dispose de sept vitesses, d'un guidon multi-positions et d'un système antivol intégré au cadre pour faciliter son utilisation en ville.

Flandria is een stadsfiets voor elk publiek. Om het recyclen te bevorderen werd het ergonomische frame van geïnjecteerd plastic gemaakt. De fiets heeft zeven versnellingen, een verstelbaar stuur en een in het frame ingebouwd antidiefstalsysteem om het gebruik in de stad te vereenvoudigen.

Antoine Fritsch, Fritsch-Associés
Conflans, Ste. Honorine, France
www.fritsch-associes.com

Injected plastic / Plastique injecté / Spritzguss-Kunststoff / Geïnjecteerd plastic

Man-powered, VOC-free, low CO_2 emissions, recyclable / Traction humaine, sans COV, réduction des émissions de CO_2, recyclable / Antrieb durch Körperkraft, VOC-frei, CO_2-Reduktion, wiederverwertbar / Menselijke aandrijving, vrij van VOS, CO_2-reductie, recyclebaar

FLANDRIA

FLANDRIA
FLANDRIA

Mission Motors

© fuseproject

Designed to express speed, its anatomical shape is adapted to the rider's needs. There is no gas tank. There is no tailpipe. All of the mechanisms are integrated in an angular texture, light aluminum battery pack.

Das Design drückt Geschwindigkeit aus und seine Struktur wurde durch die anatomische Form den Bedürfnissen des Fahrers angepasst. Es gibt keinen Benzintank. Es gibt kein Auspuffrohr. Ein Tragwerk aus leichtem Aluminium, das mit einer kantigen Textur verkleidet ist, enthält die Batterie und das gesamte Getriebe.

Conçu pour exprimer la vitesse, sa structure s'adapte aux besoins du conducteur grâce à sa forme anatomique. Il n'y a pas de réservoir d'essence. Il n'y a pas de pot d'échappement. Une batterie placée sur une structure légère en aluminium, recouverte d'une texture anguleuse, regroupe tous les mécanismes.

Deze motorfiets is ontworpen om snelheid uit te stralen en het frame past zich met zijn anatomische vorm aan de behoeften van de bestuurder aan. Er is geen benzinetank. Er is geen uitlaatpijp. Een in het lichte aluminium motorframe geplaatste accu, bedekt met een hoekvormige textuur, bevat alle mechanismen.

fuseproject
San Francisco, New York, USA
www.fuseproject.com

Electrical energy and CO_2 reduction / Énergie électrique, réduction des émissions de CO_2 / Elektrische Energie, Reduzierung von CO_2 / Elektrische energie, CO_2-reductie

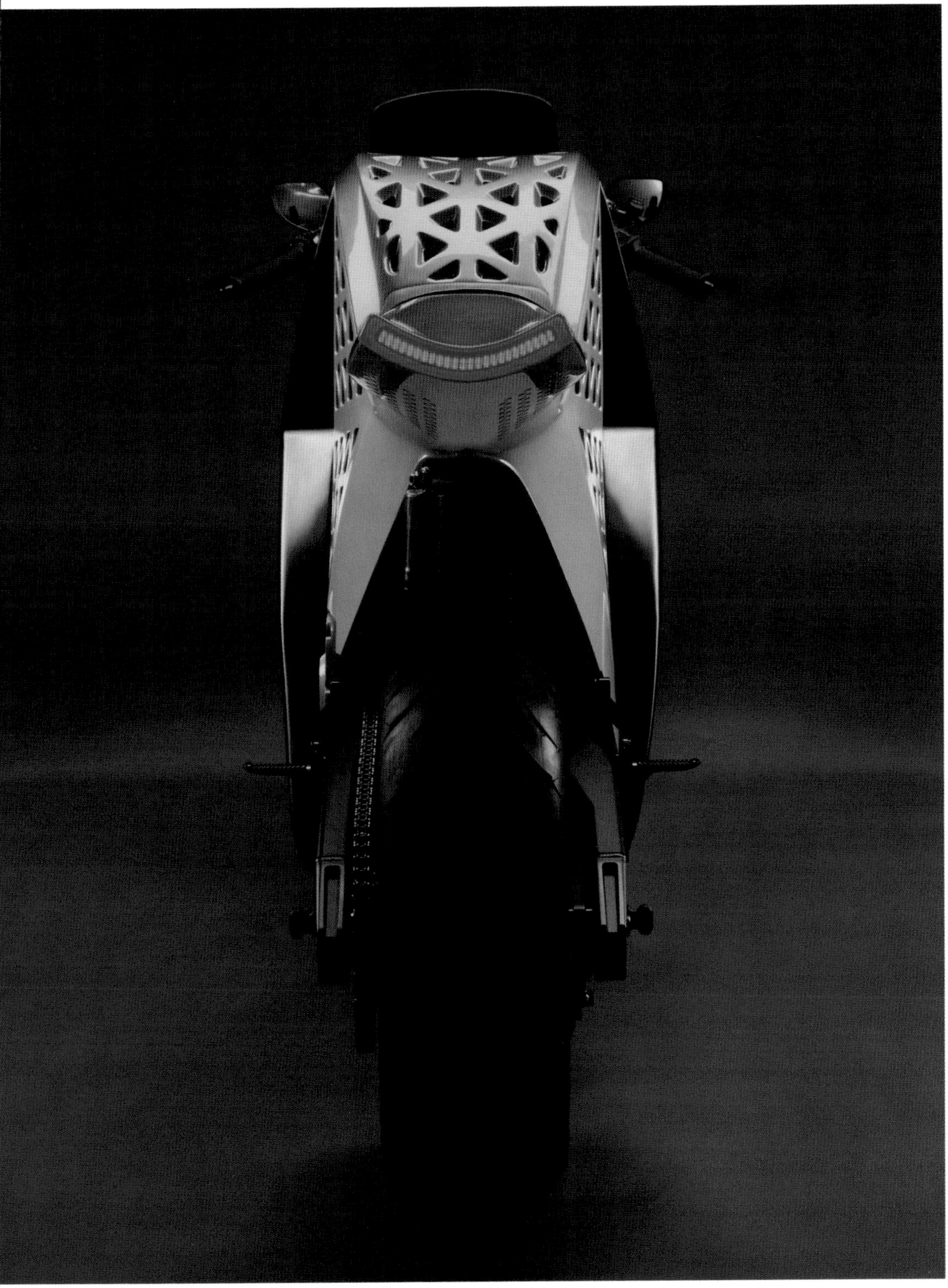

env

ENV Bike

The company Intelligent Energy has created a new motorcycle, called ENV Bike, with a hydrogen combustion engine. ENV stands for Emissions Neutral Vehicle.

Die Firma Intelligent Energy hat ein neues Motorrad mit Wasserstoff-Verbrennung, ENV Bike genannt, hergestellt. ENV ist die Abkürzung für *Emissions Neutral Vehicle*, was übersetzt „Fahrzeug mit Null Emissionen" bedeutet.

L'entreprise Intelligent Energy a créé une nouvelle motocyclette avec un moteur à combustion hydrogène appelé ENV Bike. ENV sont les initiales de *Emissions Neutral Vehicle*, qui se traduit par Véhicule à Émissions Neutres.

Het bedrijf Intelligent Energy heeft een nieuwe motorfiets ontworpen met een waterstof brandstofmotor, ENV Bike genaamd. ENV is de afkorting van *Emissions Neutral Vehicle*, waarvan de vertaling Neutrale Emissie Voertuig is.

Seymourpowell
for **INTELLIGENT ENERGY**
Leicestershire, United Kingdom
www.intelligent-energy.com

Aluminum / Aluminium / Aluminium / Aluminium

Hydrogen engine, low CO_2 emissions / Moteur à hydrogène, réduction des émissions de CO_2 / Wasserstoffmotor, CO_2-Reduktion / Waterstofmotor, CO_2-reductie

env

env

RE MO 500

Loremo

Loremo, the acronym for Low Resistance Mobile, combines an efficient diesel engine, a light weight, and minimal drag to run at 150 miles per gallon. CO_2 emissions are reduced to just 80 grams per mile (RSS).

Loremo, Akronym für *Low Resistance Mobile*, kombiniert einen leistungsstarken Diesel-Motor, reduziertes Gewicht und ein Minimum von Luftwiderstand und bewirkt damit eine Reichweite von 60 km pro Liter. Der CO_2-Ausstoß wird auf nur 50 g pro Kilometer reduziert (RSS).

Loremo, acronyme de *Low Resistance Mobile*, allie un moteur diesel efficient, un poids réduit et un minimum de déplacements pour obtenir un rendement de 60 km par litre. Les émissions de CO_2 sont réduites à seulement 50 grammes par kilomètre (RSS).

Loremo, de afkorting van *Low Resistance Mobile*, combineert een efficiënte dieselmotor, lichtgewicht en minimale luchtweerstand voor een rendement van 60 km per liter. De CO_2-uitstoot wordt tot 50 gram per kilometer gereduceerd (RSS).

Loremo
Munich, Germany
www.loremo.com

Lightweight materials to boost mileage and efficiency / Matériaux légers pour augmenter le kilométrage et l'efficience / Leichte Materialien für höhere Kilometerzahl und Effektivität / Lichte materialen om de kilometrage en de effectiviteit te verhogen

Lightweight turbo twin-cylinder diesel engine, CO_2 emissions of 80 grams per mile / Moteur turbo diesel 2 cylindres, poids réduit, émission de 50 g de CO_2/km / Zweizylindriger Turbodieselmotor, geringes Gewicht, Emission von 50 g CO_2/km / 2-cilinder turbodieselmotor, lichtgewicht, uitstoot van 50 g CO_2/km

Loremo

Loremo

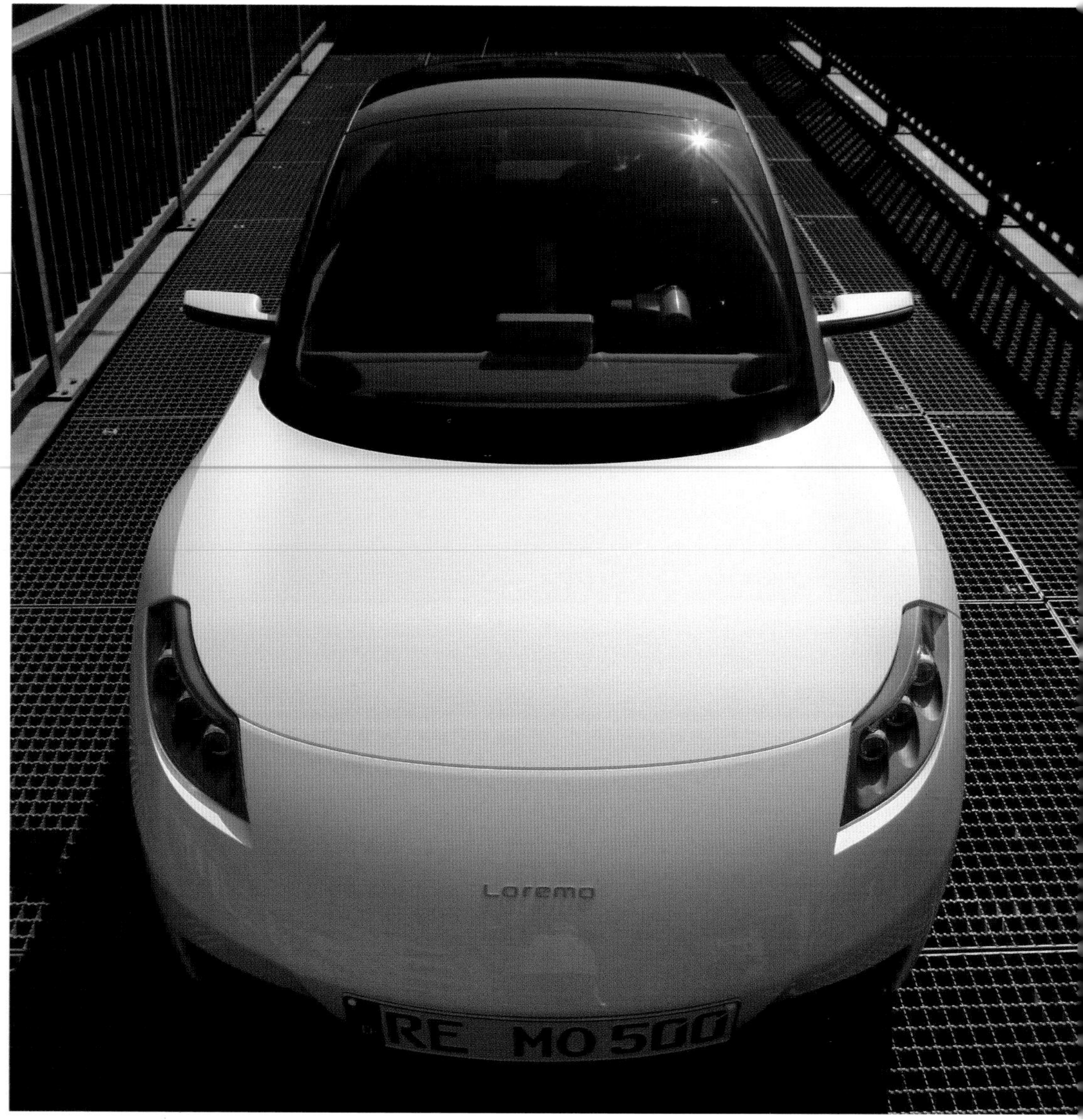
Loremo
RE MO 500

The Loremo only weighs 992lbs and moves with minimal drag, reducing CO_2/mile emissions.

Loremo wiegt nur 450 kg und gleitet fast ohne Reibung. Dadurch werden die CO_2/km Abgaben gesenkt.

Loremo ne pèse que 450 kg et se glisse pratiquement sans aucun frottement, réduisant ainsi les émissions de CO_2/km.

Loremo weegt slechts 450 kg en rijdt bijna zonder wrijving, waardoor de CO_2-emissie/km wordt gereduceerd.

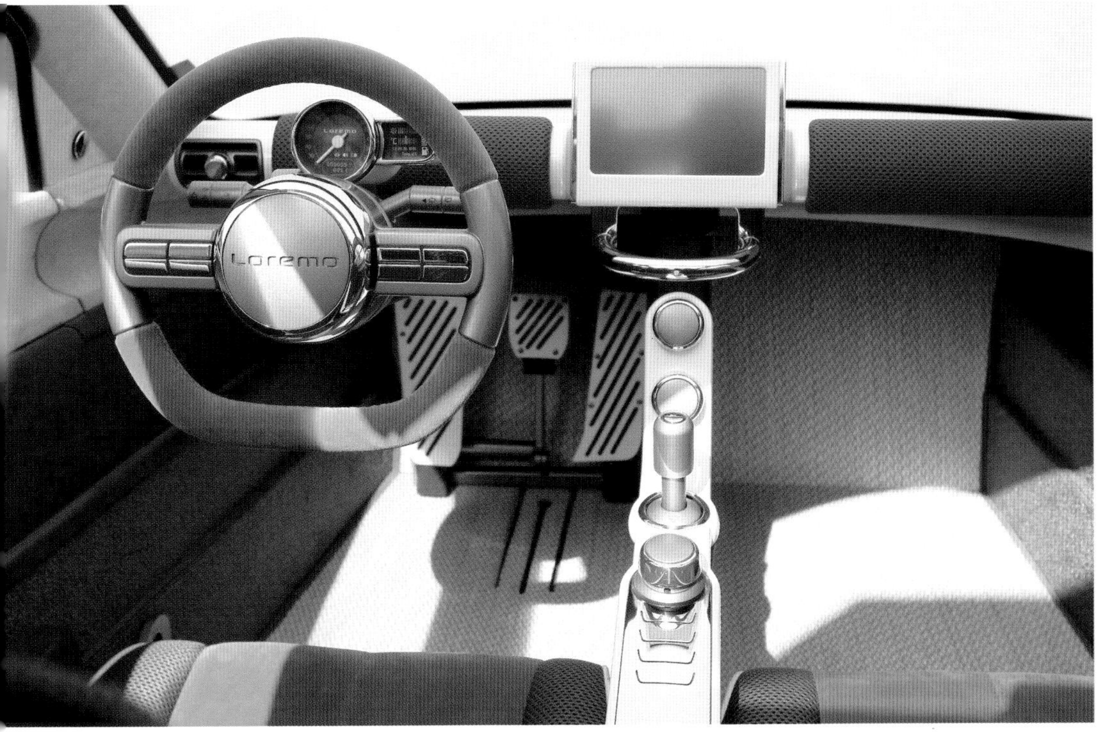
Loremo

Loremo

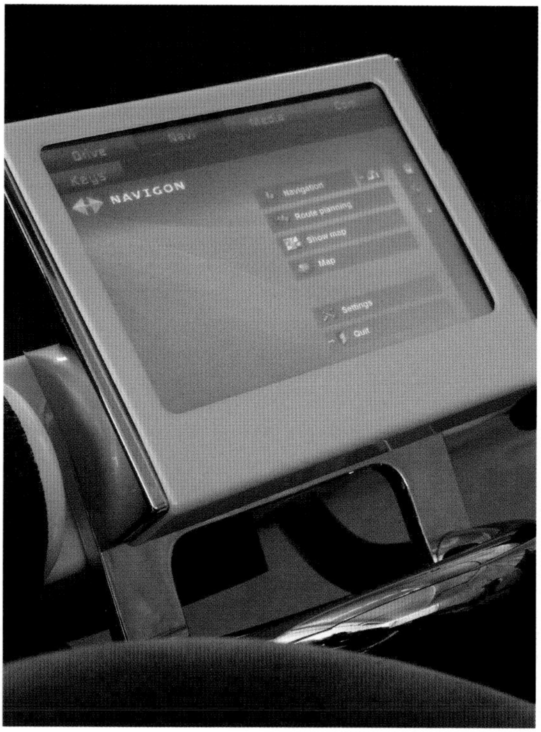
Drive
Keys
NAVIGON
Navigation
Route planning
Show map
Map
Settings
Quit

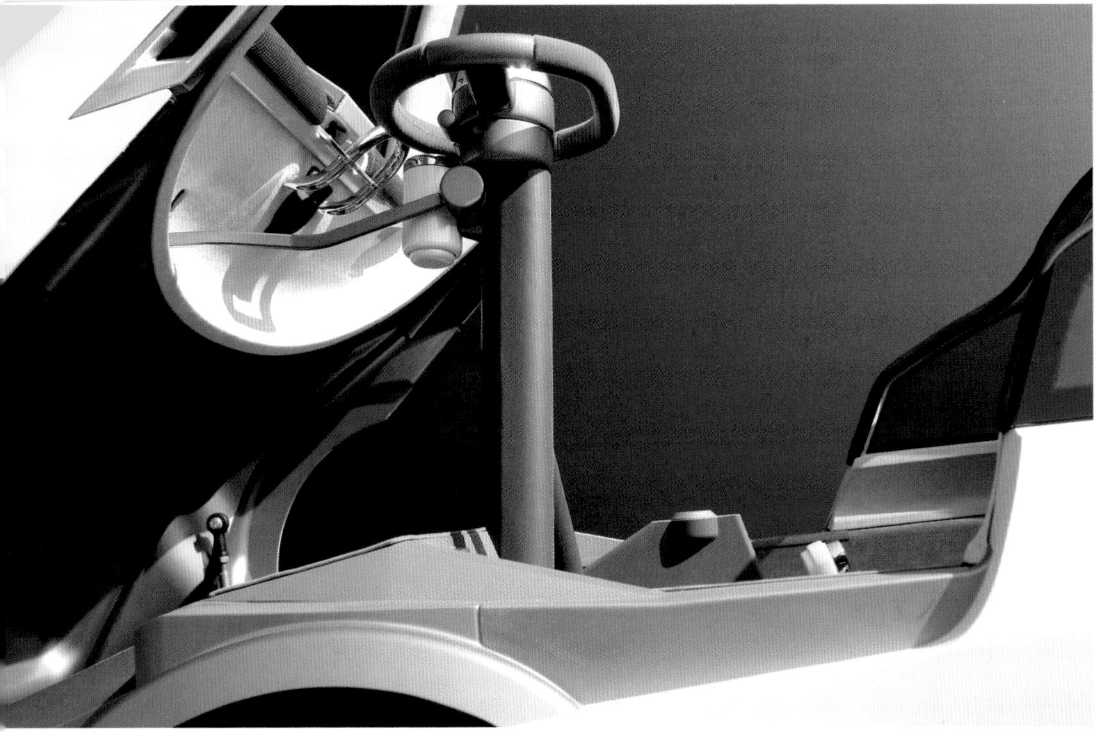

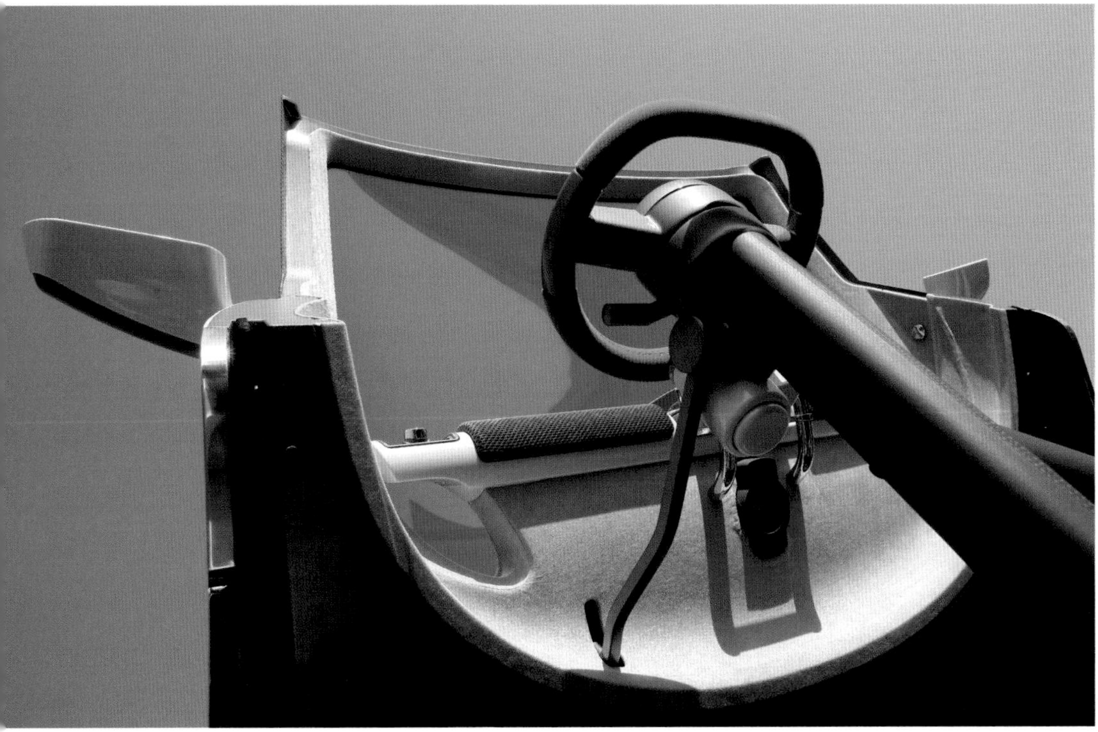

Lexus Nuaero

This car has no pedals. Instead, the driver has a drive-by-wire steering pad and a customized screen. Each wheel has four electric motors, dispending with the need for transmission.

Dieses Auto hat keine Pedale. Der Fahrer verfügt nur über ein *drive-by-wire Steuerpad* und einen benutzerangepassten Bildschirm. Das Auto hat vier Elektromotoren für jedes Rad, ohne Transmissionsbedarf.

Cette voiture n'a pas besoin de pédales. Le conducteur ne dispose que d'un *pad* directionnel *drive-by-wire* et d'un écran personnalisé. Elle comporte quatre moteurs électriques, un pour chaque roue, ce qui fait qu'elle n'a pas besoin de système de transmission.

In deze auto worden geen pedalen gebruikt. De bestuurder beschikt slechts over een *drive-by-wire* stuur*pad* en een gepersonaliseerd aanraakscherm. De auto heeft vier elektrische motoren in elk wiel en heeft daardoor geen transmissie nodig.

Jon Rådbrink
Stockholm, Sweden
www.jonradbrink.com

Lightweight materials to boost mileage and efficiency / Matériaux légers pour augmenter le kilométrage et l'efficience / Leichte Materialien für höhere Kilometerzahl und Effektivität / Lichte materialen om de kilometrage en de efficiëntie te verhogen

Electrical vehicle, low CO_2 emissions / Véhicule électrique, réduction des émissions de CO_2 / Elektrofahrzeug, CO_2-Reduktion / Elektrisch voertuig, CO_2-reductie

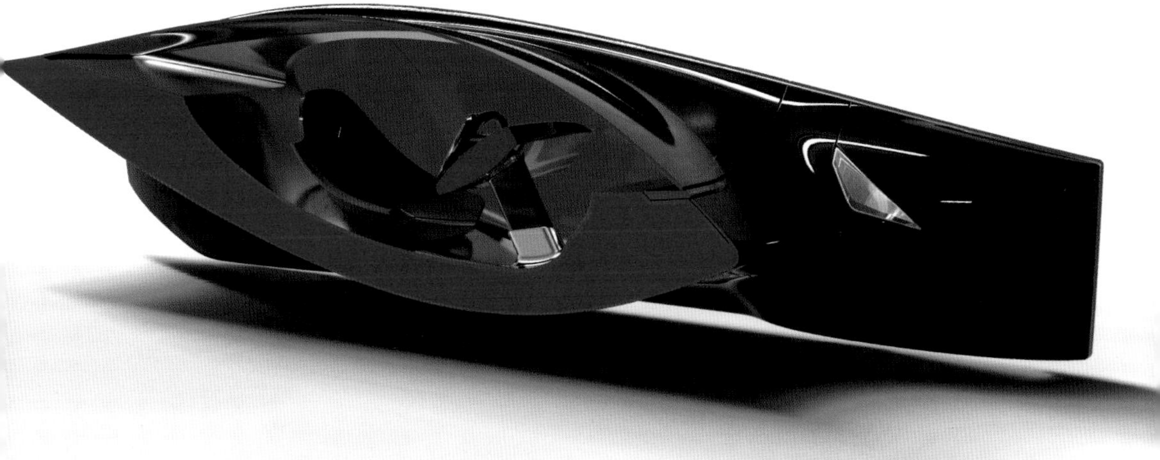

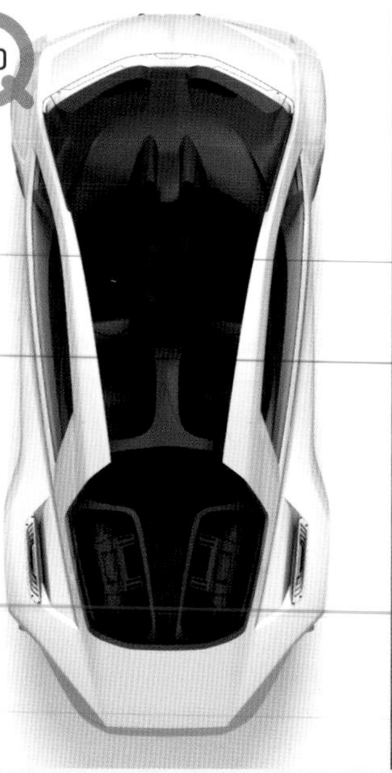

Honda FC Sport

Honda FC Sport is an automobile for three people, powered by hydrogen. It stands out for the potential of its Honda V Flow fuel cell, used by the brand in other models such as the Honda FCX Clarity sedan.

Der Honda FC Sport ist ein Auto für drei Personen mit Wasserstoffantrieb. Es zeichnet sich durch die Leistung der Brennstoffzellen Honda V Flow aus, die die Marke bereits bei anderen Autos, wie dem Honda FCX Clarity Sedan, eingesetzt hat.

La Honda FC Sport est une voiture pour trois personnes qui utilise l'hydrogène comme combustible. Elle se distingue par le potentiel de la pile à combustible Honda V Flow, que la marque a déjà utilisée sur d'autres véhicules comme la Honda FCX Clarity sedan.

Honda FC Sport is een auto voor drie personen die waterstof als brandstof gebruikt. De wagen valt op vanwege het potentieel van de Honda V Flow celbrandstof, die het merk reeds in andere auto's zoals de Honda FCX Clarity sedan heeft toegepast.

@ **Honda**
Tokyo, Japan
www.honda.com

Hydrogen engine, low CO_2 emissions / Moteur à hydrogène, réduction des émissions de CO_2 / Wasserstoffmotor, CO_2-Reduktion / Waterstofmotor, CO_2-reductie

FC SPORT

60 mph
DRIVING GUIDE
ECON

Multi-Information Display
Changing Speedometer Background Color
Eco Assist System
Results
eco GUIDE
B2345.6 miles
30°c
ECON
ECON Switch

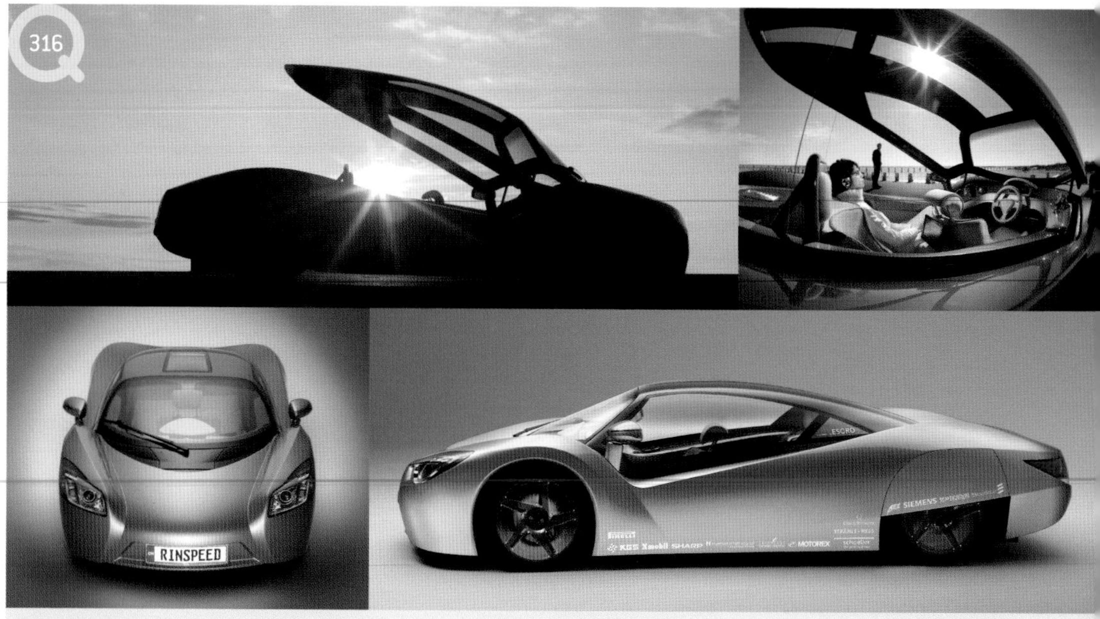
RINSPEED
SIEMENS
SHARP
MOTOREX

iChange

This is a prototype model with an electric motor and a capacity to seat up to three occupants. The batteries powering the engine are made of lithium ion and can be re-charged in three hours, either by connecting the vehicle to the main power supply or to solar panels that can be plugged into the automobile itself.

Es handelt sich um einen Prototypen mit Elektromotor für bis zu drei Passagiere. Die Lithium-Ionen-Batterien, die den Motor mit Energie versorgen, werden innerhalb von drei Stunden aufgeladen, entweder durch das Stromnetz oder durch Solarpaneele, die man im Auto einschalten kann.

Il s'agit d'un prototype avec un moteur électrique et pouvant accueillir jusqu'à trois occupants. Le moteur est alimenté par des batteries au lithium-ion qui rechargent en trois heures, soit sur le réseau électrique, soit au moyen de panneaux solaires que l'on peut brancher sur la voiture.

Het gaat om een prototype met elektrische motor en een capaciteit voor drie inzittenden. De motor wordt gevoed door lithium-ionbatterijen die via het stroomnet in drie uur worden opgeladen of door middel van zonnepanelen die op de auto kunnen worden aangesloten.

Rinspeed
Zumikon, Switzerland
www.rinspeed.com

Electrical vehicle, solar power, low CO_2 emissions, E-85 ethanol heating pump low-consumption sound and GPS system / Véhicule électrique, énergie solaire, réduction des émissions de CO_2, pompe à chaleur à l'éthanol E-85, équipement audio et GPS basse consommation / Elektrofahrzeug, Sonnenenergie, CO_2-Reduktion, Heizungspumpe mit Ethanol E85, energiesparende Audioanlage und Navigationsgerät / Elektrisch voertuig, zonne-energie, CO_2-reductie, verwarmingspomp met E-85 ethanol, energiearme geluidsinstallatie en navigator

RINSPEED

CH
RINSPEED

ESORO
SIEMENS
M»DIVISION
STRÄHLE+HESS
schoeller
PIRELLI
KGS
SHARP
MOTOREX

ESORO
RINSPEED
M»DIVISION SIEMENS
STRÄHLE+HESS
schoeller
MOTOREX
SHARP
KGS
PIRELLI

CH
RINSPEED

This prototype is designed to be equipped with solar panels that power the car's electrical system.

Le prototype est conçu pour disposer de panneaux solaires qui auto-approvisionnent le réseau électrique de la voiture.

Der Prototyp ist für Solarpaneele vorgesehen, die den Stromkreislauf des Autos selbst versorgen.

Het prototype is zodanig ontworpen dat het uitgerust kan worden met zonnepanelen die het stroomnet van de auto zelfstandig van energie voorzien.

EL 11887
TH!NK

Th!nk City

© Knut Bry

This 100% electric car is the latest creation of the Norwegian manufacturer Th!nk. The structure is made from aluminum and the bodywork from a special plastic. But best of all, the car is 95% recyclable.

Dieses vollkommen elektrische Auto ist die neueste Kreation des norwegischen Herstellers Th!nk. Das Tragwerk ist aus Aluminium und die Karosserie aus einem Spezial-Kunststoff. Das Beste an diesem Gefährt ist, dass es zu 95 % wiederverwertbar ist.

Cette voiture est la toute dernière invention du fabricant norvégien Th!nk, entièrement électrique. Sa structure est constituée d'aluminium et la carrosserie est élaborée dans un plastique spécial. Et le meilleur, c'est qu'elle est recyclable à 95 %.

Deze volledig elektrische auto is de laatste creatie van de Noorse fabrikant Th!nk. De structuur bestaat uit aluminium en de carrosserie is gemaakt van een speciale kunststof. Het beste kenmerk van de auto is dat hij voor 95% recyclebaar is.

Th!nk City
Snarøya, Norway
www.think.no

Aluminum, plastic / Aluminium, plastique / Aluminium, Kunststoff / Aluminium, kunststof

Electrical vehicle, recyclable, low CO_2 emissions / Véhicule électrique, recyclable, réduction des émissions de CO_2 / Elektrofahrzeug, wiederverwertbar, CO_2-Reduktion / Elektrisch voertuig, recyclebaar, CO_2-reductie

EL 11788

EL·11788

THINK

The car's bodywork is made from recycled materials and aluminum.

La carrosserie de cette voiture a été fabriquée à partir de matériaux recyclés et d'aluminium.

Die Autokarosserie wurde aus Recyclat und Aluminium hergestellt.

De carrosserie van de auto is gemaakt van gerecycled materiaal en aluminium.

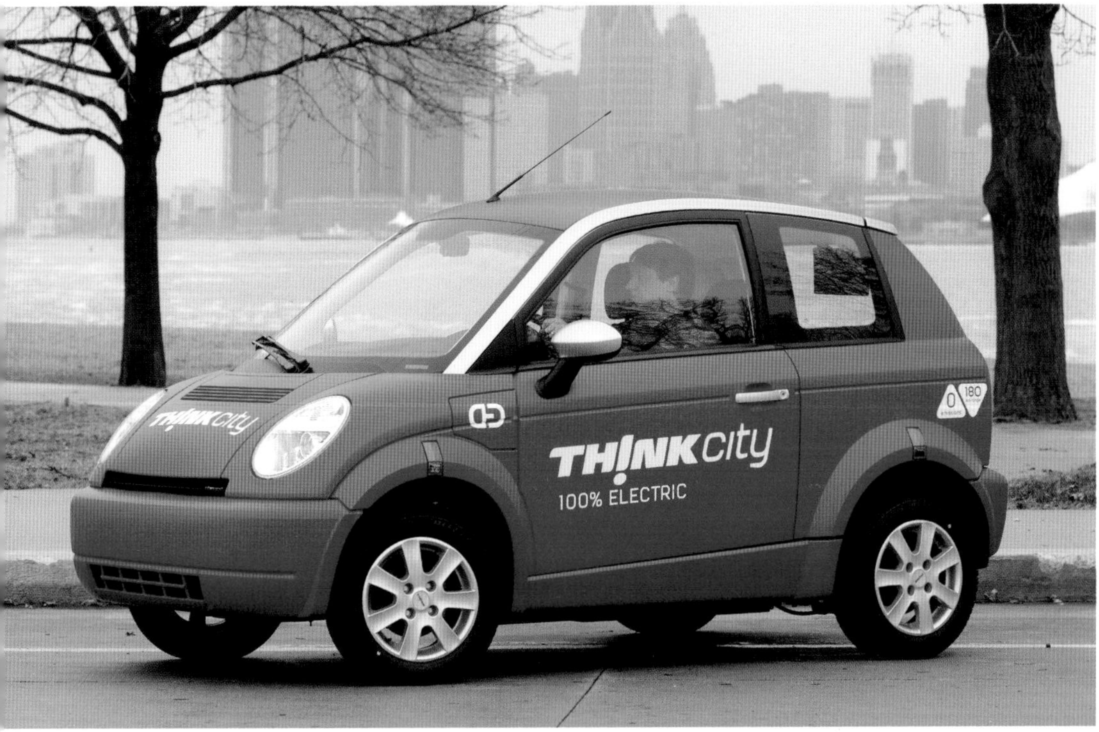
THINK city
THINK city
100% ELECTRIC

TESLA

Tesla Roadster

The Tesla Roadster is a sports car with an electric engine, and the first one produced by Tesla Motors, makers of electric cars. The car has a range of 393 kilometers each time the lithium ion battery is recharged.

Der Tesla Roadster ist ein Sportwagen mit Elektromotor und der erste vom Elektroauto-Hersteller Tesla Motors produzierte. Das Auto hat eine Reichweite von 393 km pro Aufladung seiner Lithium-Ionen-Batterie.

La Tesla Roadster est une voiture de sport dotée d'un moteur électrique, et la première produite par Tesla Motors, fabricant de voitures électriques. La voiture dispose d'une autonomie de 393 kilomètres par charge de batterie au lithium-ion.

De Tesla Roadster is een elektrisch aangedreven sportauto, de eerste die werd geproduceerd door Tesla Motors, een fabrikant van elektrische auto's. De auto kan met een geladen lithium-ionbatterij 393 kilometer rijden.

Tesla Motors
San Carlos, USA
www.teslamotors.com

Electrical vehicle, lithium ion battery, low CO_2 emissions / Véhicule électrique, batterie au lithium-ion de CO_2 / Elektrofahrzeug, Lithium-Ionen-Akku, CO_2-Reduktion / Elektrisch voertuig, lithium-ionbatterij, CO_2-reductie

The Roadster's engine has an average efficiency of 90% and 80% at peak power, in comparison with a vehicle with an internal combustion engine, which works out at 20%.

Die Leistung des Roadster-Motors liegt – im Vergleich zu den 20 % eines Fahrzeugs mit Innenverbrennung - im Durchschnitt bei 90 % bei einer Spitzenkraft von 80 %.

Le moteur du Roadster affiche une efficience de l'ordre de 90 % en moyenne et de 80 % à pleine puissance ; celle d'une automobile à combustion interne est de l'ordre de 20 %.

De motor van de Roadster heeft een hoge efficiëntie, van gemiddeld 90% en bij piekvermogen 80%, in vergelijking met een auto met interne verbranding, waarbij dit 20% is.

Pix band

Pix band is a small urban vehicle designed for transporting people and goods about town. Compact, with two sliding doors, the vehicle makes it easy to move around the city. It is powered by electricity with batteries in order to limit gas emissions.

Pix band ist ein kleines Stadtfahrzeug, das für die Fortbewegung von Personen und den Transport von Waren entworfen wurde. Das kompakte, mit zwei Schiebetüren versehene Fahrzeug erleichtert das Manövrieren in der Stadt. Es wird elektrisch und mit Batterie betrieben, um den Gas-Ausstoß zu begrenzen.

Pix band est un petit véhicule urbain conçu pour le déplacement des personnes et le transport de marchandises. Compact et muni de deux portières coulissantes, le véhicule facilite les manœuvres en ville. Il est électrique et dispose de batteries pour limiter les émissions de gaz.

Pix band is een klein stadsvoertuig ontworpen voor personen- en goederenvervoer. Het voertuig is compact en heeft twee schuifdeuren. Er kan gemakkelijk mee door de stad gereden worden. Het is elektrisch en werkt op accu's waardoor de gasuitstoot wordt beperkt.

@ **Antoine Fritsch, Fritsch-Associés**
Conflans, Ste. Honorine, France
www.fritsch-associes.com

Electrical vehicle, low CO_2 emissions / Véhicule électrique, réduction des émissions de CO_2 / Elektrofahrzeug, CO_2-Reduktion / Elektrisch voertuig, CO_2-reductie

1988 PIX 75

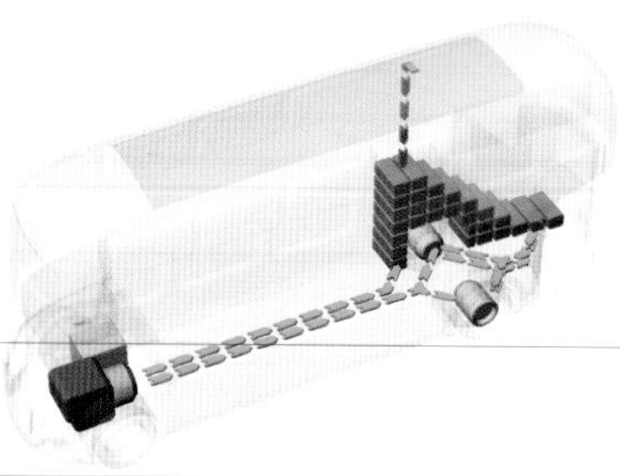

New Bus for London

Runner up in the New Bus for London, organized by Transport for London, this bus stands out for its hybrid engine, solar panels on the roof and the improvements made to reduce the level of heat and noise produced by the vehicle.

Als Gewinner des zweiten Preises des Wettbewerbs *New Bus for London*, der von *Transport London* ausgeschrieben wurde, zeichnet sich dieses Auto durch seinen Hybrid-Motor, durch seine Sonnenkollektoren auf dem Dach und durch die Verbesserungen aus, die den Lärmpegel und die Wärme-Emission des Fahrzeugs verringern.

Gagnant du deuxième prix du concours *New Bus for London*, organisé par *Transport London*, ce véhicule se distingue par son moteur hybride, les panneaux solaires sur le toit et les améliorations qui réduisent les émissions sonores et les émissions de chaleur du véhicule.

Deze bus, winnaar van de tweede prijs van de wedstrijd *New Bus for London*, georganiseerd door *Transport London*, valt op vanwege zijn hybride motor, de zonnepanelen op het dak en de verbeteringen die de geluidsniveaus en de door het voertuig uitgestoten warmte reduceren.

Héctor Serrano
London, United Kingdom
www.hectorserrano.com

Hybrid electrical vehicle, solar power, low CO_2 emissions / Véhicule hybride électrique, énergie solaire, réduction des émissions de CO_2 / Hybrid-Elektrofahrzeug, Sonnenenergie, CO_2-Reduktion / Elektrisch, hybridisch voertuig, zonne-energie, CO_2-reductie

Trafalgar Square
Piccadilly Circus
Hyde Park Corner
9
ROYAL ALBERT HALL
RTM 012

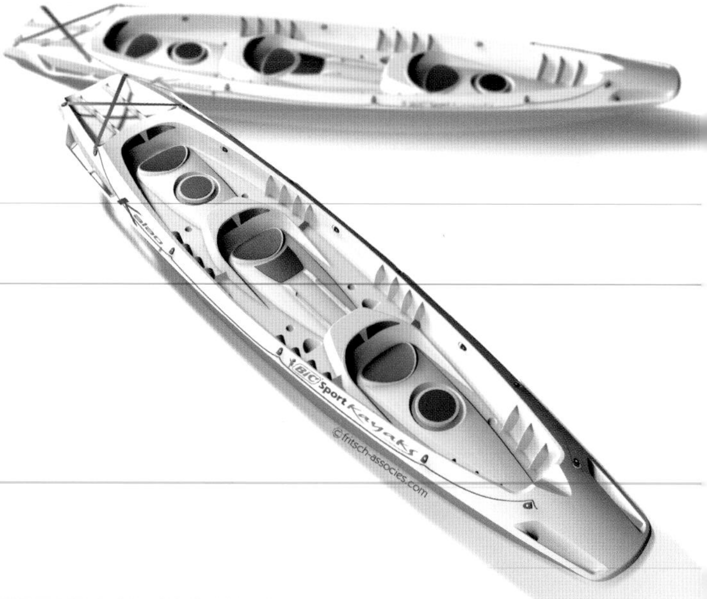
Kalao
BIC Sport Kayaks
©fritsch-associes.com

Range of Bic Sport Kayaks

Bic Sport, the world's number one manufacturer or windsurf and surf boards, commissioned the agency Fritsch-Associés to design of its new range of kayaks. The result was the Bilbao, Tobago, Scapa, Ouassou, Yakka and Kalao series.

Bic Sport, Weltmarktführer in der Herstellung von Windsurf- und Surfbrettern, beauftragte das Büro Fritsch-Associés mit dem Design seiner neuen Kajak-Reihe. Das Ergebnis war die Serie Bilbao, Tobago, Scapa, Ouassou, Yakka und Kalao.

Bic Sport, leader mondial de la production de planches de windsurf et surf, a commandé le design de sa nouvelle gamme de kayaks à l'agence Fritsch-Associés. Le résultat ce sont les séries Bilbao, Tobago, Scapa, Ouassou, Yakka et Kalao.

Bic Sport, wereldleider in de productie van windsurf- en surfplanken, gaf het bureau Fritsch-Associés de opdracht om een nieuwe serie kajaks te ontwerpen. Het resultaat is de serie Bilbao, Tobago, Scapa, Ouassou, Yakka en Kalao.

@ **Antoine Fritsch, Fritsch-Associés**
for **BIC SPORT**
Vannes Cedex, France
www.bicsportkayaks.com

Fiberglass, special high density polymers, Kevlar, resins and polycarbonates / Fibre de verre, polymères spéciaux comme le polystyrène haute densité, le Kevlar, les résines et polycarbonates/ Glasfaser, spezielle Polymere wie hochdichtes Polystyrol, Kevlar, Harze und Polykarbonate / Glasvezel; speciale polymeren zoals polystyreen van hoge dichtheid, Kevlar, harsen en polycarbonaten

Outdoor activity, promotes other nautical sports / Activité réalisée en milieu naturel, dynamisation du sport nautique / Aktivität in natürlicher Umgebung, fördert den Wassersport / Activiteit in de natuur, dynamiseert de watersport

tobago

BiC Sport

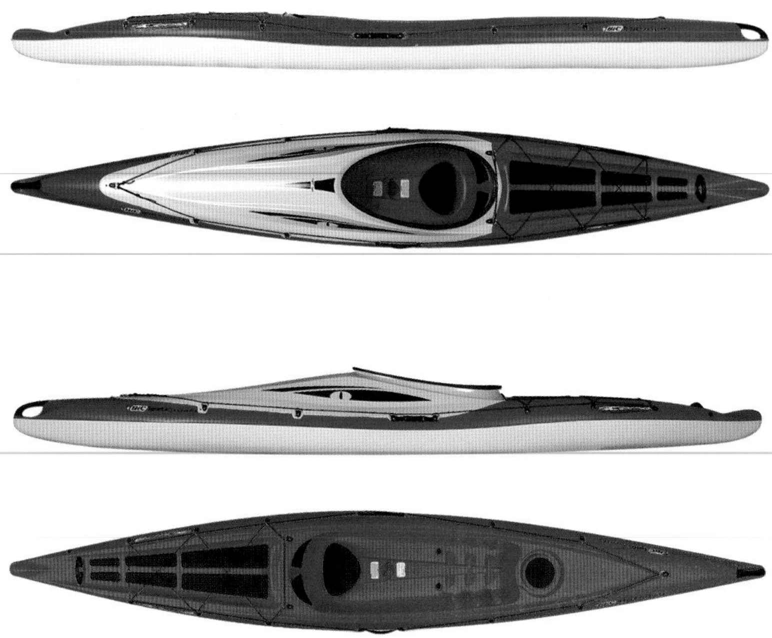

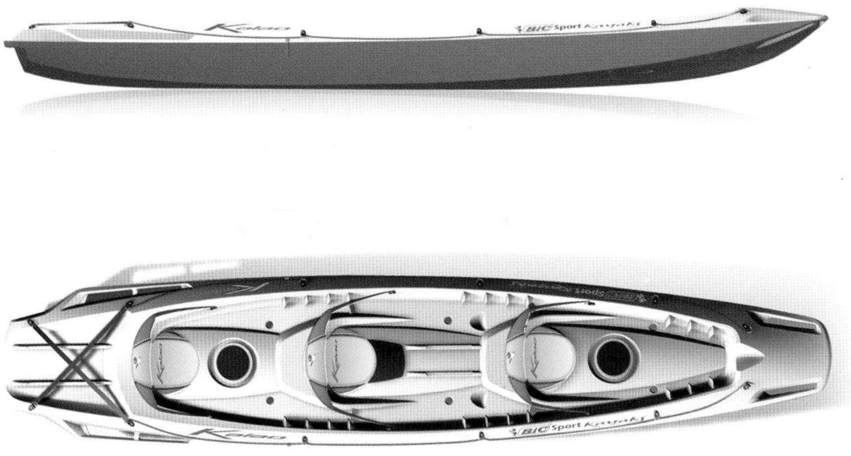
BIC Sport

Renders

The Ouassou series allows more freedom of movement in extreme situations.

La série Ouassou permet une plus grande liberté de mouvements dans des conditions extrêmes.

Die Ouassou-Serie lässt in extremen Situationen mehr Bewegungsfreiheit zu.

De serie Ouassou maakt meer bewegingsvrijheid mogelijk in extreme situaties.

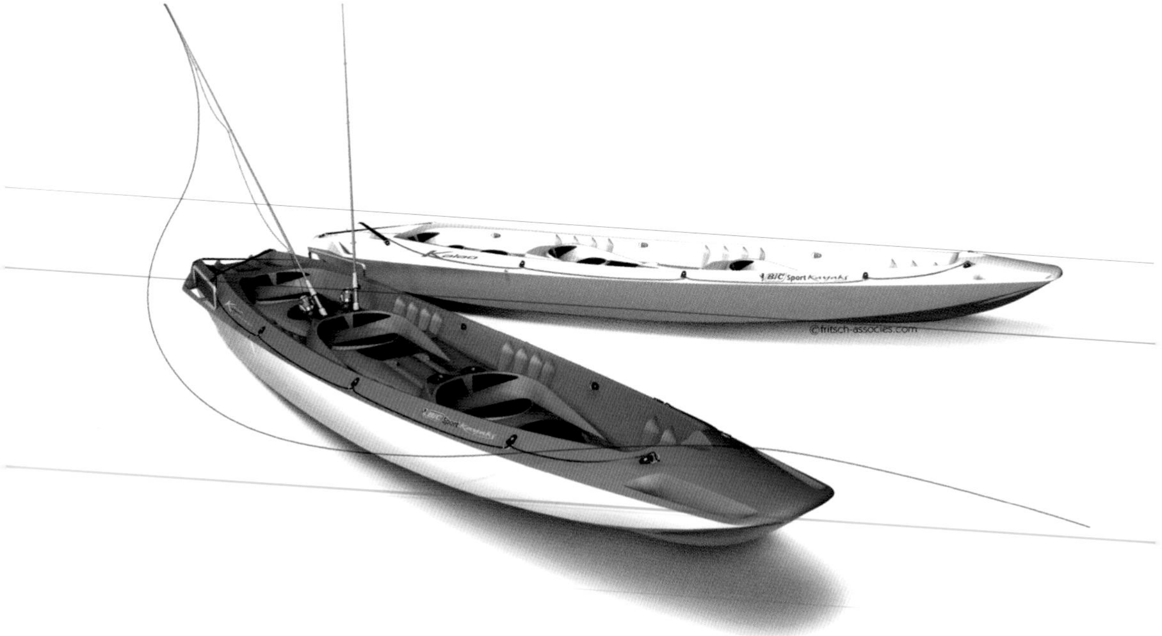
BIC Sport Kayaks
©fritsch-associes.com

BIC Sport Kayaks

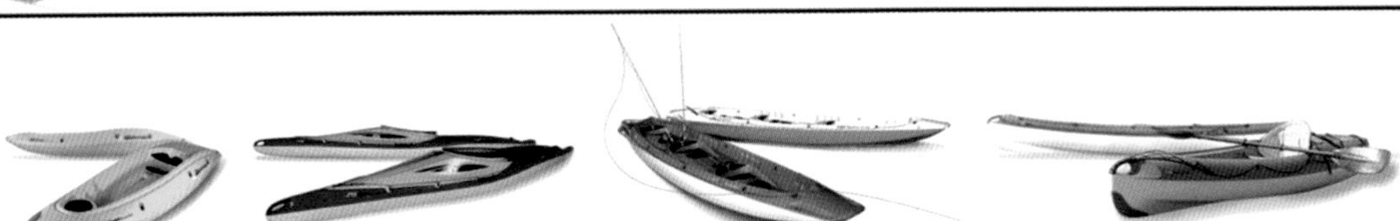

Renders

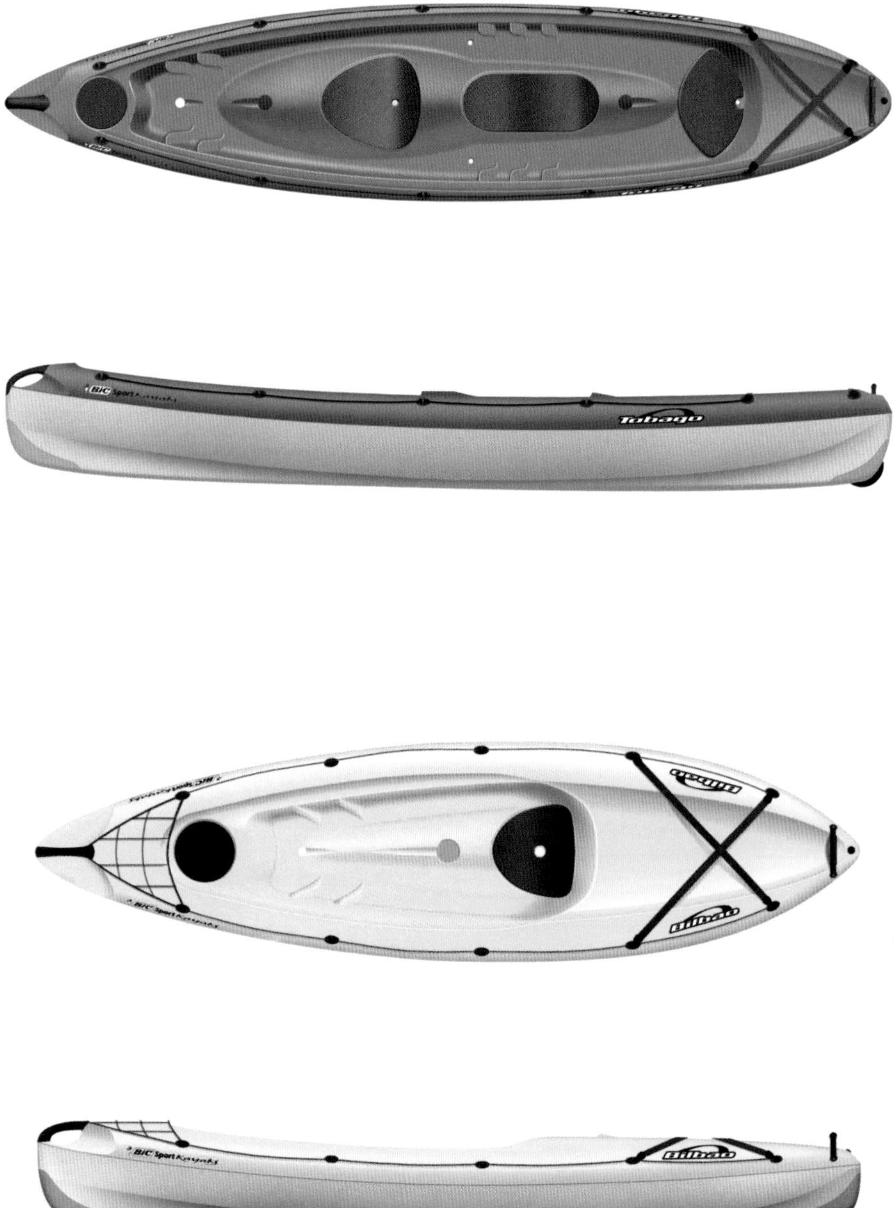
Tobago
Bilbao
BIC Sport Kayaks

Renders

solarsailor

solarsailor
AQUATANKER III

Solar Sailor

Invented by an Australian doctor, Solar Sailor is the first hybrid powered ferry. It is fitted with sails covered with solar panels to harness the wind power and sunlight.

Der von einem australischen Arzt entwickelte Solar Sailor ist die erste Fähre mit Hybrid-Antrieb. Ihre Segel sind mit Solarpaneelen verkleidet, um die Windenergie und das Sonnenlicht auszunutzen.

Créé par un médecin australien, Solar Sailor est le premier ferry à propulsion hybride. Ses voiles sont recouvertes de panneaux solaires afin d'exploiter l'énergie du vent et la lumière du soleil.

De door een Australische arts bedachte Solar Sailor is de eerste ferry met hybride aandrijving. Het schip is voorzien van zeilen die zijn bedekt met zonnepanelen waarmee de energie van de wind en het zonlicht worden benut.

Solar Sailor Holdings Ltd.
Chatswood, Australia
www.solarsailor.com

Solar power, wind energy, hybrid diesel-electrical craft / Énergie solaire, énergie éolienne, embarcation hybride diesel-électrique / Sonnenenergie, Windenergie, Schiff mit Diesel-Elektro-Hybridantrieb / Zonne-energie, windenergie, dieselelektrisch hybride varen

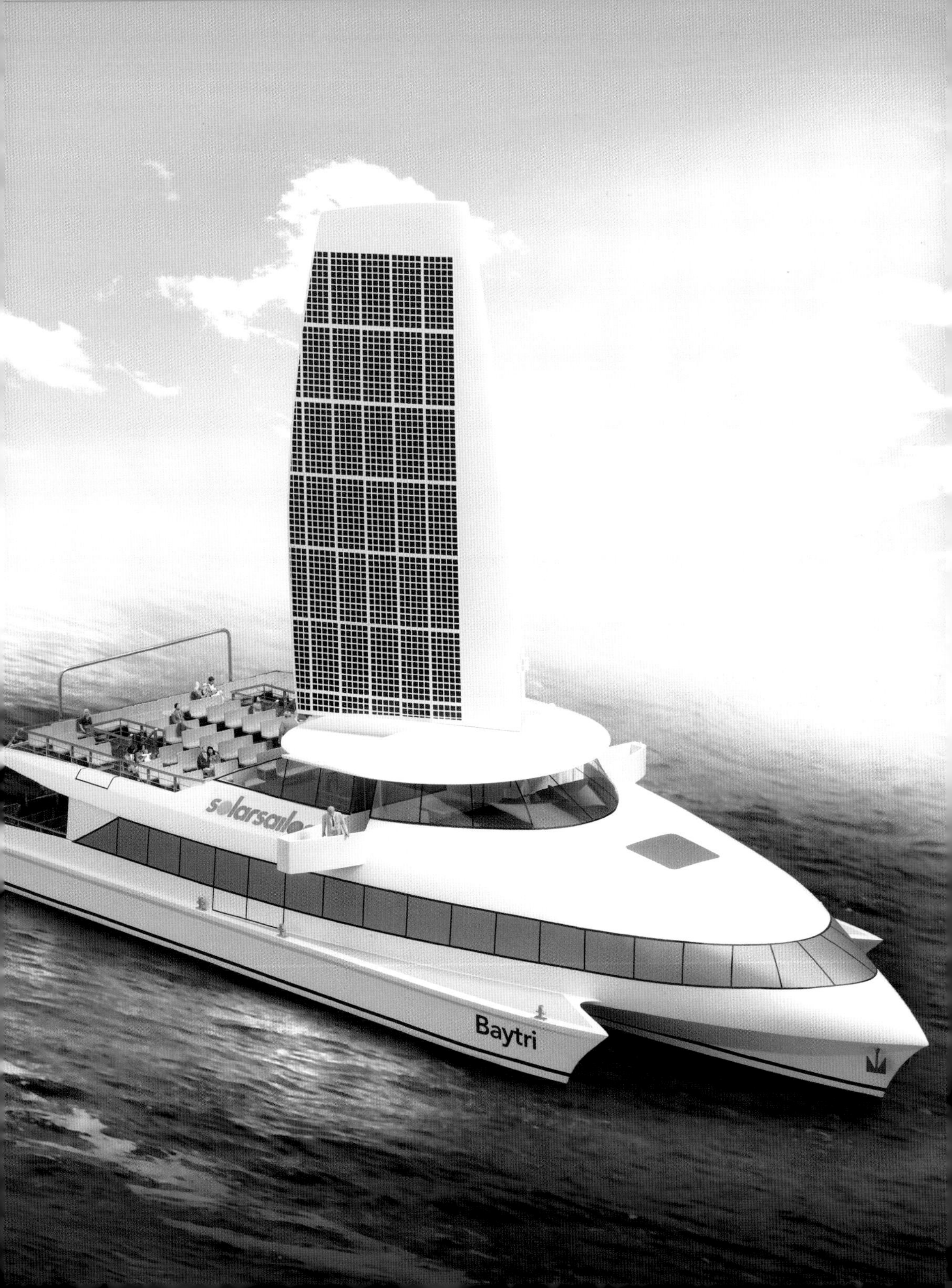
solarsailor
Baytri

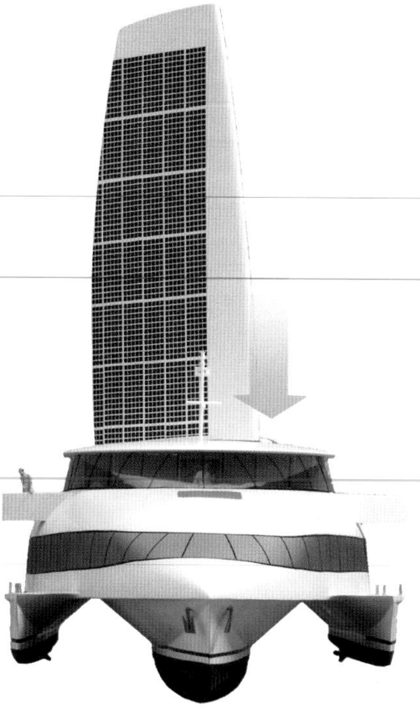

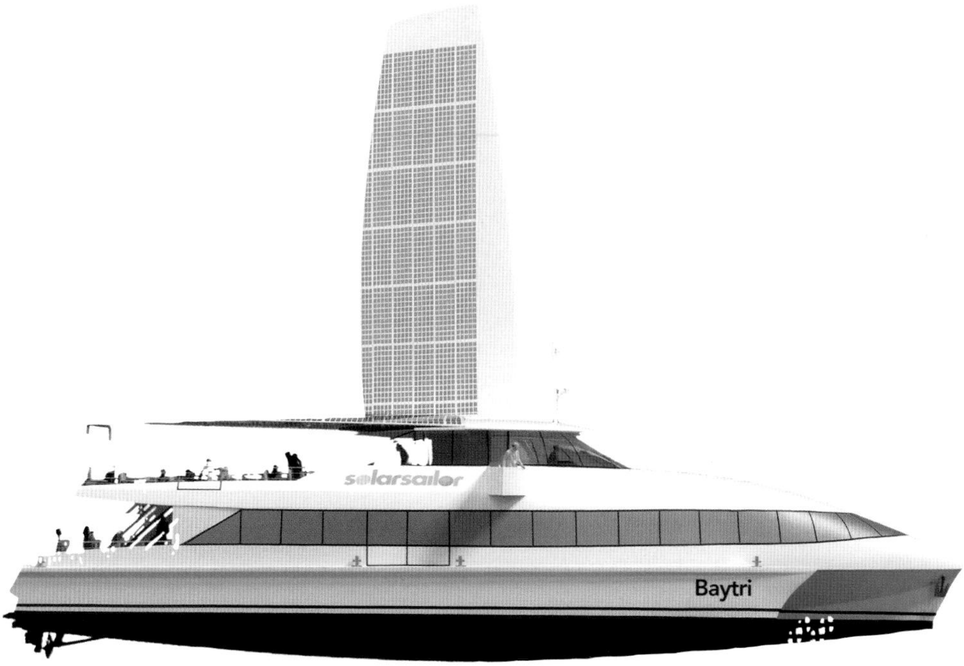
solarsailor
Baytri

Save energy.
Save the
environment.

The ferry runs guided tours for schools so that children can learn about solar propulsion. Solar Saylor has developed cargo boats that move drinking water from Kimberly to Perth, economically and ecologically.

Le ferry organise des visites guidées pour les écoles, de façon à ce que les enfants puissent apprendre comment fonctionne la propulsion à énergie solaire. Solar Saylor a développé des cargos qui transportent de l'eau potable de Kimberley à Perth, de façon économique et écologique.

Die Fähre veranstaltet Führungen für Schulen. Dabei können die Kinder lernen, wie der Antrieb mit Sonnenenergie funktioniert. Solar Saylor hat Frachtschiffe entwickelt, die auf wirtschaftliche und ökologische Art Trinkwasser von Kimberley nach Perth transportieren.

De ferry organiseert rondleidingen voor scholen, zodat kinderen kunnen leren hoe de aandrijving met zonne-energie in zijn werk gaat. Solar Saylor heeft vrachtschepen ontworpen die op een goedkope en milieuvriendelijke manier drinkwater van Kimberley naar Perth vervoeren.

Manned Cloud

Manned Cloud is the ecological dirigible of tomorrow. In less than three days non-stop, this helium-powered hotel-cruiser-dirigible will enable guests staying in its 60 rooms to travel around the globe at a speed of 170 km/h.

Manned Cloud ist das ökologische Luftschiff von morgen. In weniger als drei Tagen ohne Zwischenstopps kann dieses mit Helium betriebene Hotel-Luftschiff mit seinen Gästen, für die 60 Zimmer zur Verfügung stehen, mit einer Geschwindigkeit von 170 km/h um die ganze Welt reisen.

Manned Cloud est le dirigeable écologique de demain. En moins de trois jours, sans escales, avec ses 60 chambres, cet hôtel-croisière-dirigeable, qui fonctionnera à l'hélium, permettra à ses clients d'effectuer un tour du monde complet à une vitesse de 170 km/h.

Manned Cloud is het milieuvriendelijke luchtschip van de toekomst. Dit op helium functionerende luchthotel stelt zijn in een van de 60 kamers verblijvende gasten in staat om in minder dan drie dagen, zonder onderbrekingen, een reis om de wereld te maken met een snelheid van 170 km/u.

Jean-Marie Massaud
Paris, France
www.massaud.com

CO_2 reduction /Réduction des émissions de CO_2 / Reduktion von CO_2 / CO_2-reductie

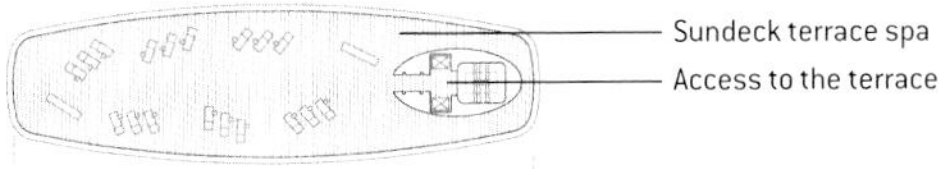
Sundeck terrace spa
Access to the terrace

Terrace level

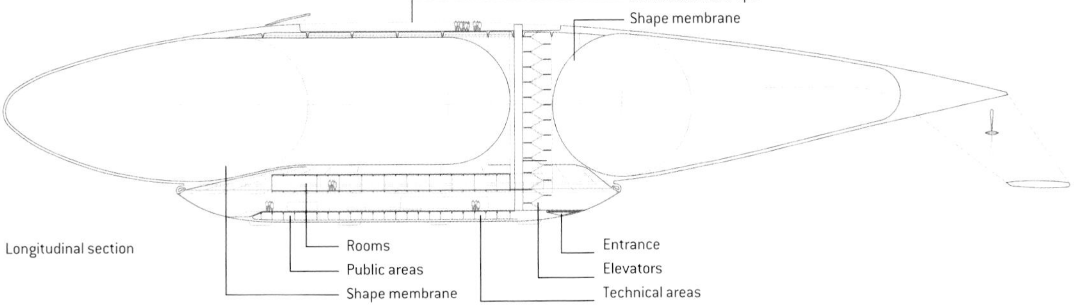
Sundeck terrace spa
Shape membrane
Rooms
Public areas
Shape membrane
Entrance
Elevators
Technical areas

Longitudinal section

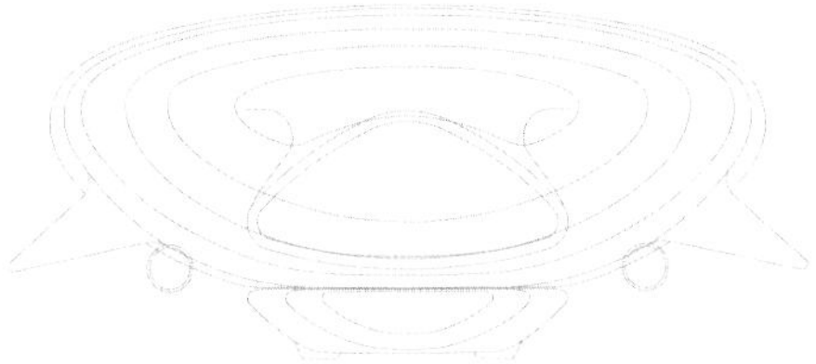

Frontal view

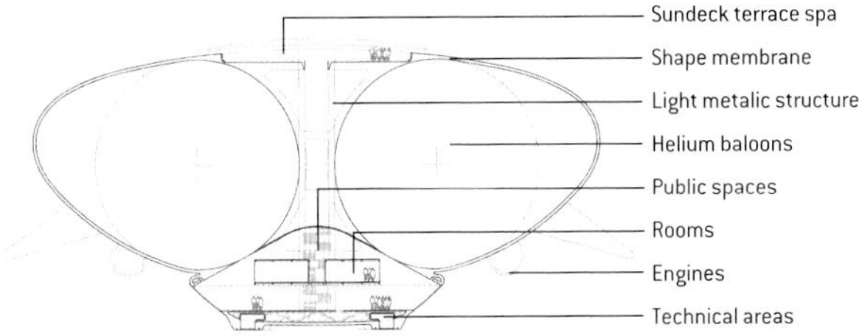
Sundeck terrace spa
Shape membrane
Light metalic structure
Helium baloons
Public spaces
Rooms
Engines
Technical areas

Transversal section

FASHION & BEAUTY

Today, a growing number of fashion designers are presenting ecological collections that utilize recycled materials or organic textiles free of synthetic and chemical components. This trend is complemented by the growing number of lines of so-called 'organic' or natural cosmetics, produced using environmentally friendly processes throughout.

De plus en plus de créateurs présentent des collections écologiques à partir de matériaux recyclés ou de tissus organiques qui ne contiennent rien de synthétique ni de chimique. Au monde de la « mode éthique » s'ajoute la fameuse « esthétique bio » ou naturelle, une alternative respectueuse de l'environnement tout au long du processus d'élaboration des produits.

Immer mehr Designer präsentieren ökologische Kollektionen aus recycelten Materialien oder organischen Textilien, die keinerlei synthetische oder chemische Stoffe enthalten. Der Welt der «ethischen Mode» schließt sich die sogenannte «Biokosmetik» oder natürliche Kosmetik an, eine während des gesamten Ablaufs der Produktherstellung umweltbedachte Alternative.

Er zijn steeds meer ontwerpers die milieuvriendelijke collecties presenteren, gebaseerd op gerecycled materiaal of organisch textiel zonder synthetische of chemische bestanddelen. In de wereld van de «ethische mode» komt daar de zogenoemde «biocosmetica» of natuurlijke cosmetica bij, een milieuvriendelijke keuze waarbij gedurende het hele vervaardigingsproces van de producten respectvol wordt omgesprongen met de omgeving.

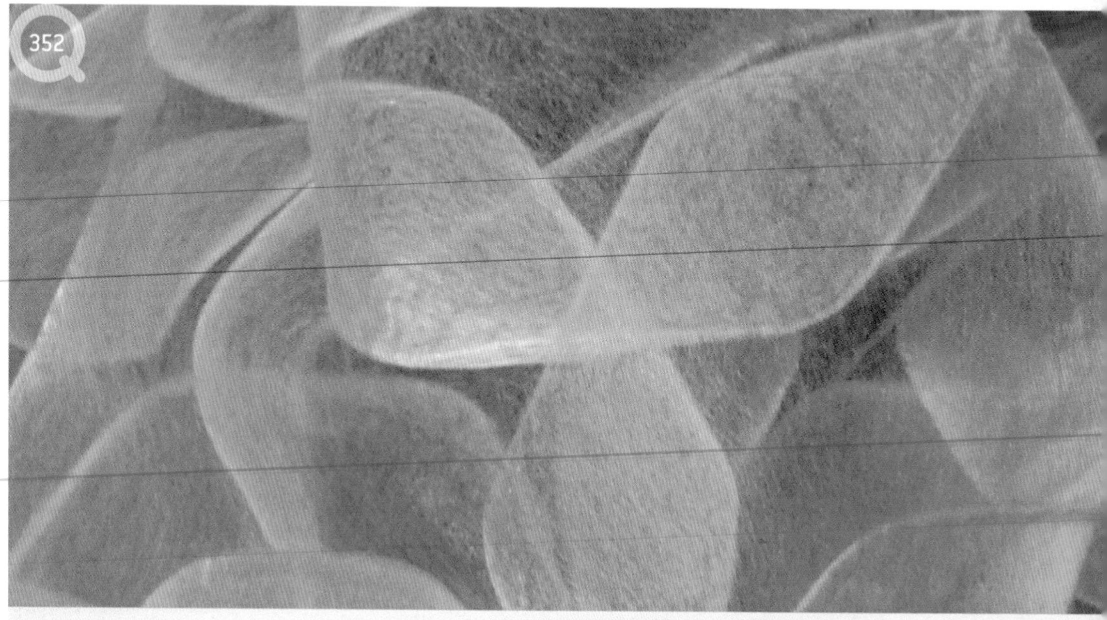

A Silk Story

© Lisa Klappe

At the Design Academy Eindhoven, Elsbeth Joy Nielsen presented A Silk Story, a system for making silk that avoids having to kill the silkworms, which are normally boiled to extract the thread. Nielsen collected the thread the silkworms left while crawling to find a place to weave their cocoons, and in doing so obtained better quality silk.

Elsbeth Joy Nielsen von der Design Academy Eindhoven stellte *A Silk Story* vor, ein System zur Herstellung von Seide, das den Tod der Seidenraupen vermeidet, die normalerweise gekocht werden, um ihr Gewebe zu gewinnen. Nielsen sammelt die Seide, die die Seidenraupen auf dem Weg hinterlassen, wenn sie einen Platz suchen, um ihren Kokon zu weben, und erhält so Seide von besserer Qualität.

Depuis la Design Academy Eindhoven, Elsbeth Joy Nielsen a présenté *A Silk Story*, un système d'élaboration de la soie qui permet d'éviter de tuer les vers à soie, que l'on fait normalement bouillir pour en extraire le tissu. Nielsen récupère la soie que les vers laissent sur leur chemin lorsqu'ils cherchent un endroit pour tisser leur cocon, obtenant ainsi une soie de meilleure qualité.

Vanuit de Design Academy in Eindhoven heeft Elsbeth Joy Nielsen *A Silk Story* gepresenteerd. Dit is een systeem voor het maken van zijde waarbij de rupsen, die normaal gesproken worden gekookt om de zijde te bekomen, niet hoeven te worden gedood. Nielsen heeft de zijdedraad verzameld die door de rupsen onderweg wordt achtergelaten terwijl ze een plek zoeken om er hun cocon te weven. Zo wordt zijde van de beste kwaliteit verkregen.

Elsbeth Joy Nielsen
Eindhoven, The Netherlands
elsbeth.joy@gmail.co

100% natural silk / Soie 100 % naturelle / 100 % Naturseide / 100% natuurlijke zijde

Organic material and respect for biodiversity / Matière organique, respect de la biodiversité / Organisches Material, Erhaltung der Artenvielfalt / Organisch materiaal, respect voor de biodiversiteit

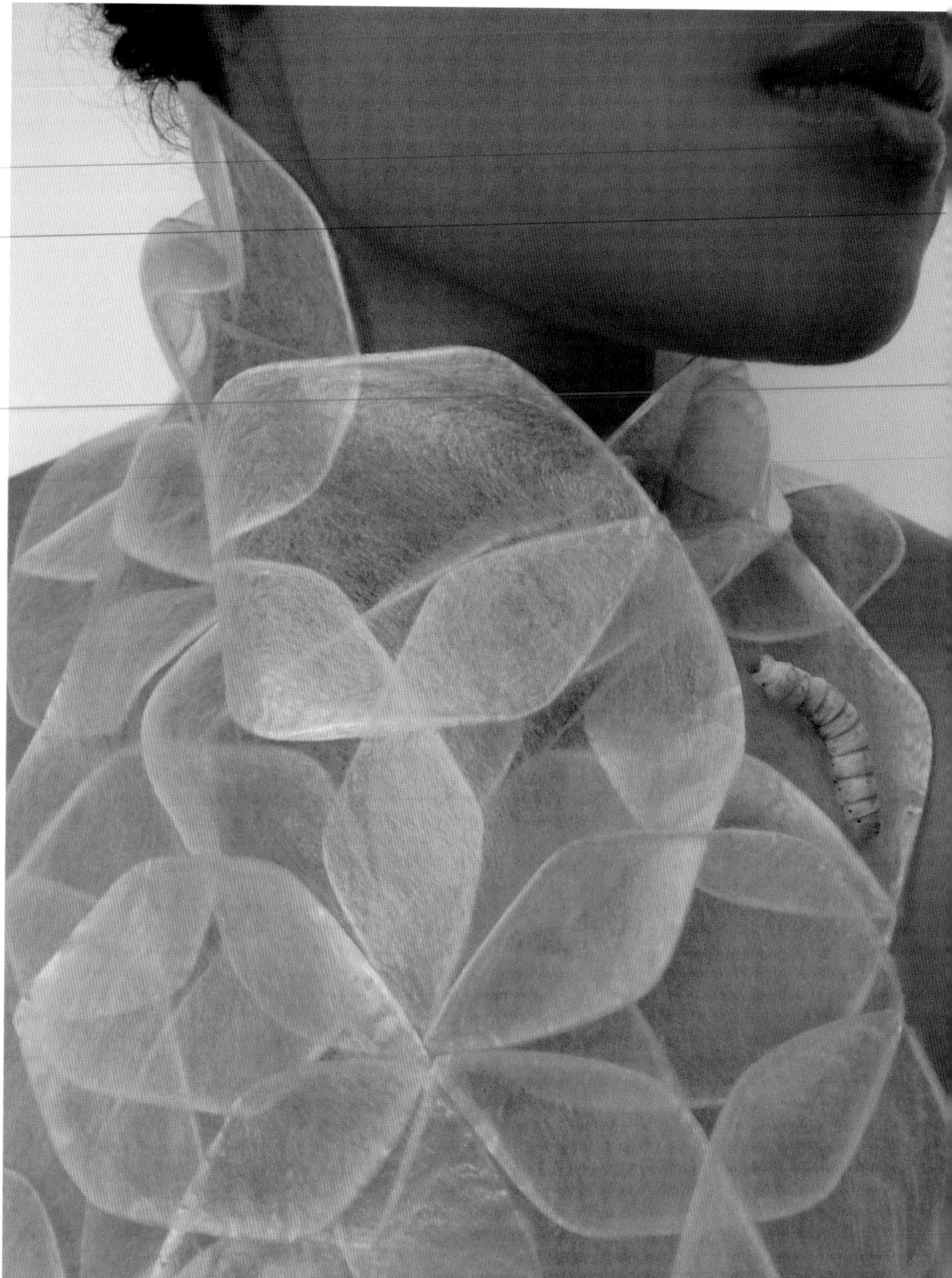

The silk is obtained naturally from the residues that the worms leave in their trail.

On obtient la soie de manière naturelle à partir des restes que les vers laissent sur leur passage.

Die Seide wird auf natürliche Art aus den von Raupen auf ihrem Weg hinterlassenen Resten gewonnen.

De zijde wordt op natuurlijke wijze verkregen uit resten die de rupsen onderweg achterlaten.

Feel the movement of your feet

© Frieke Severs

Working on this project for Nike, designer Frieke Severs developed a series of stickers to serve as support and protection for the feet. They are also washable and reusable. The stickers are ideal for yoga, dance and fitness work.

Nachdem sie in diesem Projekt für Nike gearbeitet hatte, entwickelte die Designerin Frieke Severs Haft-Einlagen, die sich an den Fuß schmiegen und als Stütze und Schutz dienen. Außerdem sind sie waschbar und wiederverwendbar. Ideal für Yoga, Tanz oder Fitness.

Après avoir travaillé sur ce projet pour Nike, la créatrice Frieke Severs a développé des autocollants qui s'accrochent aux pieds et servent de support et de protection. De plus ils sont lavables et peuvent être réutilisés. Ils sont idéals pour pratiquer le yoga, la danse ou le fitness.

Na voor Nike aan dit project te hebben gewerkt, heeft de ontwerpster Frieke Severs stickers ontwikkeld die onder de voeten worden geplakt en als ondersteuning en bescherming dienen. Bovendien kunnen ze gewassen en opnieuw gebruikt worden. Ideaal voor de beoefening van yoga, dans en fitness.

@ **Frieke Severs**
Oosterhout, The Netherlands
friekesevers@hotmail.com

Rubber band / Caoutchouc élastique / Elastisches Gummi / Elastiek

Reusable / Réutilisable / Wiederverwendbar / Herbruikbaar

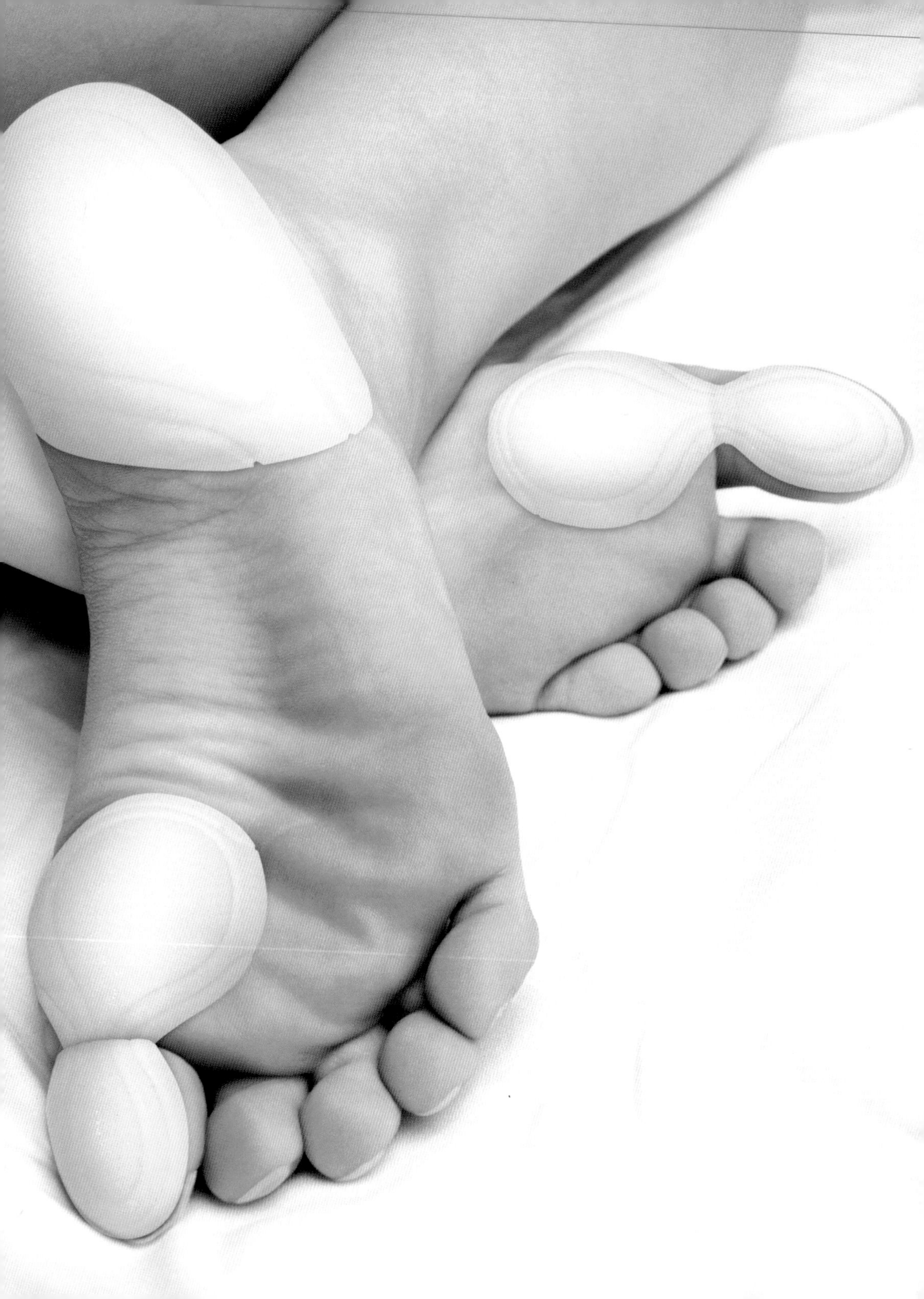

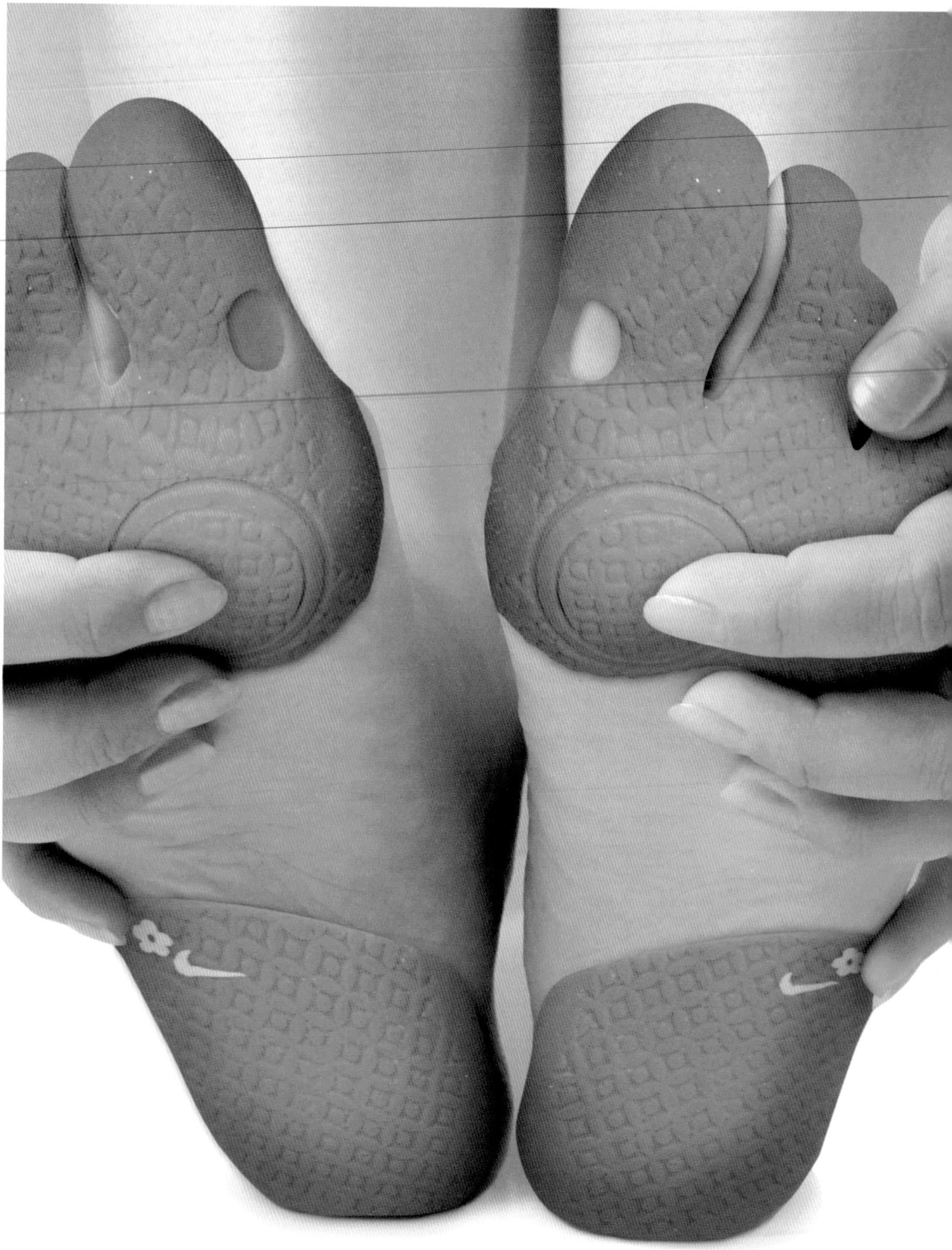

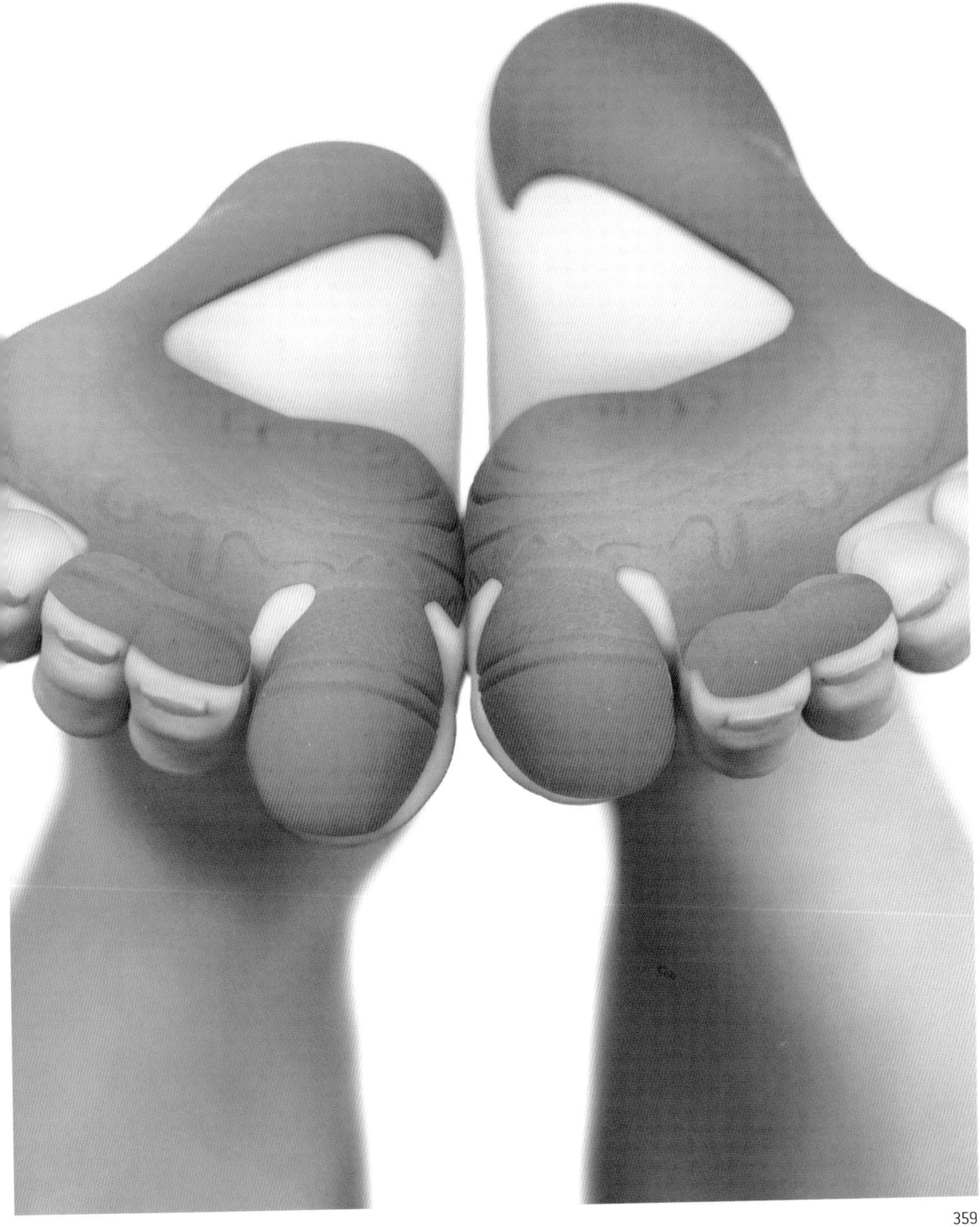

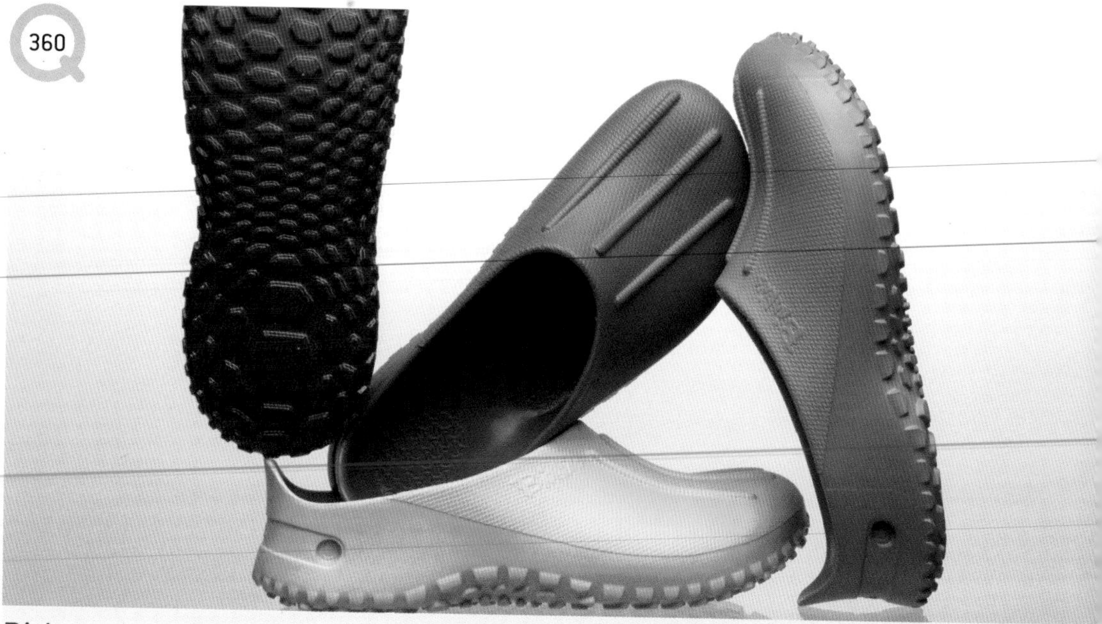

Birkenstock Birkies

With the new Birkenstock Birkies line designed by fuseproject, Birkenstock offers comfortable, quality clogs that adapt anatomically to the foot. These are ecological clogs, as this German company makes footwear from materials that do not harm the environment.

Birkenstock bietet mit der neuen Linie Birkis Birkenstock, entworfen von fuseproject, bequeme Qualitäts-Clogs, die sich der Anatomie des Fußes anpassen. Es handelt sich um ökologische Clogs, da die deutsche Marke Schuhe aus Materialien herstellt, die die Umwelt nicht schädigen.

Birkenstock, avec la nouvelle ligne Birkis Birkenstock, conçue par fuseproject, propose des sabots confortables et de qualité qui s'adaptent à l'anatomie du pied. Il s'agit de sabots écologiques, car la marque allemande fabrique ses chaussures avec des matériaux qui ne nuisent pas à l'environnement.

Birkenstock komt met een nieuwe collectie, de door fuseproject ontworpen Birkenstock Birkies. Dit zijn comfortabele klompen van kwaliteit die zich aan de anatomie van de voet aanpassen. Het gaat om milieuvriendelijke klompen. Het Duitse merk maakt de schoenen namelijk met materialen die niet schadelijk voor het milieu zijn.

fuseproject *for* **BIRKESNSTOCK**
Vettelschoß, Germany
www.birkenstock.de

Alpro®-Foam, Alpro®-Cell

Oil, grease and chemical resistant / Résistants à l'huile, à la graisse et aux produits chimiques / Resistent gegenüber Öl, Fett und Chemikalien / Bestand tegen olie, vet en chemicaliën

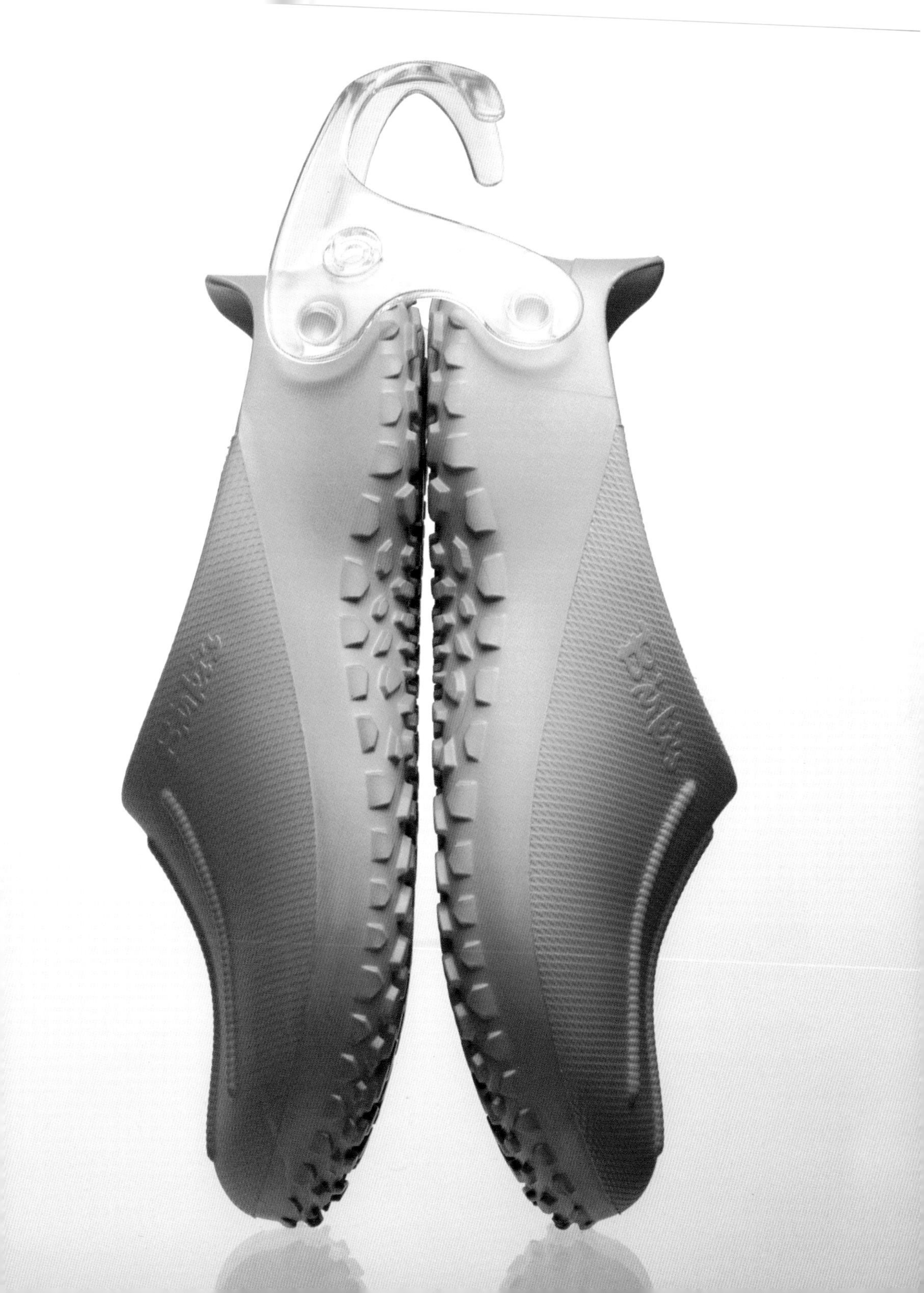

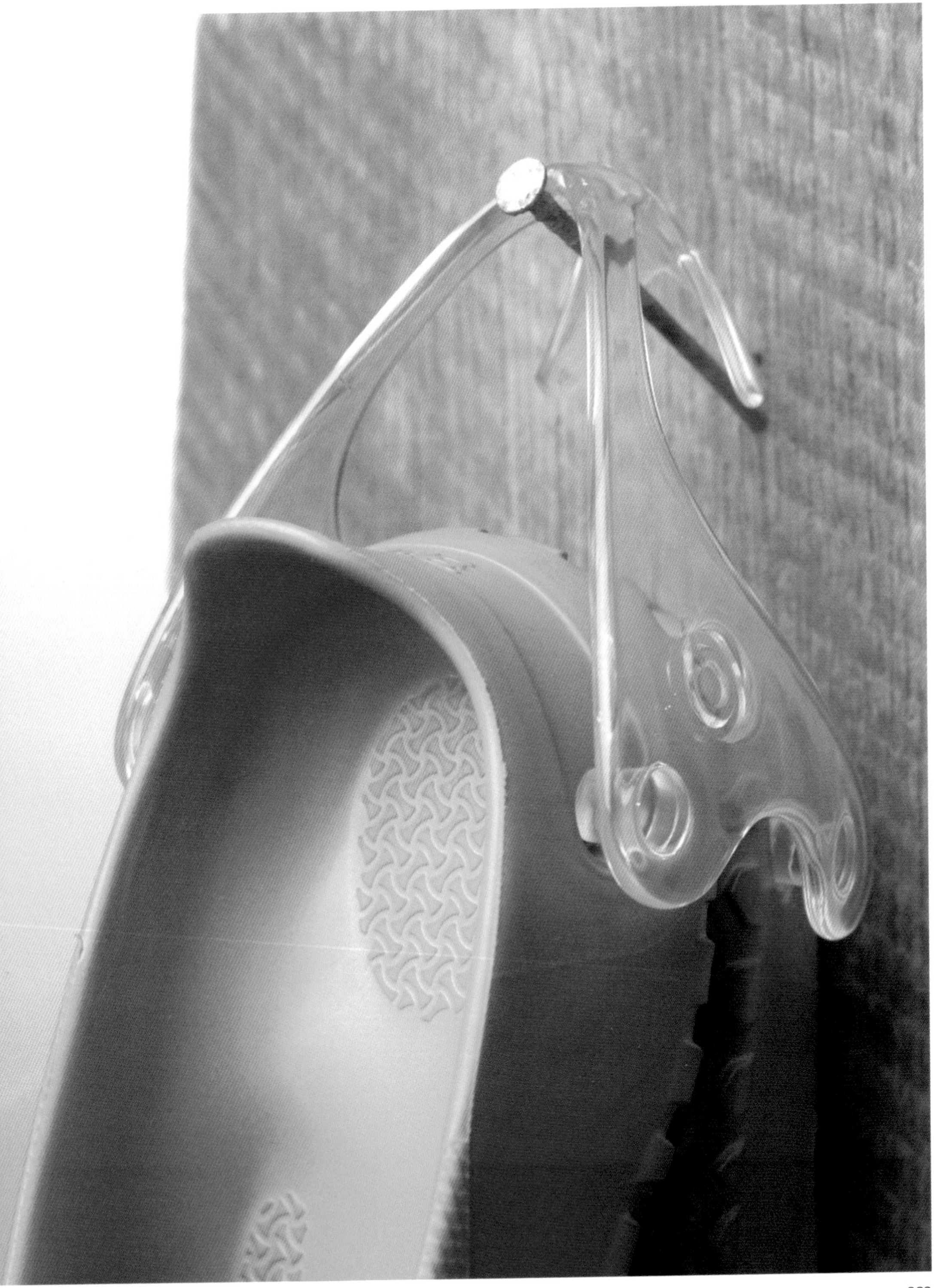

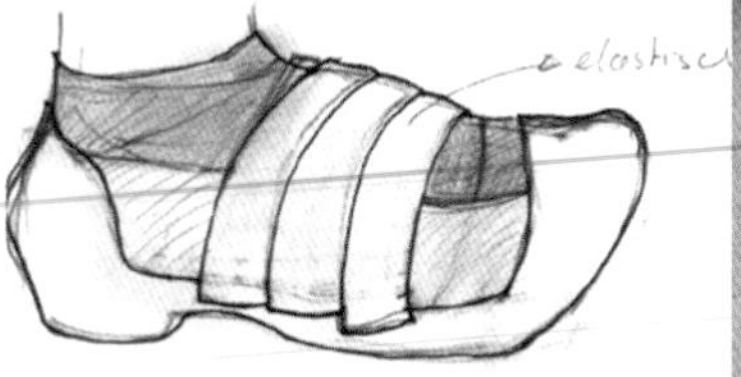

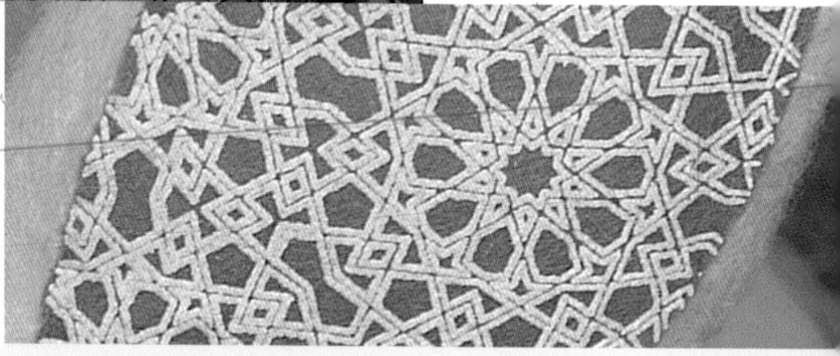

Typically Dutch

Nine Geertman designs clogs that combine something of the traditional Dutch clogs made of wood with Muslim shoes. The design is the result of mixing the different cultures that have a presence in Holland.

Nine Geertman ist die Designerin dieser Holzschuhe, die eine Mischung aus typischen holländischen Holzschuhen und islamischen Schuhen darstellen. Das Design ist das Ergebnis der Mischung verschiedener Kulturen, die in Holland präsent sind.

Nine Geertman est la créatrice de ces sabots qui sont un mélange entre les sabots en bois hollandais typiques et les babouches. Le design est le fruit du mariage de différentes cultures présentes aux Pays-Bas.

Nine Geertman is de ontwerpster van deze klompen die een mix zijn van de typische Nederlandse houten klompen en islamitische muiltjes. Het ontwerp is het resultaat van de vermenging van verschillende in Nederland aanwezige culturen.

Nine Geertman
Utrecht, The Netherlands
www.nine.nu

Felt, wood / Feutre, bois / Filz, Holz / Vilt, hout

Organic fabric / Tissu écologique /Ökologisches Gewebe / Milieuvriendelijke stof

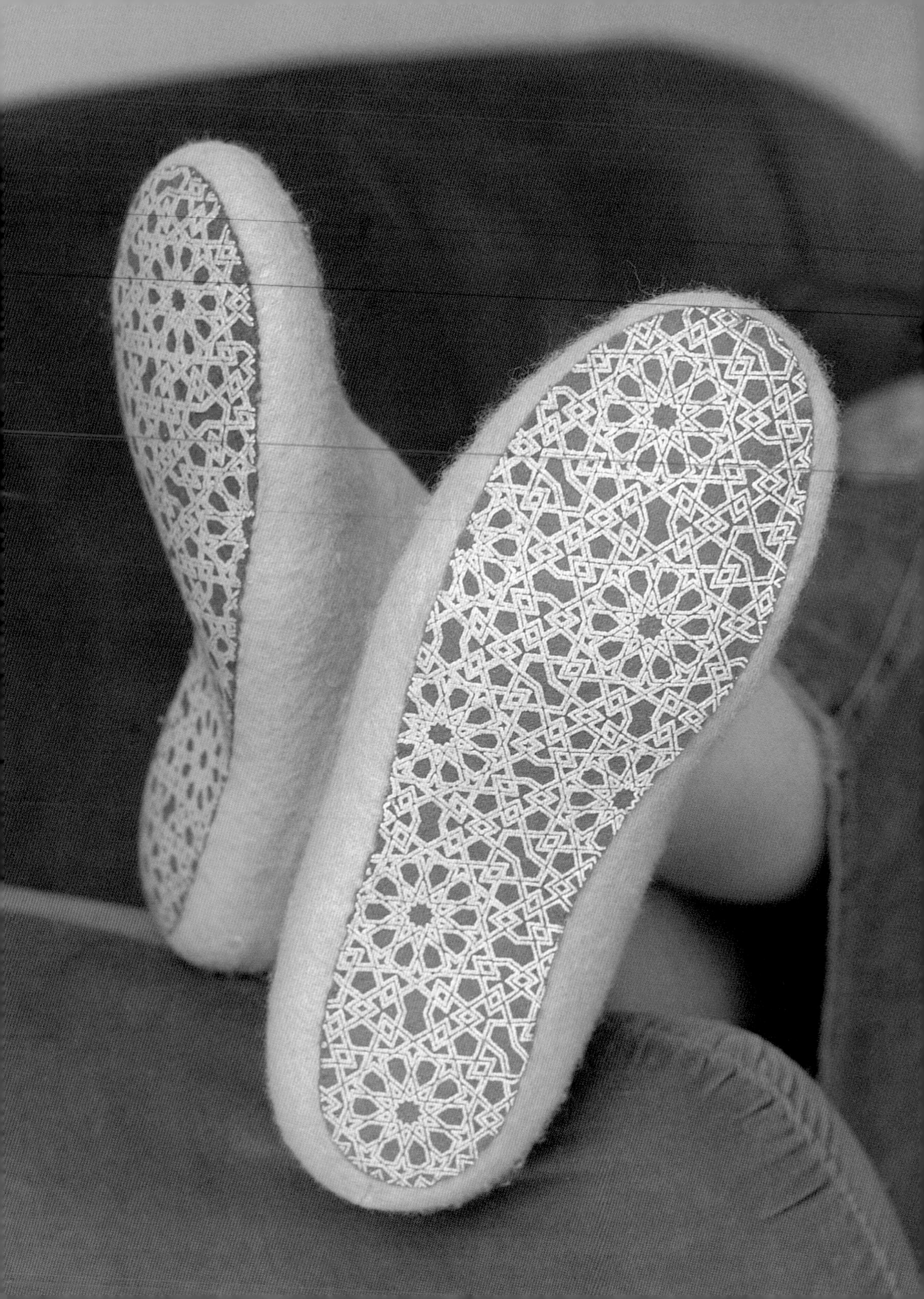

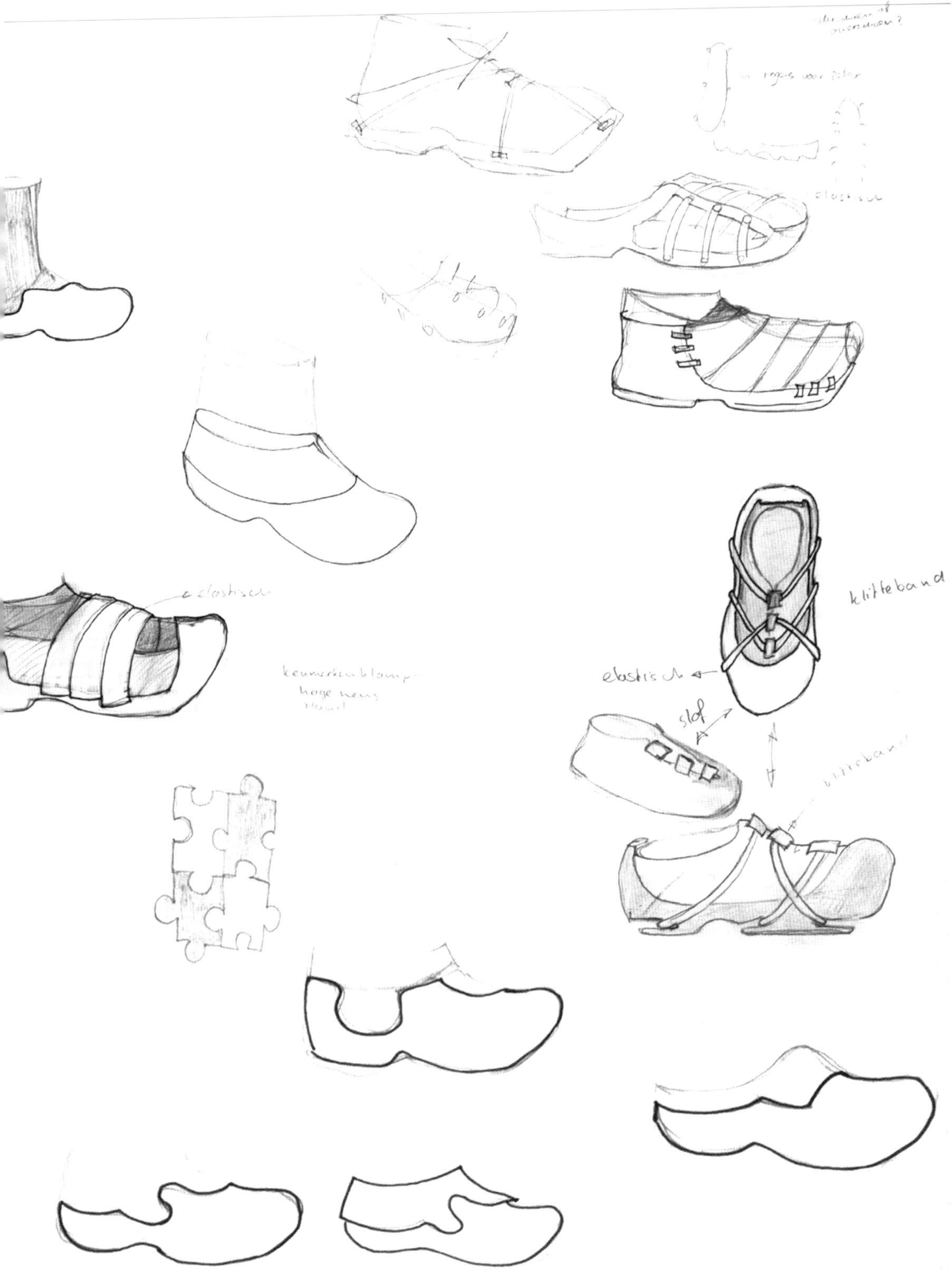
elastisch
elastisch
klitteband
elastisch
slof
klitteband
kenmerken klomp
hoge neus

Organic by John Patrick

Organic uses environmentally friendly materials in all its collections: organic and recycled wool, cotton, alpaca, and silk. John Patrick, brand designer, longs to see the day when people no longer ask if a garment is ecological because all clothing is ecological by default.

Organic verwendet in all seinen Kollektionen ökologische Materialien: Organische oder wiederverwertete Wolle und Baumwolle, Alpakawolle und Seide. John Patrick, der Designer der Marke, sehnt den Tag herbei, an dem man nicht mehr fragt, ob ein Kleidungsstück ökologisch ist, weil dann automatisch alle ökologisch sein werden.

Organic utilise des matériaux écologiques pour toutes ses collections : laine et coton organiques ou recyclés, alpaga et soie. John Patrick, créateur de la marque, rêve du jour où il ne se demandera plus si un vêtement est écologique car, par défaut, ils le seront tous.

Organic gebruikt in alle collecties milieuvriendelijke materialen: organische of gerecyclede wol en katoen, alpaca en zijde. John Patrick, ontwerper van het merk, ziet verlangend uit naar de dag waarop hij zich niet meer hoeft af te vragen of een kledingstuk al dan niet milieuvriendelijk is omdat ze dat standaard allemaal zullen zijn.

John Patrick *for* **ORGANIC**
New York, USA
www.johnpatrickorganic.com

Wood, cotton, alpaca, silk / Laine, coton, alpaga, soie / Wolle, Baumwolle, Alpaka, Seide / Wol, katoen, alpaca, zijde

Organic or recycled fabric / Tissu organique ou recyclé / Organisches oder recyceltes Gewebe / Organische of gerecyclede stof

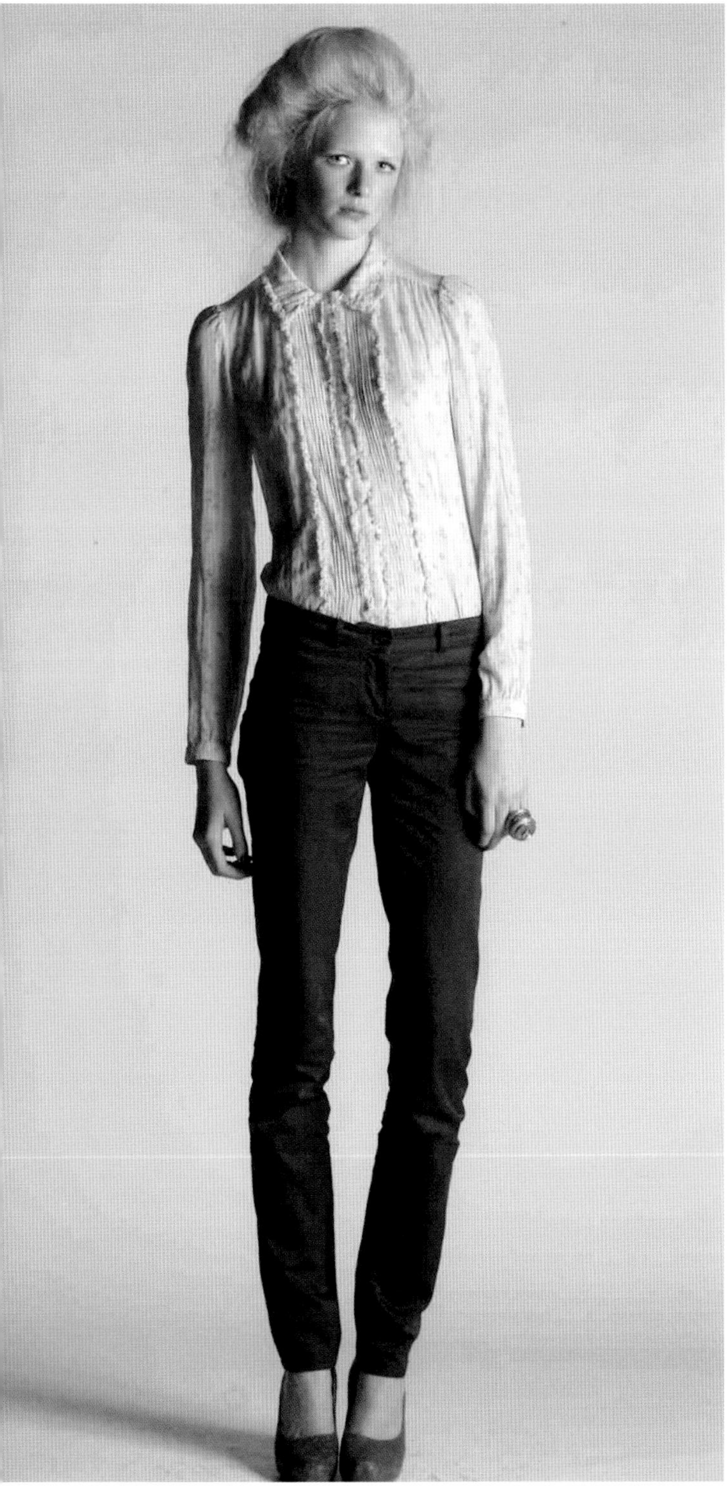

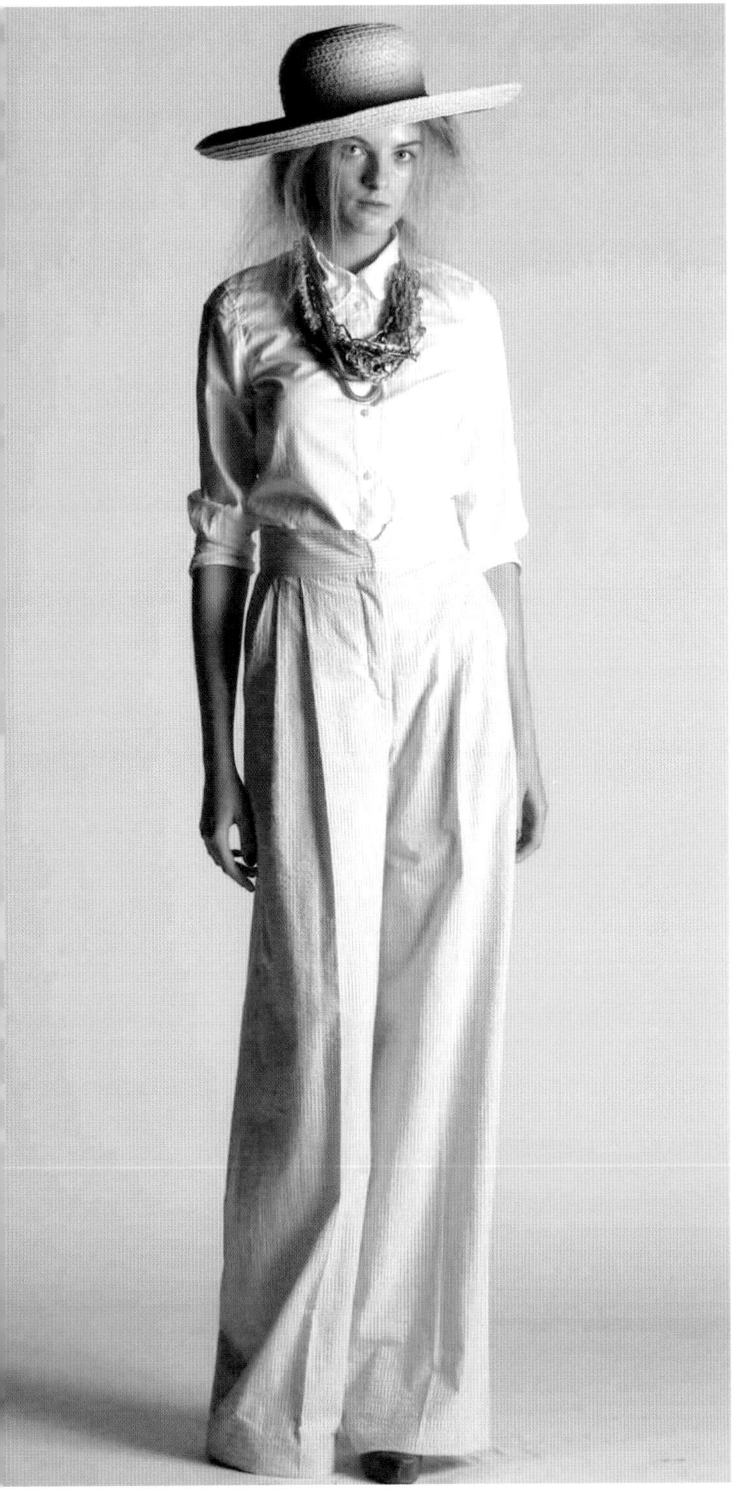

Sublet

Sublet is a line of eco-clothing committed to environmental responsibility. The entire collection, made in New York, uses sustainable materials such as natural fibers, bamboo and organic cotton.

Sublet ist eine Linie von Öko-Kleidung, die auf Verantwortung für die Umwelt setzt. Für die gesamte in New York hergestellte Kollektion werden nachhaltige Materialien wie Naturfasern, Bambus und organische Baumwolle verwendet.

Sublet est une ligne de vêtements écolo qui fait le pari de la responsabilité environnementale. Toute la collection, fabriquée à New York, fait appel à des matériaux durables comme les fibres naturelles, le bambou et le coton organique.

Sublet is een collectie ecokleding die voor milieuverantwoordelijkheid kiest. De gehele in New York gemaakte collectie is gemaakt van duurzame materialen zoals natuurlijke vezels, bamboe en organisch katoen.

Sublet
New York, USA
www.subletclothing.com

Natural fibers, organic cotton, bamboo / Fibres naturelles, coton organique, bambou / Naturfasern, organischer Kattun, Bambus / Natuurlijke vezels, organisch katoen, bamboe

Organic fabric / Tissu organique / Organisches Gewebe / Organische stof

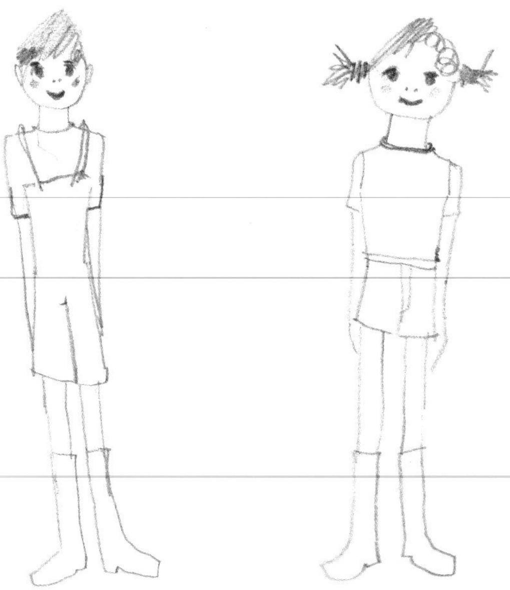

Teeny Tini

Teeny Tini creates handmade crocheted baby wear for 0 to 2 year old. The designer, JK Lange, opts for natural fibers that do not harm the baby's skin. Natural dyes are selected and mixed to create exclusive items.

Teeny Tini kreiert von Hand gehäkelte Kleidung für Babys von 0 bis 2 Jahren. Die Designerin JK Lange setzt auf Naturfasern, die der Haut des Babys nicht schaden. Naturfarben werden für die Herstellung von Einzelstücken ausgewählt und kombiniert.

Teeny Tini crée des vêtements pour bébés de 0 à 2 ans tricotés main. Sa créatrice, JK Lange, mise sur les fibres naturelles qui n'abîment pas la peau du bébé. Les teintes naturelles sont choisies et combinées pour créer des pièces uniques.

Teeny Tini maakt gebreide babykleding voor kinderen van 0 tot 2 jaar. De ontwerpster, JK Lange, kiest voor natuurlijke vezels die de babyhuid niet aantasten. Er worden natuurlijke verfstoffen geselecteerd en gecombineerd om unieke kledingstukken te creëren.

JK Lange
for **TEENY TINI**
London, United Kingdom
www.teenytini.com

Natural fibers and dyes / Fibres et teintes naturelles / Natürliche Fasern und Farbstoffe / Natuurlijke vezels en verfstoffen

Kind to babies' skin, organic fabric, handcrafted / N'abîme pas la peau de bébé, tissu organique, production manuelle / Schadet der Babyhaut nicht, organisches Gewebe, handgemacht / Beschadigt de babyhuid niet, organische stof, handmatige productie

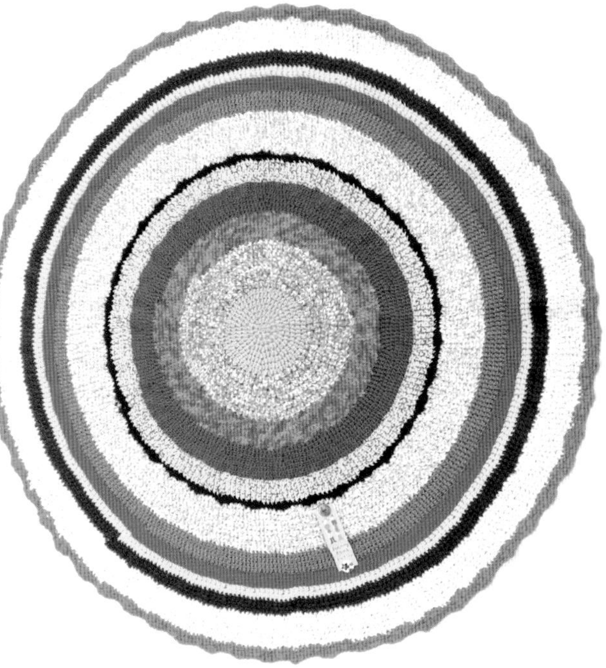

The Teeny Tini collection includes crocheted rugs and toys.

Teeny Tini inclut aussi à sa collection des tapis et des jouets tricotés main.

Zur Teeny Tini Kollektion gehören auch gehäkelte Teppiche und Spielsachen.

De collectie van Teeny Tini omvat eveneens gebreide vloerkleden en speelgoed.

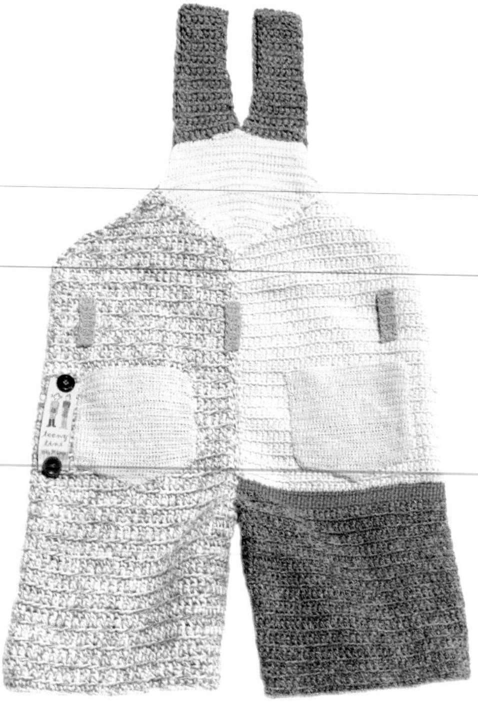

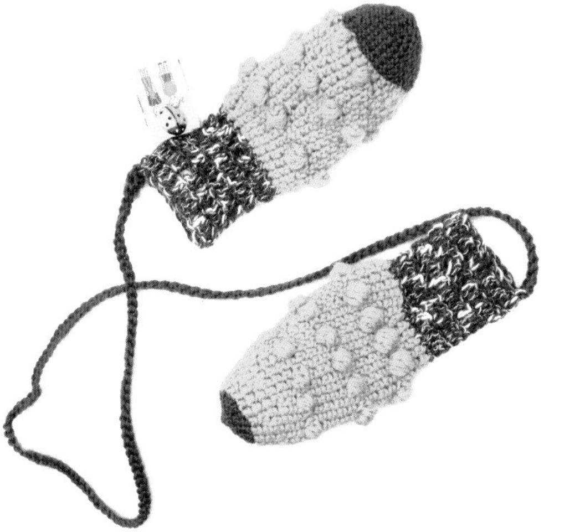

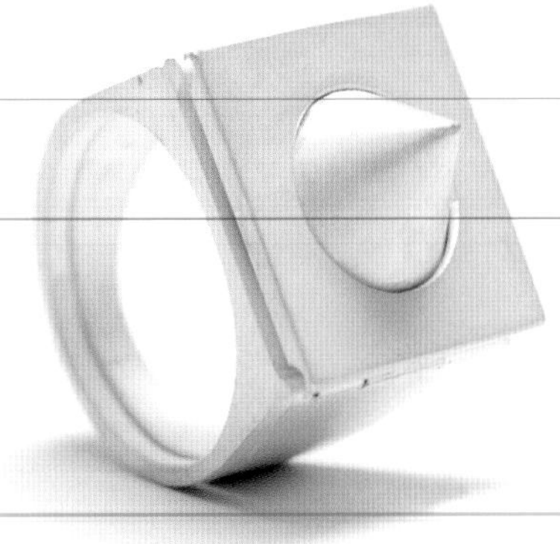

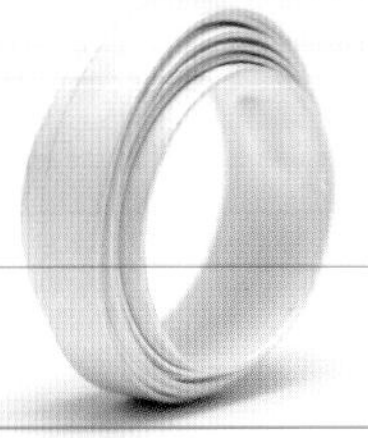

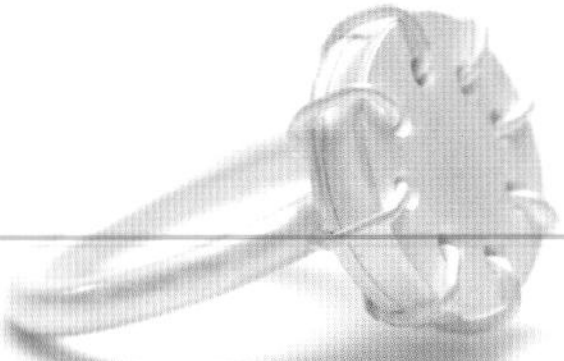

Levensringen

© Femke Reijerman

Jori Spaa is the creator of this collection of ten rings containing plant seeds in their interior. Like an emerging flower, each ring has a different organic form with special significance on each occasion.

Jori Spaa ist der Schöpfer dieser Kollektion aus zehn Ringen, die in ihrem Inneren Samen einer Pflanze enthalten. Wie eine knospende Blume nimmt jeder Ring eine unterschiedliche organische Form an, mit einer besonderen Bedeutung für verschiedene Anlässe.

Jori Spaa est le créateur de cette collection de dix bagues qui renferment les graines d'une plante. Semblable à une fleur qui éclot, chaque bague adopte une forme organique différente, avec une signification particulière dans chaque cas.

Jori Spaa is de maker van deze collectie van tien ringen waarin de zaadjes van een bepaalde plant zitten. Alsof het om een bloem gaat die ontkiemt neemt elke levensring een andere organische vorm aan met telkens een bijzondere betekenis.

Jori Spaa
Amsterdam, The Netherlands
www.levensringen.com

925 Sterling silver and seeds / Argent 925, graines / 925er Silber, Samen / 925 zilver, zaadjes

Environmental symbolism / Symbolisme environnemental / Umwelt-Symbolik / Milieusymbolen

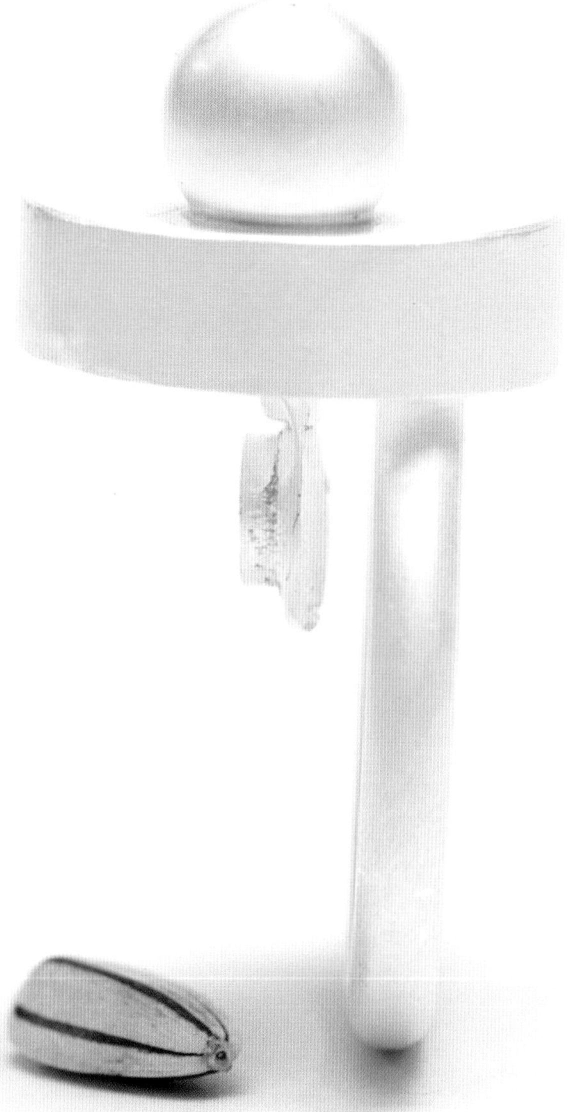

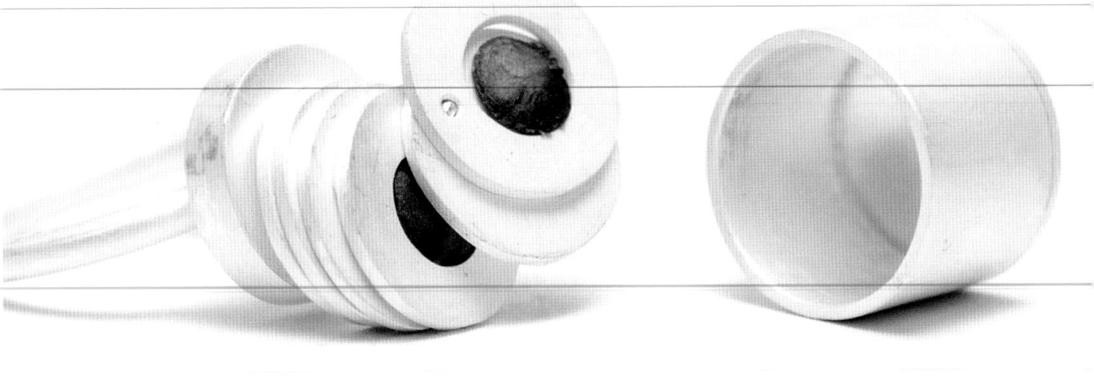

Each piece is designed to hold a seed.

Le design de chaque pièce est conçu pour accueillir une graine.

Jedes Teil ist zur Aufnahme eines Samen-korns im Innern bestimmt.

Elke ring is zodanig ontworpen dat er een zaadje inpast.

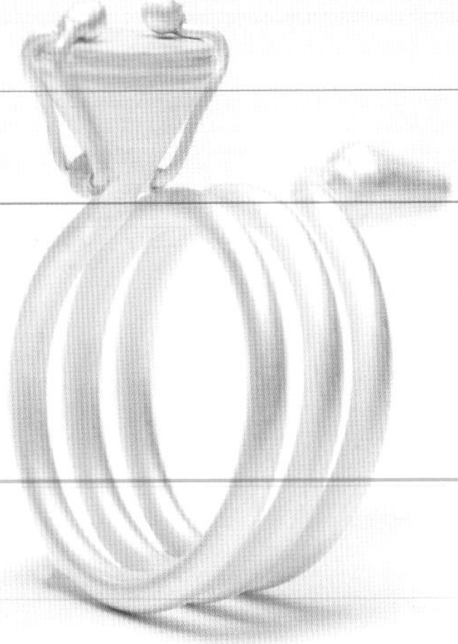
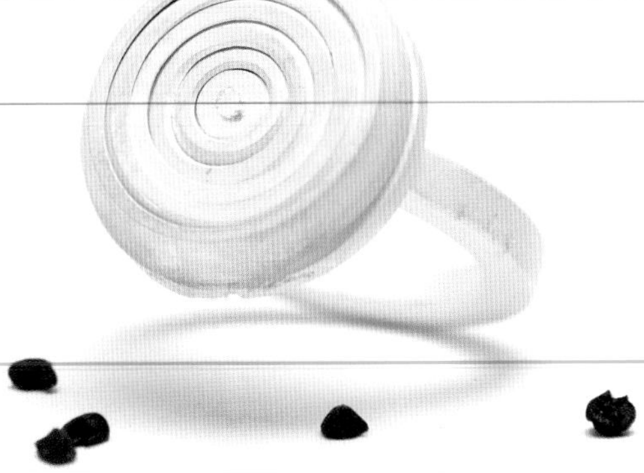

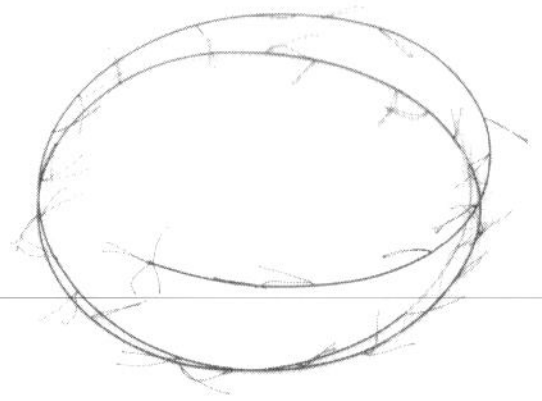

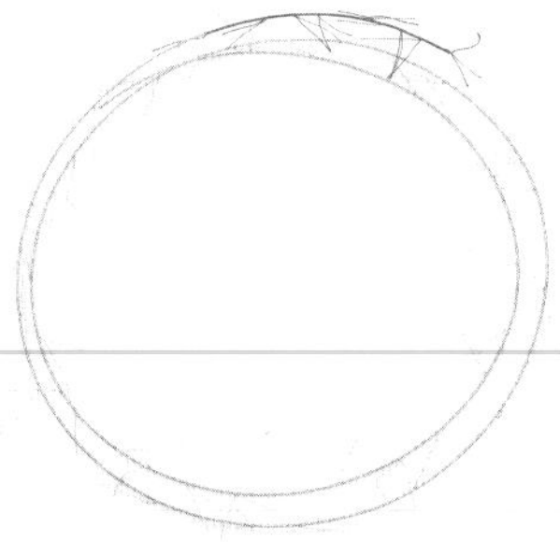

Shunichiro Nakashima Collection

The Japanese artist Shunichiro Nakashima is the designer of these pieces of unique jewelry made with feathers and natural silk. Each piece is fashioned and dyed by hand by the artist himself.

Der japanische Künstler Shunichiro Nakashima ist der Designer dieser einzigartigen Schmuckstücke aus Federn und Naturseide. Jedes Stück wird vom Künstler von Hand hergestellt und eingefärbt.

L'artiste japonais Shunichiro Nakashima est le créateur de ces bijoux uniques, créés à partir de plumes et de soie naturelle. Chaque pièce est élaborée et teinte à la main par l'artiste.

De kunstenaar Shunichiro Nakashima is de ontwerper van deze unieke juwelen gemaakt van veren en natuurzijde. Elk voorwerp is door de kunstenaar met de hand gemaakt en geverfd.

Shunichiro Nakashima
Kanazawa, Japan
nakasima@kanazawa-bidai.ac.jp

Feathers, natural silk / Plumes, soie naturelle / Federn, Naturseide / Veren, natuurzijde

Natural fabric, handcrafted / Tissu naturel, production manuelle / Naturgewebe, handgemacht / Natuurlijke stof, handmatige productie

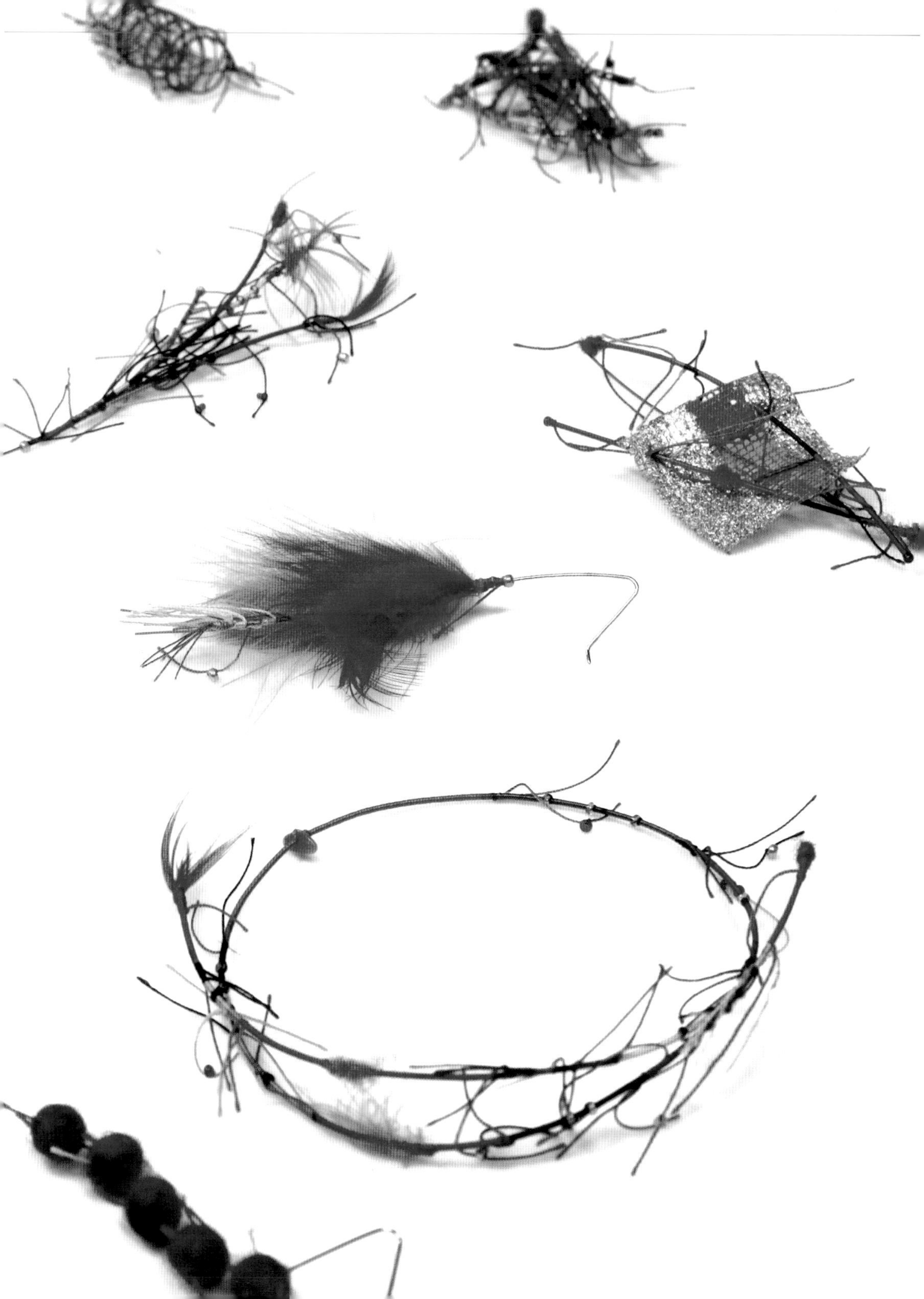

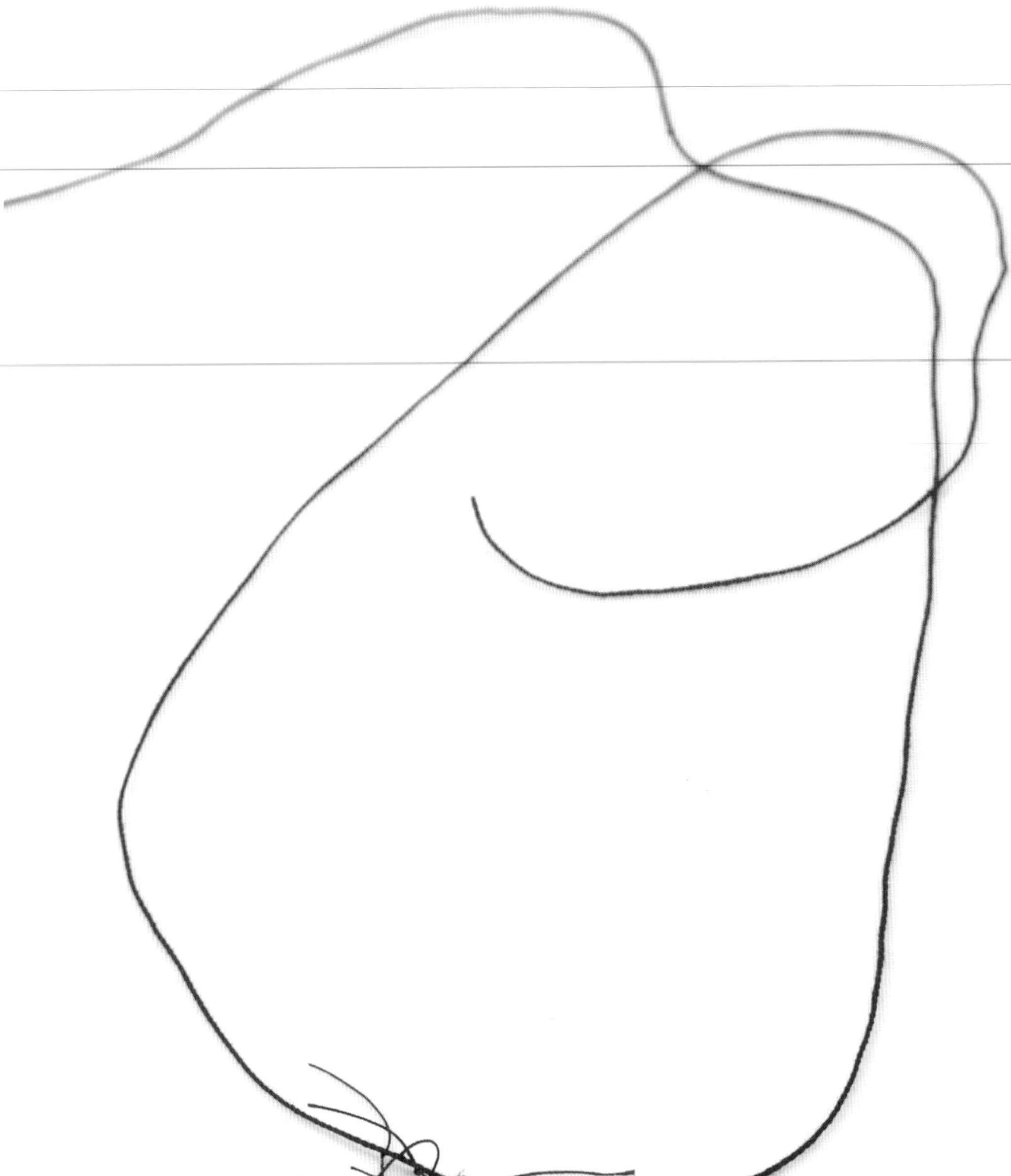

Each Nakashima piece is the epitome of delicacy in design.

Chaque pièce de Nakashima c'est la délicatesse qui se fait design.

Jedes Teil von Nakashima ist Feingefühl als Design.

Elk voorwerp van Nakashima is pure verfijning omgezet in design.

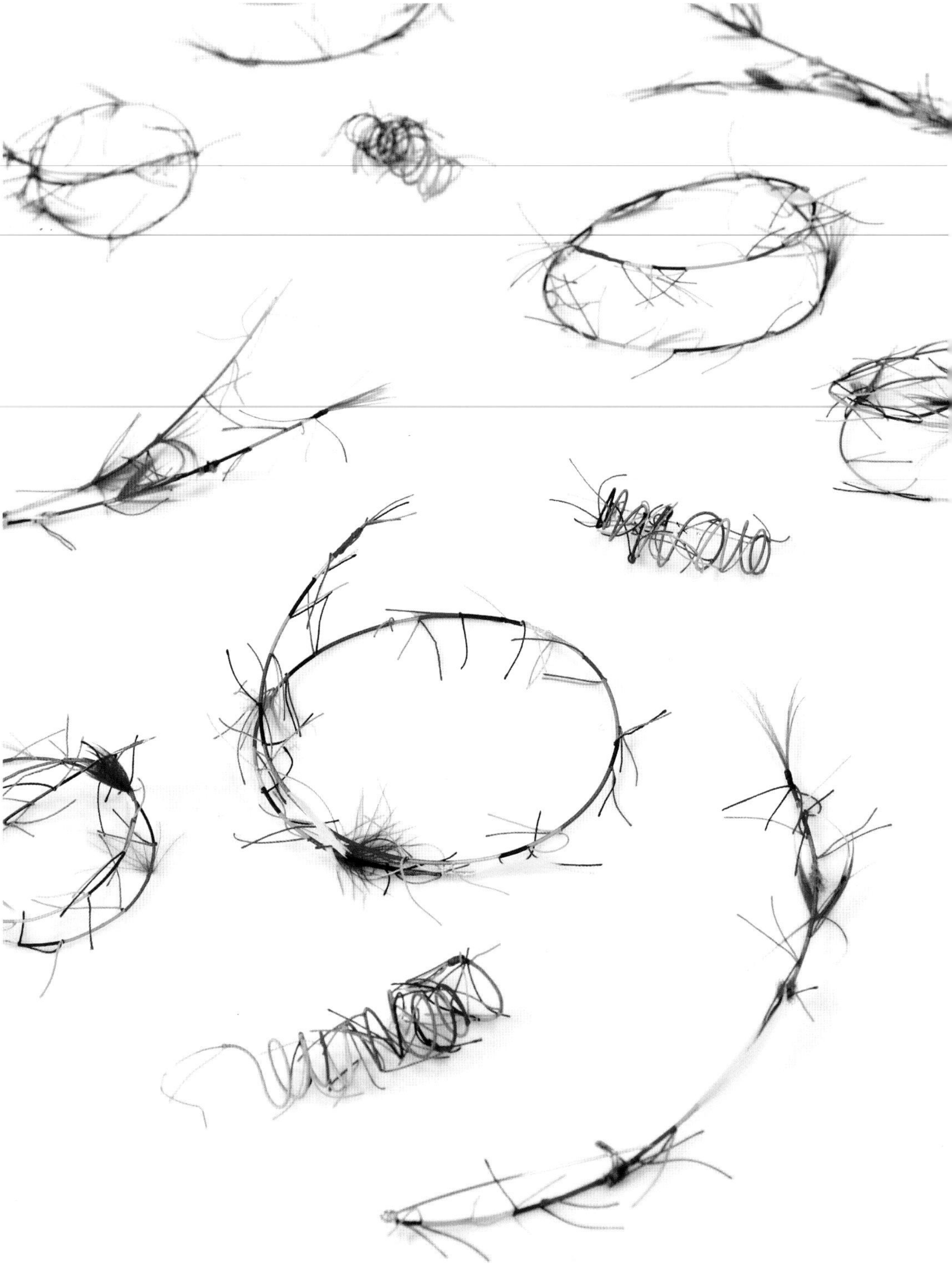

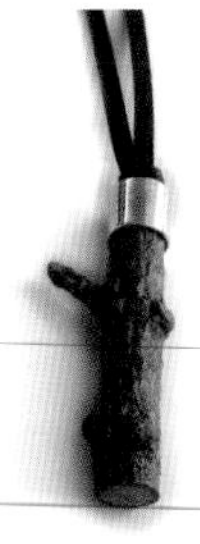

Sprokkelen Collection

© Corina Rietveld

The new collection of jewelry by Corina Rietveld is inspired in forms and shapes found in woodland areas. Rings and earrings are fashioned from wooden structures mixed with gold.

Die neue Schmuck-Kollektion von Corina Rietveld wurde von Objekten und Formen inspiriert, die sich im Wald finden. Ringe und Anhänger sind aus Holzstücken und Gold hergestellt.

La nouvelle collection de bijoux de Corina Rietveld s'inspire d'objets et de formes qui peuplent les bois. Bagues et boucles d'oreilles sont élaborées à base de structures qui mélangent bois et or.

De nieuwe collectie sieraden van Corina Rietveld is geïnspireerd op voorwerpen en vormen die we in het bos vinden. De ringen en oorbellen zijn vervaardigd met structuren van hout, vermengd met goud.

Sprokkelen Collection
Corina Rietveld
Den Bosch, The Netherlands
www.corinarietveld.nl

Wood, gold, stones / Bois, or, pierres / Holz, Gold, Steine / Hout, goud, stenen

Natural materials, handcrafted / Matériaux naturels, production manuelle / Natürliche Materialien, handgemacht / Natuurlijke materialen, handmatige productie

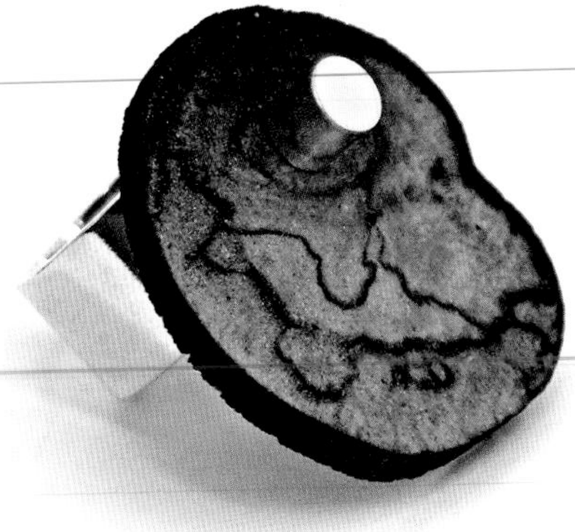

Rietveld creates jewelry from branches found in forests.

Rietveld crée des bijoux à partir de branches d'arbres trouvés dans les bois.

Rietveld entwirft Schmuck mit Ästen, die aus dem Wald stammen.

Rietveld maakt sieraden van in de bossen gevonden boomtakken.

Recycling Daily News

Greetje van Tiem discovered that the front page of a newspaper can be used to produce twenty meters of paper yarn. This idea makes it possible for yesterday's news to be part of the world of upholstery. Van Tiem is working with a manufacturer to market this new fabric.

Greetje van Tiem entdeckte, dass man mit der Titelseite einer Zeitung zwanzig Meter Papiergarn herstellen kann. Diese Idee macht es möglich, die Nachrichten von gestern in die Welt der Tapisserie zu übertragen. Van Tiem arbeitet mit einem Hersteller zusammen, um dieses neue Garn zu vermarkten.

Greetje van Tiem a découvert qu'avec la première page d'un journal on peut produire vingt mètres de papier tissé. Cette idée permet de transposer les nouvelles d'hier à l'univers de la tapisserie. Van Tiem travaille avec un fabricant pour commercialiser ce nouveau tissu.

Greetje van Tiem ontdekte dat er met de voorpagina van een krant twintig meter papiergaren kan worden gemaakt. Dankzij dit idee kan het nieuws van gisteren worden getransporteerd naar de textielwereld. Van Tiem werkt samen met een fabrikant om dit nieuwe weefsel op de markt te brengen.

Greetje van Tiem
Eindhoven, The Netherlands
www.greetjevantiem.nl

Recycled newspaper / Papier journal recyclé / Papier aus wiederverwertete Zeitungen / Gerecycled krantenpapier

Recycling and reuse / Recyclage, réutilisation / Wiederverwertung, Wiederverwendung / Recycling, hergebruik

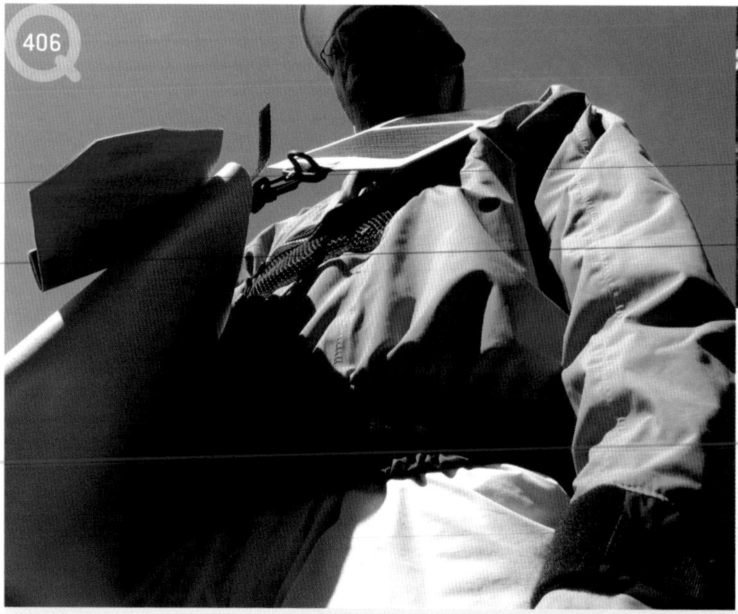

PHOTON

PORTABLE PHOTOELECTRIC PANEL SYSTEM
© KARI SIVONEN / WWW.VALVOMO.COM

Photon

Photon is a portable solar panel system. The designer, Kari Sivonen, created it for Clothing+, a Finnish company specializing in 'smart' clothing, also known as wearable technology. This is a practical, organic option for generating electric power wherever we need it.

Photon ist ein tragbares Sonnenpaneel-System. Sein Designer Kari Sivonen entwarf es für Clothing+, eine finnische Firma, die sich auf intelligente Kleidung – auch Technologie zum Anziehen genannt – spezialisiert hat. Eine praktische und ökologische Option, um elektrische Energie zu erzeugen, wo auch immer wir wollen.

Photon est un système portatif de panneaux solaires. Son créateur, Kari Sivonen, l'a conçu pour Clothing+, une compagnie finlandaise spécialisée dans les vêtements intelligents, appelée également technologie à porter. Une alternative pratique et écologique pour générer de l'énergie électrique où l'on veut.

Photon is een draagbaar zonnepaneelsysteem. De ontwerper, Kari Sivonen, heeft het ontworpen voor Clothing+, een Fins bedrijf gespecialiseerd in intelligente kleding, ook wel draagbare technologie genoemd. Een praktische en milieuvriendelijke manier om overal waar we maar willen elektrische energie op te wekken.

Designer-architeKari Sivonen, Valvom Architects *for* **CLOTHING+**
Helsinki, Finland
www.valvomo.com, www.clothingplus.f

Solar panels / Panneaux solaires / Sonnenkollektoren / Zonnepanelen

Solar power, 'smart' clothes / Énergie solaire, « vêtements intelligents » / Sonnenenergie, «intelligente Kleidung» / Zonne-energie, «intelligente kleding»

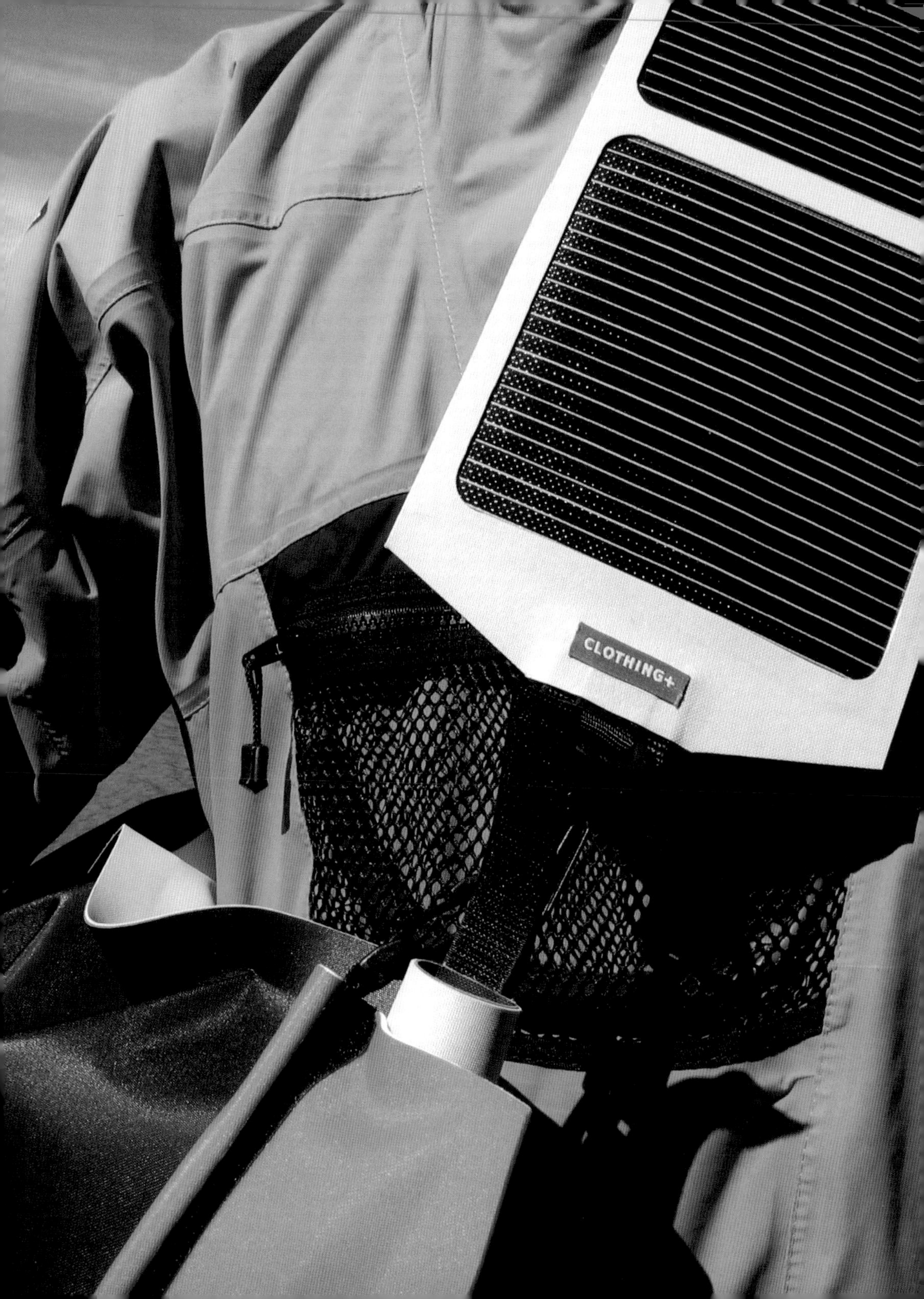
CLOTHING+

CLOTHING+

CLOTHING+

The system consists of a completely waterproof bag that contains solar panels located in the shoulder strap. The panels can be recharged in any location and serve to charge the battery of the mobile or any other device with a battery.

Le système consiste en un sac totalement imperméable qui contient des panneaux solaires situés sur la bride à passer à l'épaule. Les panneaux peuvent se recharger n'importe où et servent à charger la batterie du portable ou tout autre dispositif muni de batterie.

Das System besteht aus einer komplett dichten Tasche, in deren Schultergurt Solarpaneele eingesetzt sind. Die Paneele können überall wieder aufgeladen werden und dienen zur Ladung der Handybatterie oder sonstiger Vorrichtungen mit Batterien.

Het systeem bestaat uit een volledig waterdichte tas met zonnepanelen op de schouderband. De panelen kunnen overal worden bijgeladen en dienen voor het opladen van de batterij van een mobiele telefoon of elk ander op een batterij werkend apparaat.

SANTAVERDE
Naturkosmetik
Körperpflege
aloe vera
duschgel

Santaverde

Natural cosmetics and beauty foods. All Santaverde products are characterized by high-quality organic ingredients, such as aloe vera juice, along with the purest ingredients from the vegetable world, cultivated in the fields on the company's own estate in Southern Spain.

Naturkosmetik und Lebensmittel. Alle Produkte von Santaverde zeichnen sich durch die hohe ökologische Qualität ihrer Bestandteile aus: Aloe-Vera-Saft mit den reinsten Inhaltsstoffen der Pflanzenwelt, angebaut auf den Feldern des eigenen Landguts im Süden von Spanien.

Cosmétiques naturels et nutri-alimentation. La principale caractéristique de tous les produits de Santaverde c'est la grande qualité écologique de leurs ingrédients : jus d'aloé vera et ingrédients les plus purs du monde végétal, cultivés dans les champs de leur propre exploitation, située au sud de l'Espagne.

Natuurlijke cosmetica en voedingsproducten. Alle producten van Santaverde worden gekenmerkt door de hoge ecologische kwaliteit van de bestanddelen: sap van aloë vera samen met de puurste ingrediënten uit de plantenwereld, verbouwd op de akkers van het eigen landgoed, gelegen in Zuid-Spanje.

Santaverde
Hamburg, Germany
www.santaverde.de

Aloe vera juice / Jus d'aloe vera / Aloe-Vera-Saft / Sap van aloë vera

Organic farming, no artificial additives or preservatives, natural cosmetics / Agriculture écologique, sans additifs ni conservateurs, produits cosmétiques naturels / Ökologischer Anbau, ohne Zusatzstoffe und Konservierungsmittel, Naturkosmetik / Biologische landbouw, zonder kleur- of smaakstoffen en zonder conserveermiddelen, natuurlijke cosmetica

SANTAVERDE
Naturkosmetik
Sonnenpflege
aloe vera
after sun emulsion
aloe vera after sun emulsion
émulsion après-soleil à l'aloe vera
SANTAVERDE
Naturkosmetik
aloe vera
after sun emulsion
aloe vera after sun emulsion
émulsion après-soleil à l'aloe vera

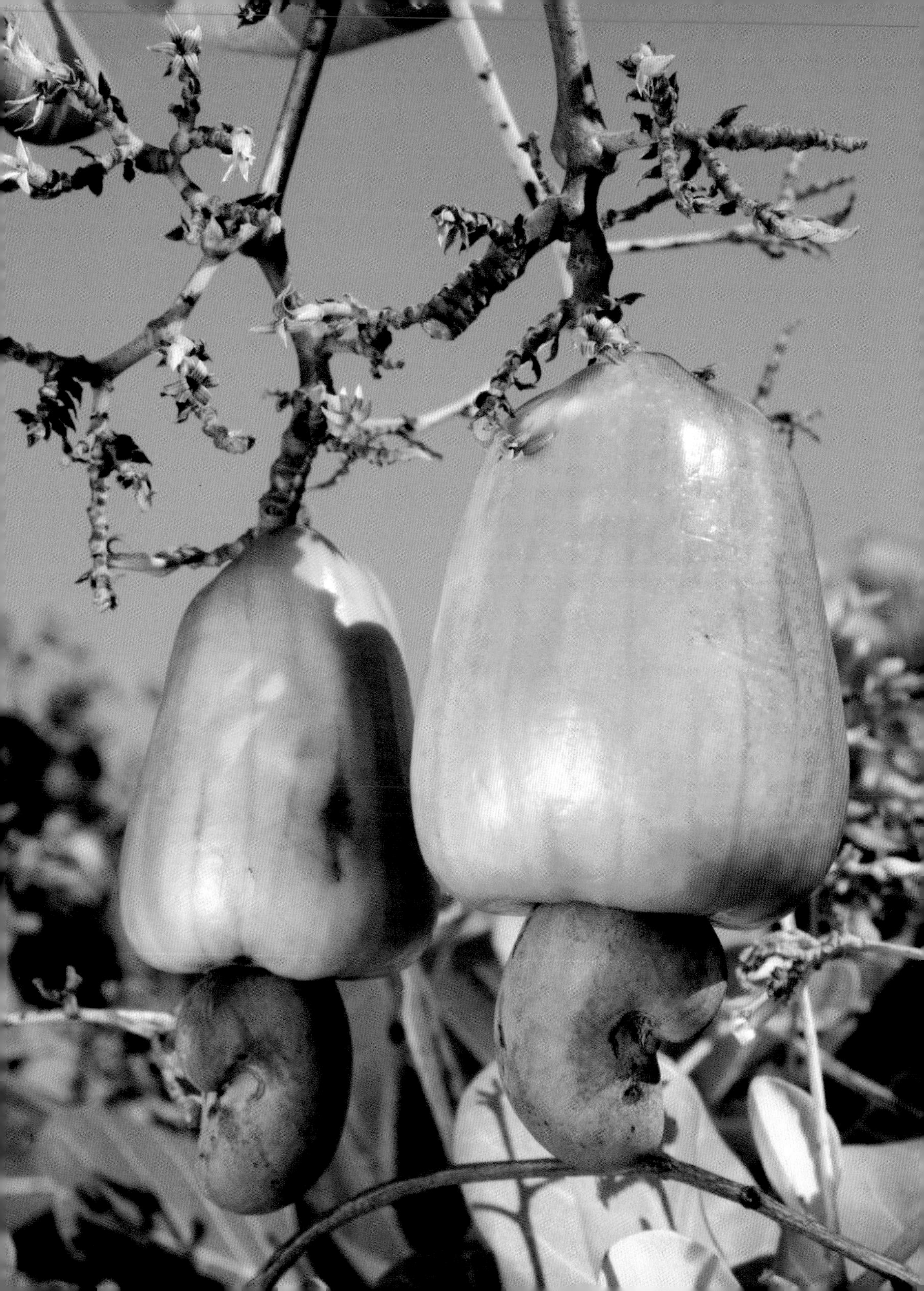

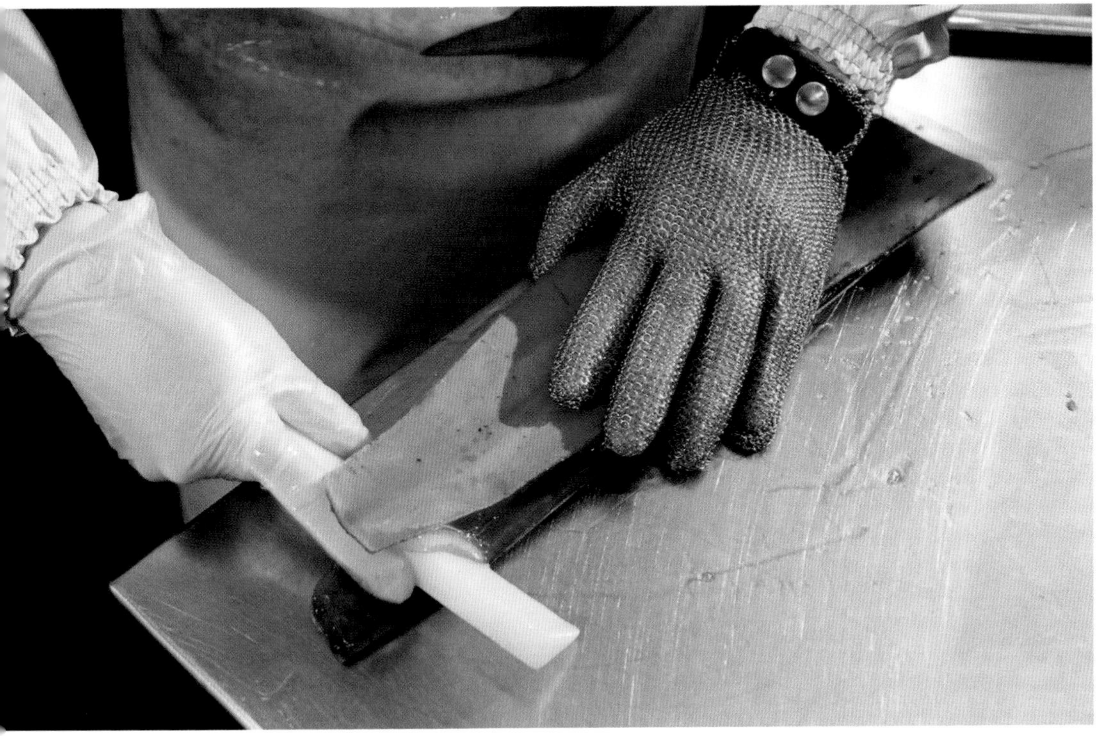

Jurlique
Citrus
Hand Cream
A rich refreshing
hand cream
℮ 125mL Netwt.4.3oz
Jurlique
Citrus
Hand Cream
℮ 125mL Net wt. 4.3oz.

Jurlique

Jurique products protect and conserve the natural purity of the medicinal plants grown by the company, using principles from aromatherapy, homeopathy, natural medicine and alchemy. Some 95% of the ingredients are grown on its organically and biodynamically certified farm in southern Australia.

Die Jurlique-Produkte schützen und bewahren die natürliche Reinheit der Heilpflanzen, die unter Anwendung von Prinzipien der Aromatherapie, Homöopathie, Naturmedizin und Alchemie angebaut werden. 95 % der Inhaltsstoffe werden auf dem zertifizierten ökologischen und biodynamischem Landgut im Süden von Australien angebaut.

Les produits Jurique protègent et préservent la pureté naturelle des plantes médicales cultivées, en utilisant les principes de l'aromathérapie, de l'homéopathie, de la médecine naturelle et de l'alchimie. 95 % de leurs ingrédients sont cultivés sur leur exploitation certifiée écologique et biodynamique, au sud de l'Australie.

De producten van Jurlique beschermen en behouden de natuurlijke zuiverheid van geneeskrachtige planten die door dit bedrijf worden verbouwd, waarbij gebruik wordt gemaakt van de principes van aromatherapie, homeopathie, natuurlijke geneeskunde en alchemie. Op de ecologisch gecertificeerde en biodynamische boerderij in het zuiden van Australië wordt 95% van de ingrediënten verbouwd.

Jurlique
Irvington, USA
www.jurlique.com

Natural flower and plant extracts obtained through organic, biodynamic farming / Extraits naturels de plantes et de fleurs cultivées de manière écologique et biodynamique / Natürliche Extrakte von ökologisch und biodynamisch angebauten Pflanzen und Blüten / Natuurlijke extracten van ecologisch en biodynamisch gekweekte bloemen en planten

Certified biodynamic by the National Association for Sustainable Agriculture Australia / Certifié biodynamique par la National Association for Sustainable Agriculture Australia / Biodynamik-Zertifikat der National Association for Sustainable Agriculture Australia / Biodynamisch gecertificeerd door de National Association for Sustainable Agriculture Australia

Jurlique
Herbal Recovery Gel
A restorative botanical concentrate to help renew skin vitality
Maintain Balance
℮ 15mL 0.5fl.oz.
Jurlique
Herbal Recovery Gel
℮ 15mL 0.5fl. oz.

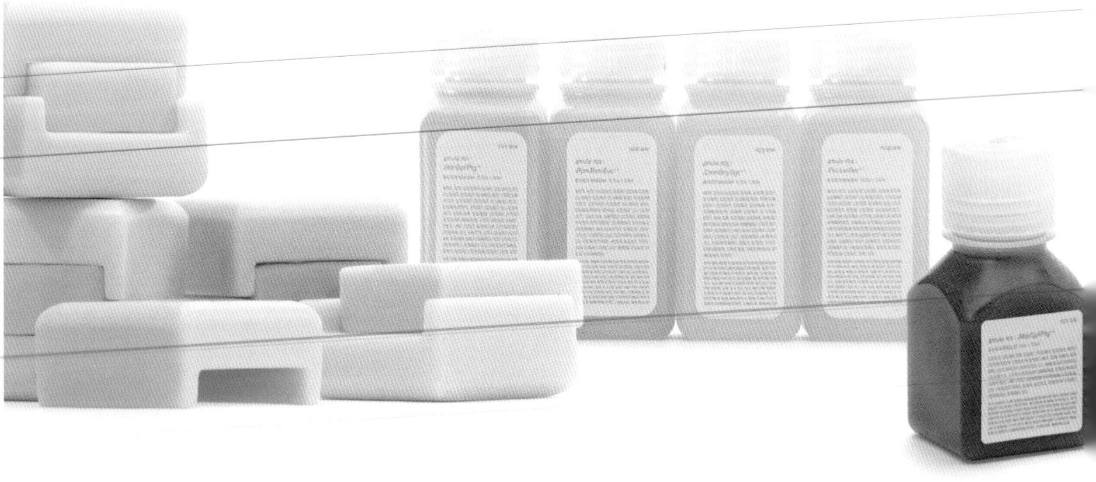

4mula

© 4mula

4mula is a range of natural aromatherapy bath and body products created by artist Timothy Bahash and horticulturist Erick Rexrode. The products are made from natural and biodegradable non-animal ingredients and essential oils, and are free from artificial fragrances.

Der Künstler Timothy Bahash und der Gartenexperte Erick Rexrode entwickelten 4mula, eine Reihe von natürlichen Aromatherapie-Produkten für Badevergnügen und Körperpflege. Die Produkte bestehen aus natürlichen, biologisch abbaubaren Rohstoffen nicht tierischer Herkunft sowie ätherischen Ölen und sind frei von künstlichen Duftstoffen.

De la main de l'artiste Timothy Bahash et de l'horticulteur Erick Rexrode est née 4mula, une gamme de produits naturels d'aromathérapie pour le bain et le corps. Les produits sont composés de matières premières naturelles et biodégradables d'origine non animale et d'huiles essentielles, sans arômes artificiels.

Van de hand van de kunstenaar Timothy Bahash en de tuinbouwer Erick Rexrode ontstond 4mula, een serie natuurlijke aromatherapieproducten voor het bad en het lichaam. De producten zijn vervaardigd van natuurlijke en biologisch afbreekbare, niet dierlijke grondstoffen en etherische oliën die vrij zijn van kunstmatige geuren.

4mula
Philadelphia, USA
www.4mula.com

Biodegradable ingredients and 100% essential oils / Ingrédients biodégradables, 100 % huiles essentielles / Biologisch abbaubare Bestandteile, 100 % ätherische Öle / Biologisch afbreekbare ingrediënten, 100% etherische oliën

Aromatherapy, biodegradability and products not tested on animals / Aromathérapie, biodégradable, non testé sur des animaux / Aromatherapie, biologisch abbaubar, nicht an Tieren getestet / Aromatherapie, biologische afbreekbaarheid, niet op dieren getest

4mula 103
4mula
103

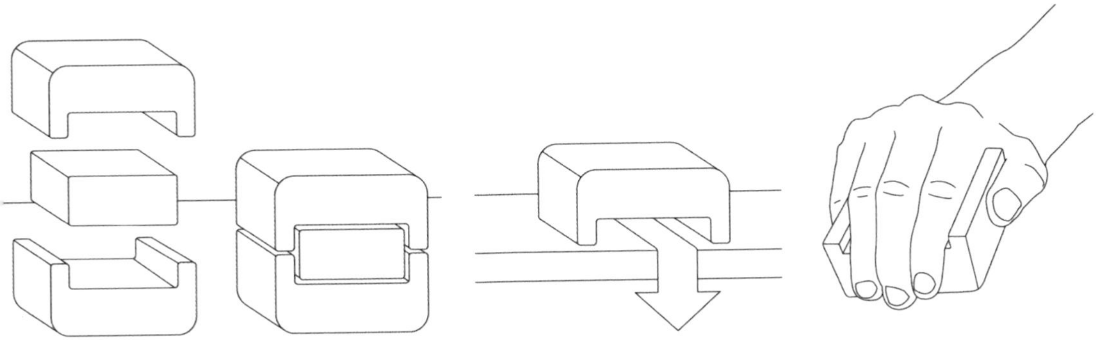

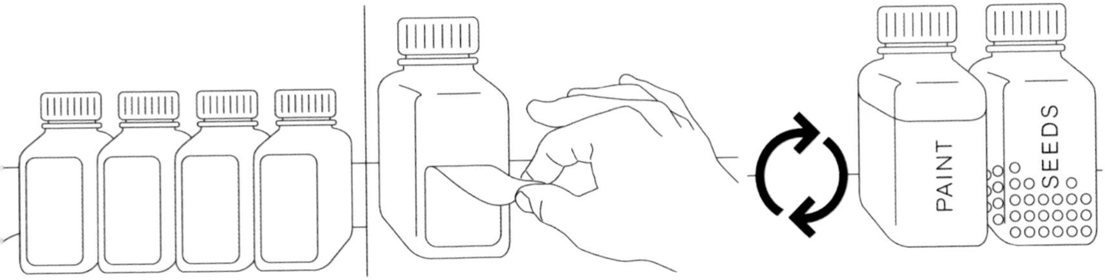
PAINT
SEEDS

LIVING NATURE
refreshing
body wash
LIVING NATURE
New Zealand
energy
body oil
huile énergie
de corps
e100ml/3.38fl.oz
LIVING NATURE
New Zealand
tranquility
body oil
huile relaxante
de corps
e100ml/3.38fl.oz
LIVING NATURE
New Zealand
body form
body oil
huile contour
de corps
e100ml/3.38fl.oz

Living Nature

Living Nature products are made with plants native to New Zealand, where 80% of plant species can be found nowhere else on earth. Their natural formula is made up by six external scientific organizations that identify, extract and purify ingredients from plants for use in cosmetics.

Die Produkte von Living Nature stammen von einheimischen Pflanzen Neuseelands, dessen Flora zu 80 % endemisch und in keinem anderen Teil der Welt zu finden ist. Ihre natürliche Formel wird in sechs externen wissenschaftlichen Organisationen entwickelt, die die Bestandteile der Pflanzen für die Verwendung in Kosmetikprodukten extrahieren und reinigen.

Les produits de Living Nature proviennent de plantes autochtones de Nouvelle-Zélande, un pays dont 80 % de la flore ne peut être trouvée nulle part ailleurs dans le monde. Leur formule naturelle est due à six organisations scientifiques externes qui identifient, extraient et purifient les composantes des plantes pour ensuite les utiliser comme produits cosmétiques.

De producten van Living Nature komen van autochtone planten uit Nieuw-Zeeland, waar 80% van de flora nergens anders ter wereld te vinden is. De natuurlijke formule wordt in zes externe wetenschappelijke organisaties ontwikkeld die de componenten uit de planten identificeren, verkrijgen en zuiveren voor gebruik in cosmeticaproducten.

Living Nature
Kerikeri, New Zealand
www.livingnature.com

Harakeke, kemp, kumerahou, manuka honey, manuka oil, tatarol, halloysite clay, marigold / Harakeke, kemp, kumerahou, miel de manuka, huile de manuka, tatarol, argile d'halloysita, calendula / Harakeke (Neuseeland-Flachs), Grannenhaare, Kumerahou, Manuka-Honig, Manuka-Öl, Tatarol, Halloysit-Lehm, Ringelblume / Harakeke, kelp, kumerahou, manuka-honing, manuka-olie, totarol, halloysiet klei, goudsbloem

No artificial preservatives, not tested on animals, recycling / Sans conservateurs synthétiques, pas de test sur des animaux, recyclage / Ohne synthetische Konservierungsstoffe, nicht an Tieren getestet, Wiederverwertung / Zonder synthetische conserveermiddelen, niet op dieren getest, recycling

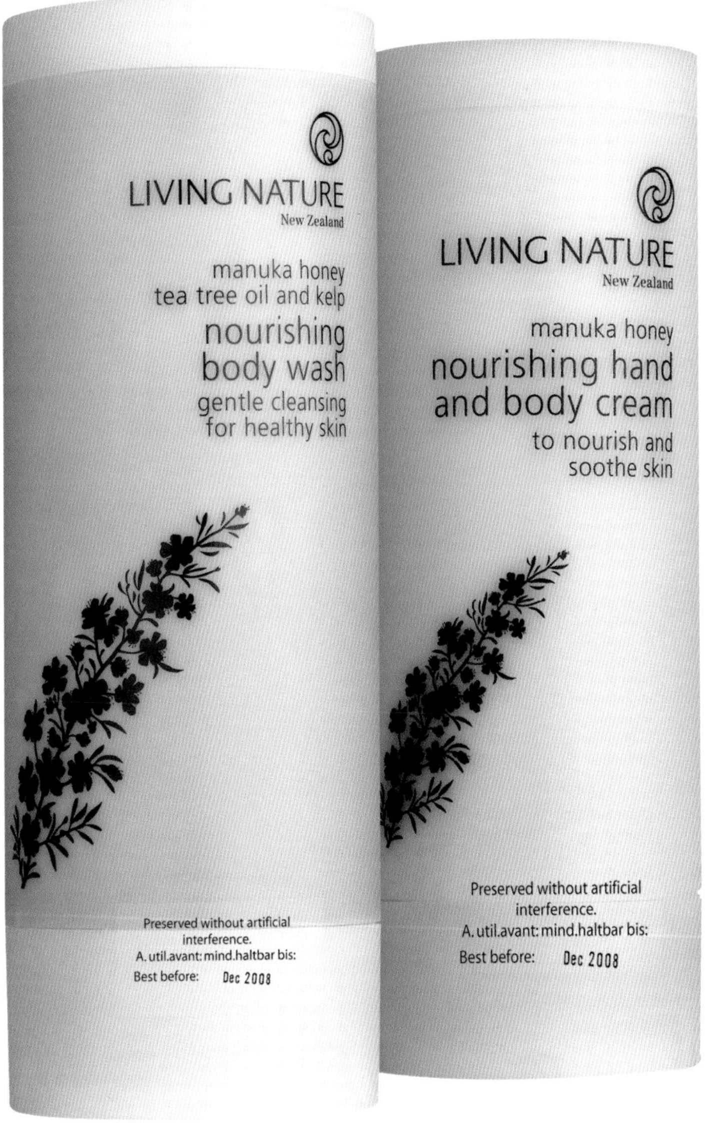
LIVING NATURE
New Zealand
manuka honey
tea tree oil and kelp
nourishing
body wash
gentle cleansing
for healthy skin
Preserved without artificial
interference.
A. util.avant: mind.haltbar bis:
Best before: Dec 2008
LIVING NATURE
New Zealand
manuka honey
nourishing hand
and body cream
to nourish and
soothe skin
Preserved without artificial
interference.
A. util.avant: mind.haltbar bis:
Best before: Dec 2008

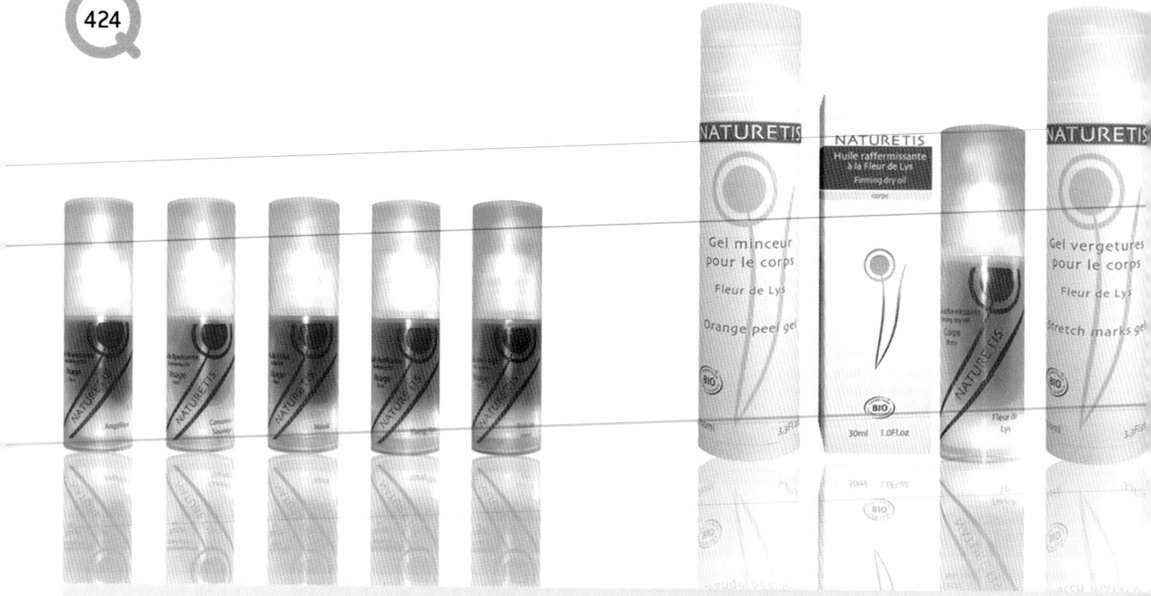
NATURETIS
Gel minceur
pour le corps
Fleur de Lys
Orange peel gel
BIO
NATURETIS
Huile raffermissante
à la Fleur de Lys
Firming dry oil
BIO
30ml 1.0Fl.oz
NATURETIS
Gel vergetures
pour le corps
Fleur de Lys
Stretch marks gel
BIO

Naturetis

© Naturetis

Naturetis makes skincare products and organic cosmetics. Some 95% of all their products are of natural origin, and contain at least 20% active ingredients.

Naturetis entwickelt Produkte für die Hautpflege und organische Kosmetik. Die Produkte enthalten mindestens 20 % Wirkstoffe, und 95 % des gesamten Produkts sind organisch ohne chemische Verbindungen.

Naturetis élabore des produits pour le soin de la peau et des produits cosmétiques organiques. Les produits comprennent au moins 20 % d'agents actifs et 95 % de l'ensemble est organique, sans composants chimiques.

Naturetis ontwikkelt huidverzorgingsproducten en organische cosmetica. De producten bevatten minder dan 20% actieve ingrediënten en 95% van alle bestanddelen zijn organisch en bevatten geen chemische verbindingen.

Naturetis
Vichy, France
www.naturetis.com

Plants, organic essences / Plantes, essences organiques / Pflanzen, organische Essenzen / Planten, organische parfums

Not tested on animals, no chemicals, natural cosmetics / Non testé sur des animaux, sans produits chimiques, produits cosmétiques naturels / Nicht in Tierversuchen getestet, ohne Chemikalien, Naturkosmetik / Niet op dieren getest, zonder chemicaliën, natuurlijke cosmetica

NATURETIS
Huile fondante
au Bois de rose
Face oil
visage - peaux matures
NATURETIS
COSMETIQUE
BIO
CHARTE COSMEBIO
15ml 0.5Fl.oz
Visage
Face
NATURETIS
Bois de
rose

TRAVEL & NATURE

The concept of responsible tourism is based on travelers visiting destinations without harming their environments in any way. Many tour operators and hotels declare themselves to be environmentally friendly, but in reality there are only a handful of truly 'green' destinations. The following is a guide of destinations that are committed to conserving their rich natural surroundings and local culture.

Le tourisme responsable engage un voyageur qui souhaite profiter de son voyage sans laisser un impact négatif. De nombreux tour operators et hôtels se déclarent écologiques, mais en réalité rares sont les « destinations vertes ». Vous trouverez un guide de voyages qui soutient la préservation de la richesse naturelle et culturelle du territoire.

Verantwortlicher Tourismus setzt einen Reisenden voraus, der seine Reise genießen möchte, ohne negative Spuren zu hinterlassen. Zahlreiche Reiseveranstalter und Hotels geben sich als ökologisch aus, aber wirklich «grüne Urlaubsorte» gibt es nur wenige. Im folgenden Reiseführer sind Reisen zu finden, bei denen die Erhaltung des natürlichen und kulturellen Reichtums der Urlaubsgebiete unterstützt wird.

Verantwoord toerisme houdt in dat een reiziger van zijn reis wil genieten zonder een negatieve voetafdruk achter te laten. Talrijke reisorganisaties en hotels beweren milieuvriendelijk te zijn, maar in werkelijkheid zijn er maar weinig «groene bestemmingen». Hieronder treft u een reisgids aan waarbij rekening is gehouden met het behoud van de natuurlijke en culturele rijkdom van het grondgebied.

Sossusvlei Mountain Lodge

This lodge is located in the foothills of the NamibRand private nature reserve in Namibia. Excursions by quad, and even hot air balloon, will enable you to explore Sossusvlei, the large area of sand dunes considered to be the highest in the world.

Diese Lodge befindet sich am Fuß der Hügel des privaten Naturschutzgebietes NamibRand in Namibia. Ausflüge mit dem *Quad* oder sogar mit dem Heißluftballon ermöglichen es, das ausgedehnte Gebiet der Dünen von Sossusvlei zu erkunden, die als die höchsten der Welt gelten.

Ce *lodge* est situé au pied des collines de la réserve naturelle privée NamibRand en Namibie. Excursions en *quad*, et même en ballon, permettront d'explorer la vaste région des dunes de Sossusvlei, considérées comme les plus hautes du monde.

Deze *lodge* ligt aan de voet van de heuvels van het privénatuurreservaat NamibRand in Namibië. Tijdens een excursie met een *quad* of met een luchtballon kan het uitgestrekte duinengebied Sossusvlei, met de hoogste duinen ter wereld, worden verkend.

Sossusvlei Mountain Lodge
by **&BEYOND**
Sossusvlei, Namibia
www.andbeyondafrica.com

Quad biking, hot-air ballooning, star gazing / *Quad*, excursions en montgolfière, observation des étoiles / *Quad*, Ballonflüge, Sternbeobachtung / *Quad*, luchtballonvaarten, sterrenkijken

Namib Rand natural reserve, Sesriem canyon, education plan for the children of Namibia, financial aid for the local community / Réserve naturelle Namib Rand, canyon Sesriem, projet éducatif pour les enfants de Namibie, aide financière pour la communauté autochtone / Naturreservat Namib Rand, Sesriem-Schlucht, Bildungsplan für die Kinder von Namibia, finanzielle Unterstützung der einheimischen Gemeinschaft / Natuurreservaat Namib Rand, Sesriem Canyon, educatief programma voor kinderen uit Namibië, financiële steun aan de autochtone gemeenschap

Serengeti Under Canvas

&Beyond offers the possibility of staying at luxury campsites located in Serengeti National Park to enjoy one of the most beautiful natural spectacles in the world: the migration of the wildlife from the Serengeti.

&Beyond bietet die Möglichkeit, in Luxus-Zeltlagern im Serengeti-Nationalpark zu logieren, um eines der schönsten Naturschauspiele der Welt zu erleben: Die Wanderung der wilden Tiere der Serengeti.

&Beyond offre la possibilité de se loger dans des campings de luxe situés dans le Parc National du Serengeti, pour profiter d'un des spectacles naturels les plus beaux du monde : la migration de la faune sauvage du Serengeti.

&Beyond biedt de mogelijkheid om in luxetenten te logeren, in het Nationale Park van de Serengeti. Hier kan men genieten van de mooiste natuurspektakels ter wereld: de migratie van de wilde fauna van de Serengeti.

Serengeti Under Canvas
by **&BEYOND**
Serengeti National Park, Tanzania
www.andbeyondafrica.com

Jeep safaris, hot-air ballooning / Safar en 4x4, safari en montgolfière / Safari mit einem Allradfahrzeug, Safari im Ballon / Safari met een 4x4 voertuig, safari in luchtballon

Tanzania Wildlife Division in the Maswa Game Reserve, conservation of biodiversity in the Serengeti, rhino protection project / Tanzania Wildlife Division dans la Réserve Maswa Game, préservation de la biodiversité de de Serengeti, projet de protection du rhinocéros / Tanzania Wildlife Division im Reservat Maswa Game, Erhaltung der Biodiversität des Ökosystems Serengeti, Nashornschutzprojekt / Tanzania Wildlife Division in het Maswa Game Reservaat, bescherming van de biodiversiteit van het ecosysteem van d Serengeti, project voor de beschermir van de neushoorn

The tents are equipped with a system of tanks to supply water to the shower and bath area.

Les tentes disposent d'un système de réservoir pour approvisionner en eau la douche et la salle de bains.

Die Zelte sind mit Depots ausgestattet, um Dusche und Bad mit Wasser zu versorgen.

De winkels beschikken over een reservoirsysteem om de douche en het toilet van water te voorzien.

Chumbe Island Coral Park

© Chumbe Island Coral Park

This 54-acre island, part of the Zanzibar archipelago, is a UNESCO World Heritage site, a beauty spot enjoying protection thanks to its biodiversity and coral reef. The hotel consists of eight huts powered by solar cells and a rainwater harvesting system.

Diese 22 Hektar große Insel, die zum Sansibar-Archipel gehört, ist Teil des UNESCO-Welterbes. Es handelt sich um eine wunderschöne Gegend, in der die biologische Vielfalt und das Korallenriff geschützt werden. Das Hotel verfügt über acht Hütten, die mit Solarzellen und einem Regenwasser-Auffangsystem ausgestattet sind.

Cette île de 22 hectares, dans l'archipel de Zanzibar, est classée au Patrimoine de l'Humanité de l'UNESCO. C'est un bel endroit qui préserve la biodiversité et le récif de corail. L'hôtel dispose de huit bungalows avec cellules solaires et d'un système de collecte des eaux de pluie.

Dit 22 hectare grote eiland, dat bij de eilandengroep Zanzibar hoort is, staat op de Werelderfgoedlijst van de UNESCO. Het gaat om een mooie plek waar de biodiversiteit en het koraalrif in stand wordt gehouden. Het hotel beschikt over acht bungalows met zonnecellen en een opvangsysteem voor regenwater.

Chumbe Island Coral Park
Zanzibar, Tanzania
www.chumbeisland.com

Snorkeling, trekking / *Snorkel, trekking / Schnorcheln, Trekking / Snorkelen, trekking*

Biodiversity, conservation of coral reef, forest reserve / Biodiversité, protection du récif de corail, réserve forestière / Biodiversität, Schutz des Korallenriffs, Waldreservat / Biodiversiteit, bescherming van het koraalrif, bosreservaat

Within the reserve, there is a coral reef and fields of sea grass that are home to a variety of fish and shellfish.

Dans la réserve, on trouve le récif de corail et les prairies d'herbes marines où vivent poissons et crustacés.

Im Naturschutzgebiet liegen das Korallenriff und die Seegrasweiden, wo Fische und Krustentiere leben.

In het reservaat bevinden zich het koraalrif en de zeegrasvelden waar vissen, schelp- en schaaldieren leven.

Cardamom House

Cardamom House is an organic farm located in Athoor Village, near Dindigul, in southern India. The owner, a retired British physician, supports responsible tourism, which is developing in harmony with nature and the local population.

Cardamom House ist ein ökologisches Landgut in Athoor Village, in der Nähe von Dindigul, im Süden von Indien. Sein Eigentümer, ein pensionierter britischer Physiker, unterstützt den verantwortungsbewussten Tourismus, der in Harmonie mit der lokalen Bevölkerung und der Natur besteht.

Cardamom House est une grange écolo située à Athoor Village, près de Dindigul, dans le sud de l'Inde. Son propriétaire, un physicien britannique à la retraite, soutient le tourisme responsable qui cohabite harmonieusement avec la population locale et la nature.

Cardamom House is een ecoboerderij gelegen in Athoor Village, dichtbij Dindigul, in het zuiden van India. De eigenaar, een Britse gepensioneerde fysicus, steunt het verantwoordelijke toerisme dat in harmonie is met de plaatselijke bevolking en de natuur.

Cardamom House
Athoor Village, India
www.cardamomhouse.com

Trekking, bird watching, kids learning program / Randonnée, ornithologie, programme éducatif pour les enfants / Wandern, Ornithologie, Bildungsprogramm für Kinder / Wandelingen, vogelkunde, educatief programma voor kinderen

Solar power, efficient irrigation, vermicomposting / Énergie solaire, irrigation efficiente, *vermicompost* / Sonnenenergie, rationelle Bewässerung, *Wurmkompostierung* / Zonne-energie, efficiënte irrigatie, *vermicompost*

Tsarabanjina Constance Lodge

© Constance Hotels Experience

Located on the island of Tsarabanjina in Madagascar, this hotel is surrounded by spice farms and ylang-ylang trees, whose blossom is used to make perfumes. An excursion to the Lokobe Nature Reserve will enable us to see the macaco lemurs, chameleons, and the occasional boa constrictor.

Auf der Insel Tsarabanjina in Madagaskar liegt dieses Hotel inmitten von Gewürzpflanzen und Ylang-Ylang-Bäumen, aus deren Blüten Parfüm hergestellt wird. Bei einem Ausflug durch das Naturschutzgebiet von Lokobe können Makaken, Lemuren, Chamäleons und die eine oder andere Boa constrictor beobachtet werden.

Situé sur l'île Tsarabanjina à Madagascar, cet hôtel est situé au milieu des plantations d'épices et d'arbres ylang-ylang dont les fleurs entrent dans la composition des parfums. Une excursion dans la Réserve Naturelle de Lokobe permettra de découvrir les lémurs noirs, les caméléons et, parfois, un boa constrictor.

Dit op het eiland Tsarabanjina in Madagaskar gelegen hotel bevindt zich te midden van specerijenplantages en ylang-ylangbomen waarvan de bloemen worden gebruikt om parfums te maken. Tijdens een excursie door het Natuurreservaat Lokobe kan men zwarte maki's, kameleons en een enkele afgodslang zien.

Tsarabanjina Constance Lodge
by **CONSTANCE HOTELS EXPERIENCE**
Tsarabanjina, Madagascar
www.tsarabanjina.com

Snorkeling, kayaking, trekking, massages, reflexology / *Snorkel*, kayak, randonnée, massages, réflexologie / *Schnorcheln*, Kajak, Wandern, Massagen, Reflexologie / *Snorkel*, kajak, wandelingen, massages reflexologie

'Smart' luxury, corporate social responsibility and sustainability policy, biodiversity, local labor / « Luxe intelligent », durabilité et responsabilité sociale corporative (RSC), biodiversité, main d'œuvre locale / «Intelligenter Luxus», Unternehmenspolitik der Nachhaltigkeit und Gesellschaftsverantwortung, Biodiversität, lokale Arbeitskräfte / «Intelligente luxe», duurzaamheid en maatschappelijke verantwoordelijkheid van het bedrijfsleven, biodiversiteit, lokale werknemers

BONTANA

DRAKATRA

The restaurant serves fresh grilled lobster.

Le restaurant propose de la langouste fraîchement pêchée et cuite à point.

Im Restaurant gibt es frisch gefangenen und au point gebratenen Hummer.

In het restaurant wordt vers gevangen en beetgare kreeft geboden.

Turtle Inn

© Francis Ford Coppola's Blancaneaux Resorts

Turtle Inn is a deluxe group of huts located on a narrow stretch of beach, just north of the fishing town of Placencia, Belize. Together with Blancaneaux and La Lancha, it forms a triangle of resorts belonging to Francis Ford Coppola.

Turtle Inn ist eine prächtige Gruppe von Hütten, die an einer Lagune im Norden des Fischerortes Placencia liegt. Zusammen mit Blancaneaux und La Lancha bildet sie das Dreieck der *Resorts*, die Eigentum von Francis Ford Coppola sind.

Turtle Inn est un somptueux groupe de bungalows situés sur une étroite bande de plage situé un peu au nord de la ville de pêche de Placencia. Avec Blancaneaux et la Lancha, il forme le triangle des *resorts* appartenant à Francis Ford Coppola.

Turtle Inn is een weelderige groep bungalows gelegen op een smal stuk strand, net ten noorden van de vissersplaats Placencia. Samen met Blancaneaux en La Lancha vormt Turtle Inn de driehoek van *resorts* die het eigendom zijn van Francis Ford Coppola.

Turtle Inn
Placencia, Belize
www.blancaneaux.com

Trekking, spa / Randonnée, *spa* / Wandern, *Spa* / Wandelingen, *spa*

Biodiversity, organic kitchen garden, bioclimatic architecture / Biodiversité, jardin écologique, stratégies bioclimatiques / Biodiversität, ökologischer Gemüseanbau, bioklimatische Strategien / Biodiversiteit, biologische tuinbouw, bioklimatologische principes

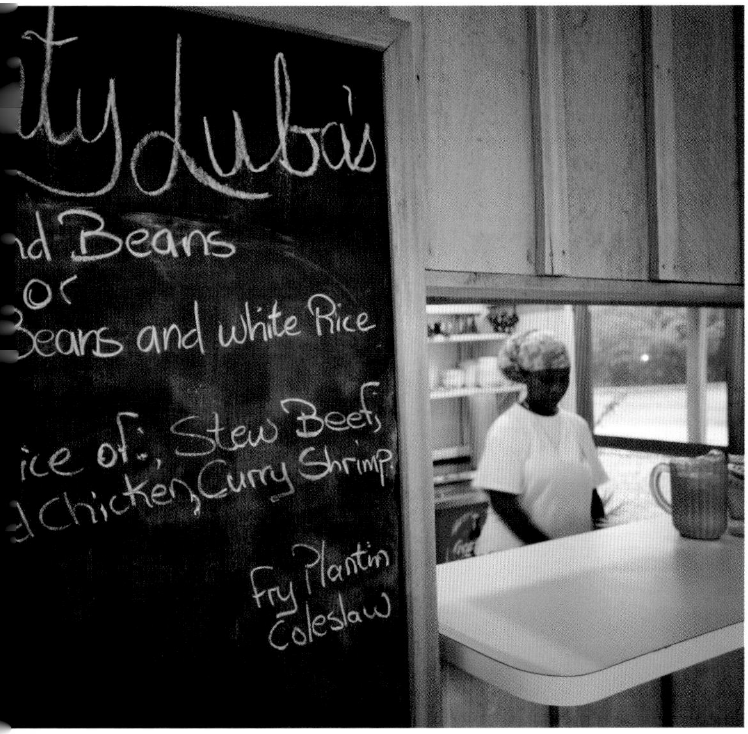
ty Luba's
d Beans
or
Beans and white Rice
ice of:, Stew Beef,
Chicken, Curry Shrimp
Fry Plantin
Coleslaw

In the restaurant guests can try out the fresh fish and seafood local cuisine.

Dans ce restaurant, on peut savourer la cuisine locale préparée à base de poisson et de fruits de mer fraîchement pêchés.

Im Restaurant kann man bodenständige Küche anhand von frischgefangenem Fisch und Krustentieren kosten.

In het restaurant worden autochtone gerechten, op basis van vers gevangen vis en zeevruchten, geserveerd.

Constance Lémuria Resort

© Constance Hotels Experience

Considered to be one of the most luxurious resorts in the Seychelles, the Constance Lemuria Resort is located on the northwest coast of the island. This is an idyllic spot, surrounded by lush vegetation, protected from the wind, and built from the very best noble materials.

Dieses *Resort* liegt auf der Nord-Ost-Seite der Insel und wird es als eines der luxuriösesten der Seychellen betrachtet. Es befindet sich an einem idyllischen Ort, ist umgeben von üppiger Vegetation, windgeschützt und wurde unter Verwendung der edelsten Materialien erbaut.

Considéré comme l'un des *resorts* les plus luxueux des Seychelles, il se trouve sur la côte nord-ouest de l'île. Il bénéficie d'une implantation idyllique, entouré d'une végétation luxuriante, protégé des vents et construit avec les matériaux de qualité les plus nobles.

Dit aan de noordwestkust van het eiland gelegen hotel wordt beschouwd als een van de meest luxueuze *resorts* van de Seychellen. Het geniet een idyllische ligging, omgeven door een weelderige vegetatie, beschermd tegen de wind en is gebouwd met de best mogelijke edele materialen.

Constance Lémuria Resort
Praslin, Seychelles
www.lemuriaresort.com

Nautical sports, golf, tennis, gym, Shiseido pavilion, spa / Sports nautiques, golf, tennis, gymnase, pavillon Shiseido, *Spa* / Wassersport, Golf, Tennis, Fitness, Shiseido-Pavillon, *Spa* / Watersporten, golf, tennis, fitness, Shiseido-centrum, *spa*

Biodiversity, conservation of coral reef, forest reserve / Biodiversité, protection du récif de corail, réserve forestière / Biodiversität, Schutz des Korallenriffs, Waldreservat / Biodiversiteit, bescherming van het koraalrif, bosreservaat

The interior has a healthy, environmentally friendly architecture. The rooms are orientated to optimize the views.

L'intérieur résulte d'une architecture saine et respectueuse de l'environnement. Les chambres déploient de larges vues sur l'extérieur.

Der Innenbereich ist das Ergebnis gesunder und umweltschützender Architektur. Die Zimmer optimieren die Aussicht.

Het interieur is het resultaat van een gezonde en milieubewuste architectuur. De kamers maken optimaal gebruik van het uitzicht naar buiten.

Constance Le Prince Maurice

Located on the island of Mauritius, Le Prince Maurice is Green Globe Certified, which endorses the resort's commitment to implement policies promoting sustainability. Le Prince Maurice occupies an area of over 93 miles^2 in the midst of tropical vegetation and fish reserves.

Le Prince Maurice auf Mauritius hat den Status *Green Globe Certified*, der das Engagement des Resorts für die Politik der Nachhaltigkeit bescheinigt. Le Prince Maurice erstreckt sich über ein Gebiet von 240 km^2 inmitten von tropischer Vegetation und Meeresschutzgebieten.

Situé sur l'Île Maurice, Le Prince Maurice a obtenu le *Green Globe Certified* qui atteste de l'engagement du complexe hôtelier à respecter les politiques de durabilité. Le Prince Maurice occupe une surface de plus de 240 km^2 au milieu d'une végétation tropicale et de réserves de poissons.

Hotel Le Prince Maurice, gelegen op Mauritius, is *Green Globe Certified*, het milieukeurmerk dat certificeert dat het resort een duurzaamheidsbeleid voert. Le Prince Maurice neemt een gebied van meer dan 240 km^2 in beslag te midden van tropische planten en visreservaten.

@ Constance Le Prince Maurice
by **CONSTANCE HOTELS EXPERIENCE**
Poste de Flacq, Mauritius
www.princemaurice.com

Snorkeling, mountain biking / *Schnorcheln, Mountainbike / Snorkel, mountain bike / Snorkel, mountain bike*

'Smart' luxury, corporate social responsibility and sustainability policy, biodiversity, renewable energy, local labor / «Intelligenter Luxus», Unternehmenspolitik der Nachhaltigkeit und Gesellschaftsverantwortung, Biodiversität, erneuerbare Energien, lokale Arbeitskräfte / « Luxe intelligent », durabilité et responsabilité sociale corporative (RSC), biodiversité, énergies renouvelables, main d'œuvre locale / «Intelligente luxe», duurzaamheid en maatschappelijke verantwoordelijkheid van het bedrijfsleven, biodiversiteit, hernieuwbare energie, lokale werknemers

Soneva Fushi

© Six Senses

Soneva Fushi, located on an island in the Maldives, is an example of intelligent luxury. Organic waste is transformed into biofuel for cooking, water is heated using solar energy part of the fuel is obtained from processing coconuts, which are abundant on the island.

Soneva Fushi, auf einer Insel der Malediven gelegen, ist ein Beispiel für intelligenten Luxus. Die organischen Abfälle werden für das Kochen in Bio-Brennstoff umgewandelt, das Wasser wird mit Sonnenenergie erhitzt, und ein Teil des Brennstoffs wird aus der Verarbeitung von Kokosnüssen, die auf der Insel reichlich vorhanden sind, gewonnen.

Soneva Fushi, situé sur une île des Maldives, est un exemple de luxe intelligent. Les déchets organiques sont transformés en biocarburant pour cuisiner, l'eau chaude est produite par énergie solaire et une partie du combustible est obtenue à partir de la noix de coco, disponibles en grande quantité sur l'île.

Soneva Fushi, gelegen op een van de Maldiven, is een voorbeeld van intelligente luxe. Het organische afval wordt omgezet in biostookolie om te koken, het water wordt verwarmd met zonne-energie en een deel van de brandstof wordt verkregen uit de bewerking van kokosnoten, die op het eiland veelvuldig voorkomen.

@ **Soneva Fushi** *by* **SIX SENSES**
Kunfunadhoo Island, Baa Atoll,
Republic of Maldives
www.sixsenses.com/soneva-fushi

Trekking, scuba diving, spa / Randonnée, plongée sous-marine, *spa* / Wandern, Tauchen, *Spa* / Wandelingen, duiken, *spa*

'Smart' luxury, corporate social responsibility, bioclimatic architecture, slow food, local labor / « Luxe intelligent », responsabilité sociale corporative (RSC), stratégies bioclimatiques, *slow food*, main d'œuvre locale / «Intelligenter Luxus», Unternehmenspolitik der Nachhaltigkeit und Gesellschaftsverantwortung, bioklimatische Strategien, *Slow Food*, lokale Arbeitskräfte / «Intelligente luxe», duurzaamheidsbeleid en maatschappelijke verantwoordelijkheid van het bedrijfsleven, bioklimatologische principes, *slow food*, lokale werknemers

Evason Phuket

© Six Senses

Evason Phuket, from the chain of Asian resorts Six Senses, has been awarded the prestigious status of Green Globe Certified, which recognises the resort's commitment to operating with the highest environmental standards in the world. This is the only tourist centre in Southeast Asia to have been awarded this certificate.

Evason Phuket, das zur asiatischen Resort-Kette Six Senses gehört, erlangte den angesehenen Status *Green Globe Certified*, mit dem das Engagement des Resorts für den Betrieb mit dem höchsten Umwelt-Standard der Welt anerkannt wird. Es handelt sich um das einzige Resort in Südostasien, das dieses Zertifikat erhalten hat.

Evason Phuket, de la chaîne de complexes hôteliers asiatique Six Senses, a obtenu le prestigieux statut de *Green Globe Certified*, qui récompense l'engagement du complexe hôtelier à respecter les plus strictes exigences environnementales du monde. Il s'agit de l'unique centre touristique du sud-est asiatique à avoir obtenu ce certificat.

Evason Phuket, een resort van de Aziatische keten Six Senses, heeft de prestigieuze *Green Globe Certified* status gekregen. Hiermee wordt erkend dat het resort voldoet aan de strengste milieunormen ter wereld. Het gaat om het enige toeristische centrum in Zuidoost-Azië dat dit milieukeurmerk heeft ontvangen.

Evason Phuket *by* **SIX SENSES**
Phuket, Thailand
www.sixsenses.com/evason-phuket

Water sports, mountain biking, fitness center, spa / Sports aquatiques, *mountain bike, fitness, spa* / Wassersport, *Mountainbike, Fitness, Spa* / Watersporten, *mountainbike, fitness, Spa*

'Smart' luxury, corporate social responsibility and sustainability policy, biodiversity, slow food, local labor / « Luxe intelligent », politique de durabilité et responsabilité sociale corporative (RSC), biodiversité, *slow food*, main d'œuvre locale / «Intelligenter Luxus», Unternehmenspolitik der Nachhaltigke[it] und Gesellschaftsverantwortung, Biodiversität, *Slow Food*, lokale Arbeitskräfte / «Intelligente luxe», duurzaamheidsbeleid en maatschappelijke verantwoordelijkheic van het bedrijfsleven, biodiversiteit, *slow food*, lokale werknemers

Alila Cha-Am

© Alila Hotels & Resorts

Located in the Gulf of Thailand, this hotel has 79 rooms and seven villas with private pool. Alila Hotels & Resorts was awarded the Green Globe Certificate, since the chain recycles 80% of its used water; it has reduced electricity consumption; and it employs native staff who live in the vicinity of the hotels.

Es liegt im Golf von Thailand und hat 79 Zimmer sowie sieben Villen mit privatem Swimmingpool. Alila Hotels & Resorts erhielt das *Green Globe*-Zertifikat. 80 % des Brauchwassers werden wiederverwertet, der Verbrauch von elektrischem Strom vermindert, und es werden Einheimische, die in der Umgebung der Hotels wohnen, eingestellt.

Situé dans le Golf de Thaïlande, il dispose de 79 chambres et sept villas avec piscine privée. Alila Hotels & Resorts a obtenu le *Green Globe Certified* : recyclage de 80 % des eaux usées, réduction de la consommation d'électricité et recrutement de personnel autochtone, vivant dans les environs des hôtels.

Dit aan de Golf van Thailand gelegen hotel heeft 79 kamers en zeven villa's met privézwembad. Alila Hotels & Resorts is *Green Globe Certified*: zij recyclen 80% van het gebruikte water, verminderen het stroomverbruik en stellen autochtone werknemers tewerk die in de buurt van de hotels wonen.

Duangrit Bunnag Architects
for **ALILA HOTELS & RESORTS**
Cha-Am, Thailand
www.alilahotels.com

Nautical sports, gym, spa / Sports nautiques, gymnase, *spa* / Wassersport, Fitness, *Spa* / Watersporten, fitness, *spa*

Rainwater harvesting, energy efficiency, local labor / Collecte des eaux de pluie, efficience énergétique, main d'œuvre locale / Regenwassernutzung, Energieeffizienz, lokale Arbeitskräfte / Opvang van regenwater, energie-efficiëntie, lokale werknemers

San Blas Reserva Ambiental

San Blas Reserva Ambiental is an eco-tourist complex consisting of a group of spaces, facilities and activities oriented towards exploring the San Blas Environmental Reserve: a natural and cultural heritage site in southern Tenerife.

Die Öko-Tourismus-Anlage San Blas Reserva Ambiental umfasst ein Ensemble von Räumen, Einrichtungen und Aktivitäten, die es Besuchern ermöglichen, das Naturschutzgebiet San Blas, Natur- und Kulturerbe im Süden von Teneriffa, zu entdecken.

San Blas Reserva Ambiental est une enceinte éco touristique formée par un ensemble d'espaces, d'installations et d'activités orientées vers la découverte de la Réserve naturelle de San Blas, patrimoine naturel et culturel du sud de Tenerife.

San Blas Reserva Ambiental is een eco-toeristisch complex bestaand uit verschillende ruimten, voorzieningen en activiteiten gericht op de ontdekking van het Natuurreservaat van San Blas, natuurlijk en cultureel erfgoed in het zuiden van Tenerife.

San Blas Reserva Ambiental
Tenerife, Spain
www.aqasanblas.com

Climbing wall, trekking, mountain biking, kayaking, archaeology, solar kitchen / Mur d'escalade, randonnée, *mountain bike*, kayak, archéologie, cuisine solaire / Kletterwand, Wandern, *Mountainbike*, Kajak, Archäologie, Solarküche / Klimmuur, wandelingen, *mountainbike*, kajak, archeologie, zonnekeuken

Natural and cultural heritage of Southern Tenerife, San Blas Environmental Reserve, renewable energies / Patrimoine naturel et culturel du sud de Ténérife, réserve environnementale San Blas, énergies renouvelables / Natur- und Kulturerbe des Südens von Teneriffa, Umweltreservat San Blas, erneuerbare Energien / Natuurlijk en cultureel erfgoed in het zuiden van Tenerife, milieureservaat San Blas, hernieuwbare energie

A partnership agreement was signed with the Universidad de La Laguna's Fundación Canaria Empresa to carry out scientific research in the area designated as an Environmental Reserve.

Un accord de collaboration avec la Fondación Canaria Empresa Universidad de La Laguna a été signé dans le but de réaliser des études scientifiques pertinentes sur la zone qualifiée de Réserve Environnementale.

Es wurde ein Abkommen über die Zusammenarbeit mit der kanarischen Stiftung Unternehmen Universität von La Laguna unterzeichnet, um die wissenschaftlichen Untersuchungen des als Naturschutzgebiet eingestuften Gebiets auszuführen.

Er werd een samenwerkingsverdrag getekend met de stichting Fundación Canaria Empresa Universidad de La Laguna om het nodige wetenschappelijke onderzoek te verrichten in het als Milieureservaat gekwalificeerde gebied.

Can Martí

© Can Martí

Ecological agro-tourism in the north of Ibiza. The estate consists of four apartments and a farm that have been restored according to bioclimatic criteria. Foodstuffs are grown in the estate's own kitchen garden.

Ökologische Ferien auf dem Lande im Norden von Ibiza. Das Landgut hat vier Apartments und ein Bauernhaus, die nach bioklimatischen Prinzipien restauriert wurden. Die Lebensmittel werden im eigenen Obst- und Gemüsegarten angebaut.

Agrotourisme écologique dans le nord d'Ibiza. La propriété compte quatre appartements et une ferme restaurée selon des stratégies bioclimatiques. Les aliments sont cultivés sur leur propre exploitation.

Ecologisch agrotoerisme in het noorden van Ibiza. Het landgoed bestaat uit vier appartementen en een boerderij, allemaal gerestaureerd volgens bioklimatologische principes. De levensmiddelen worden in eigen tuin gekweekt.

© **Can Martí**
Sant Joan de Labritja, Ibiza, Spain
www.canmarti.com

Trekking, farming, mountain biking, kayaking / Randonnée, agriculture, *mountain bike*, kayak / Wandern, Landwirtschaft, *Mountainbike*, Kajak / Wandelingen, landbouw, *mountainbike*, kajak

Permaculture, rainwater harvesting, solar power, organic kitchen garden / «Permaculture», collecte des eaux de pluie, énergie solaire, jardin écologique / «Permakultur», Regenwassernutzung, Sonnenenergie, ökologischer Gemüseanbau / «Permacultuur», opvang van regenwater, zonne-energie, biologische tuinbouw

CAN MARTI

The estate was restored conserving original details of the traditional Ibiza-style architecture.

La propriété a été restaurée en conservant des détails propres à l'architecture traditionnelle d'Ibiza.

Het landgoed werd gerestaureerd, maar de typische details van de traditionele architectuur van Ibiza zijn bewaard gebleven.

Het landgoed werd gerestaureerd, maar de typische details van de traditionele architectuur van Ibiza zijn bewaard gebleven.

A donkey walking past the farm on the estate. Can Martí grows its own produce in its organic garden.

Un âne passe devant la ferme. Can Martí cultive ses propres produits dans son jardin écologique.

Ein Esel trottet vor dem Bauernhof des Besitzes. Can Martí baut eigene Erzeugnisse im Biogarten an.

Een ezel loopt voor de boerderij van het landgoed. Can Martí verbouwt zijn eigen producten in de ecologische moestuin.

Blancaneaux Lodge

Blancaneux Lodge is one of the very best resorts in Central America. It consists of 10 huts and seven luxury villas, all surrounded by the Privassion creek. The resort belongs to film producer Francis Ford Coppola, who turned it into his own private refuge before opening it up to the general public.

Blancaneaux Lodge ist eines der besten *Resorts* in Mittelamerika. Es verfügt über 10 Hütten und sieben luxuriöse Villen, die vom Flüsschen Privassion umgeben sind. Sie sind Eigentum des Filmproduzenten Francis Ford Coppola, der die Anlage in sein privates Refugium verwandelt hatte, bis er es für die Öffentlichkeit zugänglich machte.

Blancaneaux Lodge est l'un des meilleurs *resorts* d'Amérique Centrale. Il dispose de 10 bungalows et de sept villas de luxe, bordés par une petite rivière, la Privassion. Elles appartiennent au producteur de cinéma Francis Ford Coppola, qui en avait fait un refuge privé, avant de l'ouvrir au public.

Blancaneux Lodge is een van de beste *resorts* van Midden-Amerika. Het beschikt over 10 bungalows en zeven luxevilla's die worden omgeven door het stroompje Privassion. Ze zijn het eigendom van filmproducent Francis Ford Coppola, die het resort veranderde in zijn privétoevluchtsoord totdat hij het voor het publiek opende.

@ **Blancaneaux Lodge**
Montañas de Canto del Pino, Belize
www.blancaneaux.com

Bird watching, horseback riding / Ornithologie, promenades à cheval / Ornithologie, Ausritte / Vogelkunde, ritten te paard

WCS Jaguar Conservation Program, IUCN Global Amphibian Assessment, conservation of the Mayan forest, hydroelectric power, organic kitchen garden / WCS Jaguar Conservation Program, IUCN Global Amphibian Assessment, conservation de la réserv forestière maya, énergie hydraulique, jardin écologique / WCS Jaguar Conservation Program, IUCN Global Amphibian Assessment, Erhaltung des Maya-Waldreservats, hydroelektrische Energie, ökologischer Gemüseanbau / WCS Jaguar Conservation Program, IUCN Global Amphibian Assessment, behoud van het Maya-bosreservaat, hydroelektrische energie, biologische tuinbouw

Guests can choose from various activities, such as a relaxing massage or guided tours to explore the local flora and fauna.

Parmi les activités, on peut choisir un massage relaxant et des excursions guidées pour explorer la faune et la flore locales.

Unter den Aktivitäten kann man zwischen einer erholsamen Massage und Führungen zur Erforschung der bodenständigen Flora und Fauna wählen.

Uit de aangeboden activiteiten kan men kiezen voor een ontspannende massage of begeleide excursies om de autochtone flora en fauna te verkennen.

GEOGRAPHIC
SOUTH POLE
ROALD AMUNDSEN
DECEMBER 14, 1911
ROBERT F. SCOTT

Eco Travel Toolkit

The following is a selection of mountaineering material made from organic and/or recycled fabrics. The results are basic products to be able to survive the most extreme situations on our adventures.

Im Anschluss wird eine eine Materialauswahl aus den Bergen aus organischen u. / o. recycelten Stoffen vorgestellt, die grundlegend sind, um Extremsituationen auf unseren Abenteuerreisen zu überstehen.

Une sélection d'équipement de montagne élaboré avec des tissus organiques et/ou recyclés, nécessaires pour pouvoir affronter les conditions les plus extrêmes au cours de grandes expéditions.

Hierna wordt een selectie van bergmateriaal aangeboden dat van organische en/of gerecyclede stoffen gemaakt is en dat fundamenteel is om tijdens onze avonturenreizen de meest extreme situaties te doorstaan.

Free Play Energy
www.freeplayenergy.com
Salewa
www.salewa.com
Solio
www.solio.com
Voltaic Systems
www.voltaicsystems.com

Ecological materials, survival kit / Matériaux écologiques, kit de survie / Ökologische Materialien, Überlebenskit / Ecologische materialen, overlevingskit

Solio is a mobile, independent solar charger that captures solar radiation from three high quality photovoltaic panels that store energy in an advanced 1,600 mA lithium ion accumulator battery.

Solio es un chargeur solaire autonome et portable qui capture la radiation solaire à l'aide de 3 panneaux photovoltaïques haute qualité qui stockent l'énergie dans une innovante batterie accumulatrice au lithium-ion de 1600 mA.

Solio ist ein eigenständiges und tragbares Solarladegerät, das die Sonneneinstrahlung aus 3 hochwertigen Photovoltaikpaneelen aufnimmt und sie in einem fortschrittlichen 1.600 mA Ion-Lithium-Akku speichert.

Solio is een autonome, draagbare zonne-oplader die de zonnestraling opvangt met 3 zonnepanelen van hoge kwaliteit die de energie opslaan in een moderne lithium-ionbatterij van 1.600 mA.

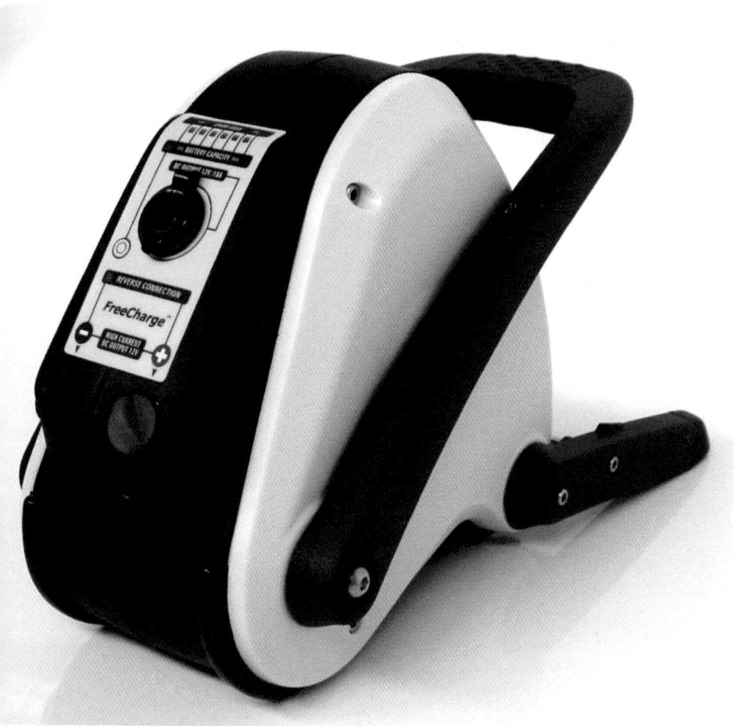
REVERSE CONNECTION
FreeCharge

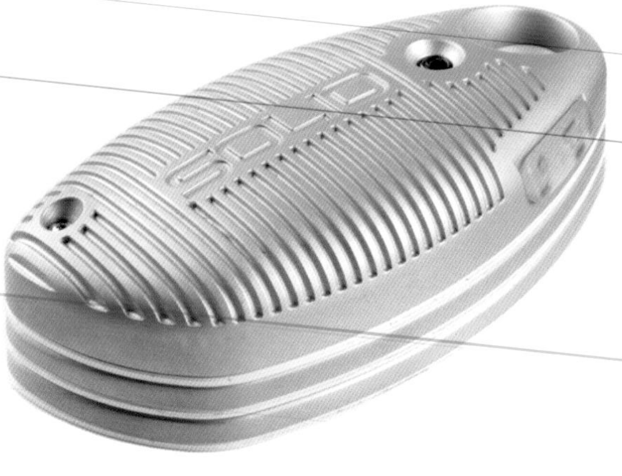

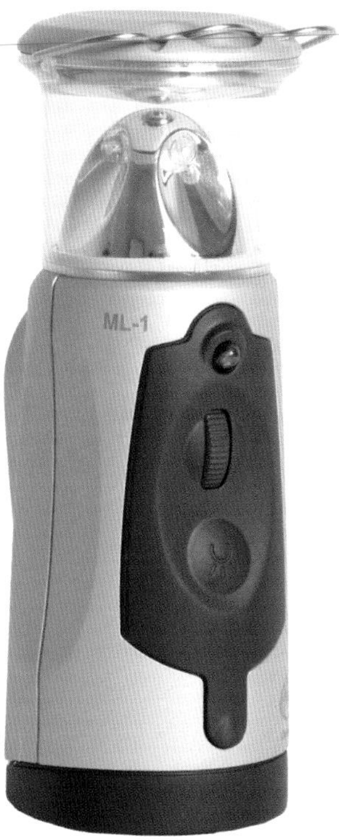
ML-1

SUMMIT
SLEEP
ALARM
ALARM SET
TIME SET
BAND
POWER
LIGHT
VOL
SCAN
MEM
SNOOZE
1
2
3
4
5
+5

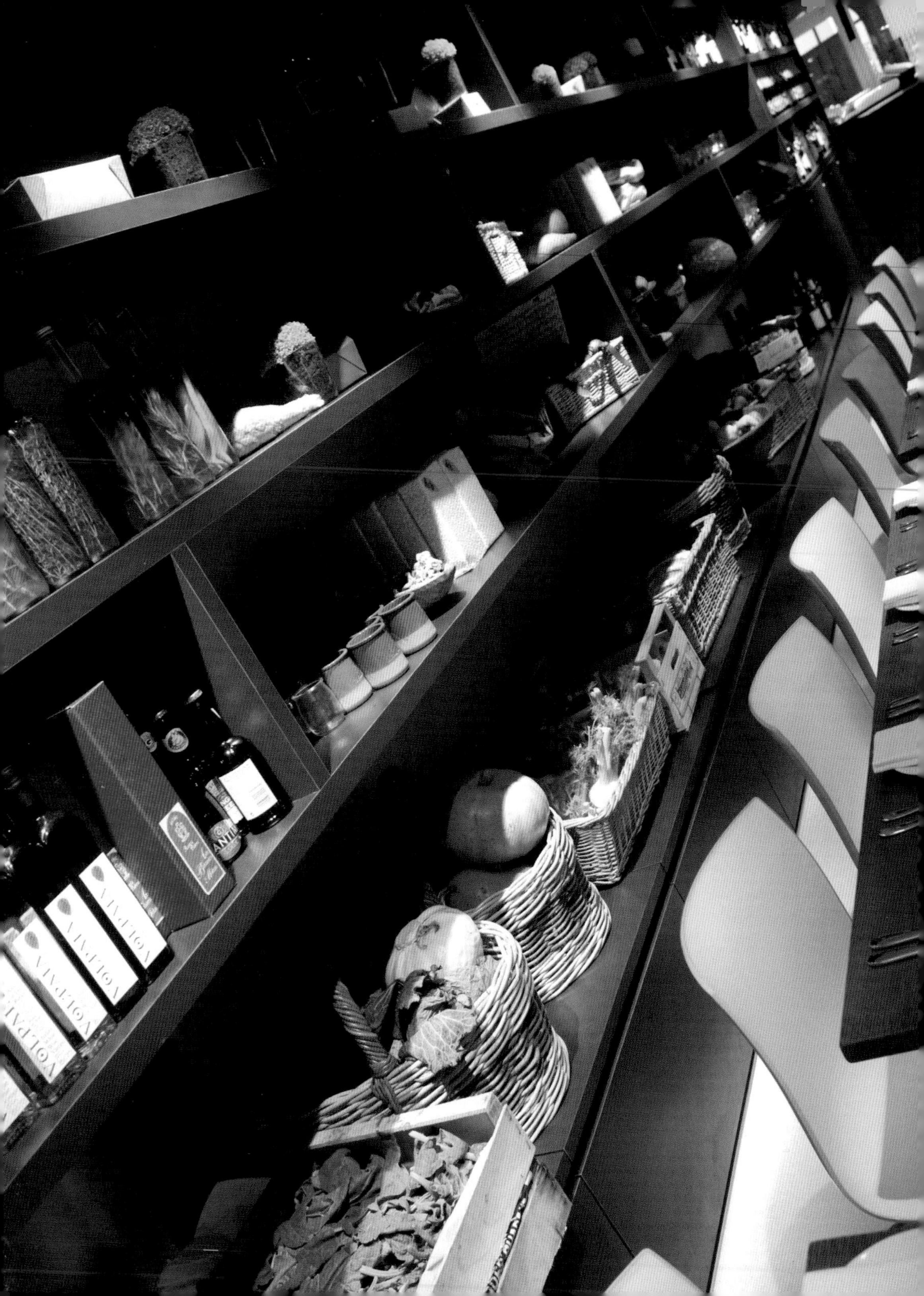
VOLPAIA

FOOD & HEALTH

The slow food revolution, with its snail logo, advocates a return to traditional dishes and flavors, made from local produce using organic farming methods. Combating time sickness, as some call it, has led to a philosophy of slowness permeating throughout our daily lives. The sole objective of this movement is to improve people's quality of life.

La révolution de l'escargot, appelée *slow food*, préconise le retour des saveurs et des repas traditionnels par la promotion des produits locaux et de leurs méthodes de culture (un retour au jardin écologique). Le « syndrome de l'homme pressé », c'est ainsi que certains l'appellent, a permis à la philosophie de la lenteur de s'étendre à d'autres aspects de la vie. Améliorer la qualité de vie est le seul objectif.

Die *Slow Food* genannte Schneckenrevolution setzt sich für die Rückkehr zu traditionellen Aromen und Gerichten ein, indem sie lokale Produkte und Anbaumethoden fördert (eine Rückkehr zum ökologischen Gemüseanbau). Die «Zeit-Krankheit», wie einige sie nennen, hat dazu geführt, dass die Philosophie der Langsamkeit sich auch auf andere Aspekte des Lebens ausbreitet. Die Lebensqualität zu verbessern ist das einzige Ziel.

De revolutie van de slak, *slow food* genaamd, beoogt de terugkeer van traditionele smaken en maaltijden, door het promoten van lokale producten en teelmethodes (terugkeer naar de ecologische moestuin). De «tijdziekte», door sommigen zo genoemd, heeft ervoor gezorgd dat de filosofie van de traagheid zich heeft uitgebreid naar andere levensaspecten. Het verbeteren van de levenskwaliteit is de enige doelstelling.

BOX

UP Box (Urban Picnic Box)

Nick and Ines Alfille have come up with UP Box, a fantastic recycled cardboard box containing a main dish, salad, dessert and cutlery, which can also be recycled. It is a healthy menu that is low in carbohydrates and changes each week, and all for less than 7 euros.

Nick und Ines Alfille ersannen UP Box, eine phantastische Schachtel aus wiederverwertbarem Karton, die ein Hauptgericht, Salat, Nachtisch und wiederverwertbares Besteck enthält. Das Menu ist gesund, enthält wenig Kohlehydrate und wechselt jede Woche. Alles für weniger als 7 Euro.

Nick et Ines Alfille ont conçu UP Box, une extraordinaire boîte en carton recyclable, qui contient un plat de résistance, une salade, un dessert ainsi que des couverts, également recyclables. Le menu est sain, pauvre en hydrates de carbone et varie chaque semaine. Le tout pour moins de 7 euros.

Nick en Ines Alfille bedachten de UP Box, een prachtig recyclebaar kartonnen doosje dat een hoofdmaaltijd, salade, nagerecht en eveneens recyclebaar bestek bevat. Het menu is gezond, met een laag koolhydraatgehalte en wisselt elke week. Alles voor minder dan 7 euro.

@ **UP Box**
London, United Kingdom
www.up-box.co.uk

International gastronomy menu / Menu gastronomique international / Internationales gastronomisches Menü / Internationaal gastronomisch menu

Healthy diet, organic food / Régime sain, alimentation écologique / Gesunde Kost, ökologische Ernährung / Gezond dieet, ecologische voeding

UP
BOX

UP
BOX

UP
BOX is all about good eating

UP
BOX is all about good eating

The menu changes every week to provide dishes that journey around the world of gastronomy.

Le menu varie chaque semaine, offrant un tour du monde gastronomique.

Das Menü wechselt jede Woche, und dient so als Rundreise durch die gastronomische Welt.

Het menu varieert elke week en maakt een reis om de gastronomische wereld.

THE ART OF SIMPLE FOOD
CHEZ PANISSE FRUIT
ALICE WATERS
CHEZ PANISSE VEGETABLES
CHEZ PANISSE CAFE COOKBOOK

Alice Waters

Chez Panisse

© Aya Brackett

Alice Waters is the owner of Chez Panisse, voted the best restaurant in the United States by *Gourmet* magazine. She promotes local organic farms and has campaigned to introduce in schools the arts of planting, harvesting, and then cooking the produce.

Alice Waters ist die Eigentümerin von Chez Panisse, das von der Zeitschrift *Gourmet* als bestes Restaurant der Vereinigten Staaten bezeichnet wurde. Sie unterstützt die lokalen Öko-Farmen und hat in den Schulen die Kunst des Anpflanzens, Erntens und der Zubereitung von eigenen Lebensmitteln eingeführt.

Alice Waters est la propriétaire de Chez Panisse, un établissement déclaré meilleur restaurant des États-Unis par la revue *Gourmet*. Elle défend les exploitations organiques locales et a introduit dans les écoles l'apprentissage de l'art de planter, de ramasser et de cuisiner ses propres aliments.

Alice Waters is de eigenaresse van Chez Panisse, door het tijdschrift *Gourmet* uitgeroepen tot het beste restaurant van de Verenigde Staten. Zij verdedigt de lokale organische boerderijen en heeft de kunst van het planten, oogsten en koken van eigen voedingsmiddelen op scholen geïntroduceerd.

Chez Panisse
Berkeley, USA
www.chezpanisse.com

Slow food, organic products, organic kitchen garden / *Slow food*, produits organiques, jardin écologique / *Slow food*, organische Produkte, ökologischer Gemüseanbau / *Slow food*, organische producten, biologische tuinbouw

CHEZ PANISSE

Some 30 years ago, Alice Waters was a pioneer in using organic ingredients in her cooking. She only used fresh organic produce from sustainable sources (local farms or fishermen).

Il y a 30 ans, Alice Waters a été pionnière en utilisant de la nourriture organique pour sa cuisine. Elle n'utilisait que des produits frais et organiques provenant de sources durables (fermes, éleveurs ou pêcheurs locaux).

Vor 30 Jahren war Alice Waters Pionierin im Einsatz organischen Essens in ihrer Küche. Sie verwendete nur frische organische Erzeugnisse aus nachhaltigen Quellen (Bauernhöfen, Viehzüchtern oder lokalen Anglern).

Dertig jaar geleden was Alice Waters baanbreekster in het gebruik van organisch voedsel voor haar keuken. Ze gebruikte alleen verse organische producten afkomstig van duurzame bronnen (plaatselijke boerderijen, veehouders of vissers).

Water House Restaurant

© Waugh Thistleton Architects Ltd.

This restaurant works with a hydroelectric energy system reducing its carbon footprint. Hot water is obtained from photovoltaic panels, which are also used for the electricity supply. The ingredients are purchased from organic farms and the waste produced is composted.

Dieses Restaurant wird mit einem Wasserkraft-System betrieben, das die Kohlenstoff-Emission reduziert. Für die Warmwasserbereitung verfügt das Restaurant über Solarpaneele, die auch der Stromversorgung dienen. Die Lebensmittel werden in organischen Farmen gekauft und der Abfall wird kompostiert.

Ce restaurant fonctionne avec un système d'énergie hydroélectrique qui réduit les émissions de carbone. Pour obtenir de l'eau chaude il dispose de panneaux photovoltaïques, qui servent aussi à fournir de l'électricité. Les aliments sont issus de cultures organiques et les déchets sont compostés.

Dit restaurant werkt met een hydroelektrisch systeem dat de koolstofemissie reduceert. Voor warm water beschikt het over zonnepanelen die ook voor de elektriciteitsvoorziening zorgen. De voedingsmiddelen worden gekocht van organische boerderijen en het afval wordt omgezet in compost.

Waugh Thistleton Architects Ltd.
London, United Kingdom
www.waughthistleton.com

Slow food, energy efficiency, hydroelectric energy, solar power, water filtration, less packaging, composting, bioclimatic architecture / *Slow food*, efficience énergétique, énergie hydroélectrique, énergie solaire, filtrage de l'eau propre, réduction des emballages, compostage, stratégies bioclimatiques / *Slow Food*, Energieeffizienz, hydroelektrische Energie, Sonnenenergie, Filtrierung des eigenen Wassers, Reduzierung von Verpackungen, Kompostierung, bioklimatische Strategien / *Slow food*, energie-efficiëntie, hydroelektrische energie, zonne-energie, filtering van eigen water, vermindering van verpakkingen, compostering, bioklimatologische principes

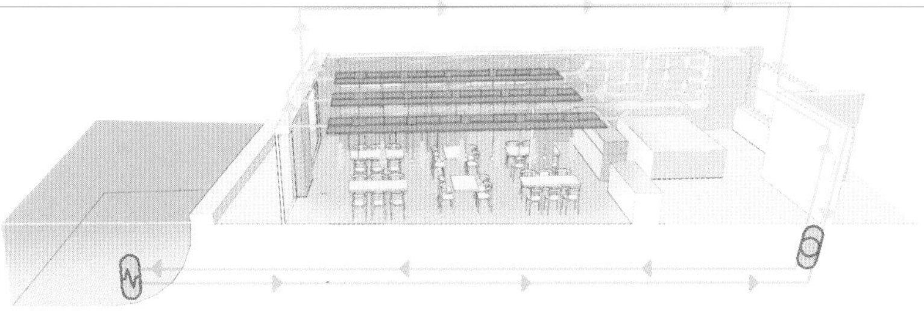

Diagram

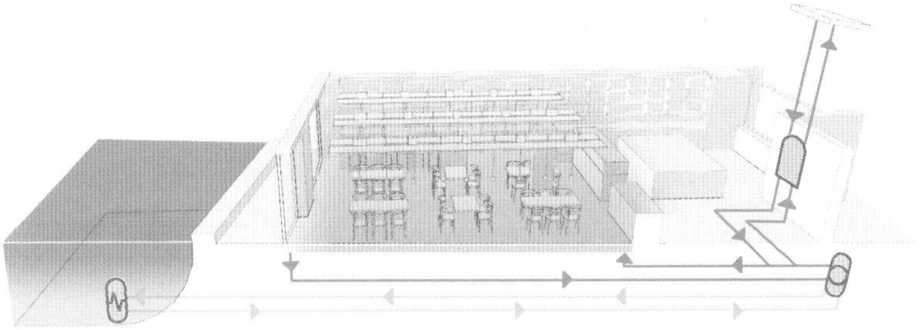

Diagram

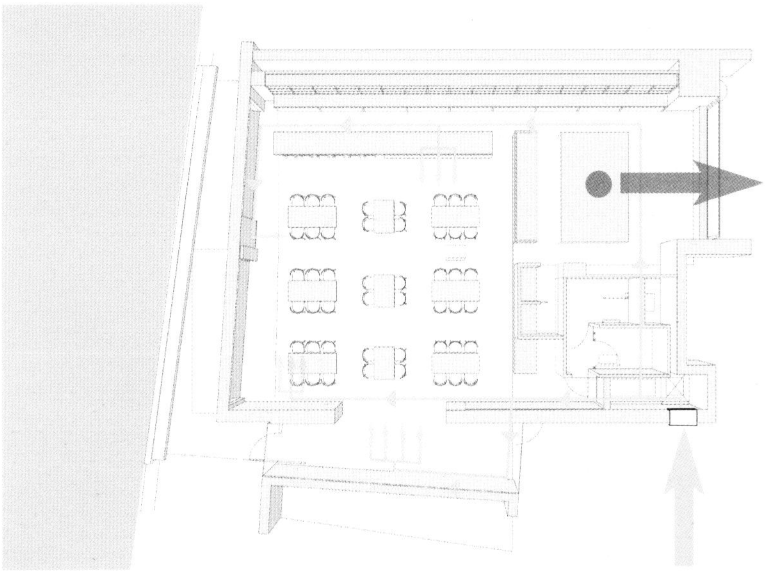

Floor plan

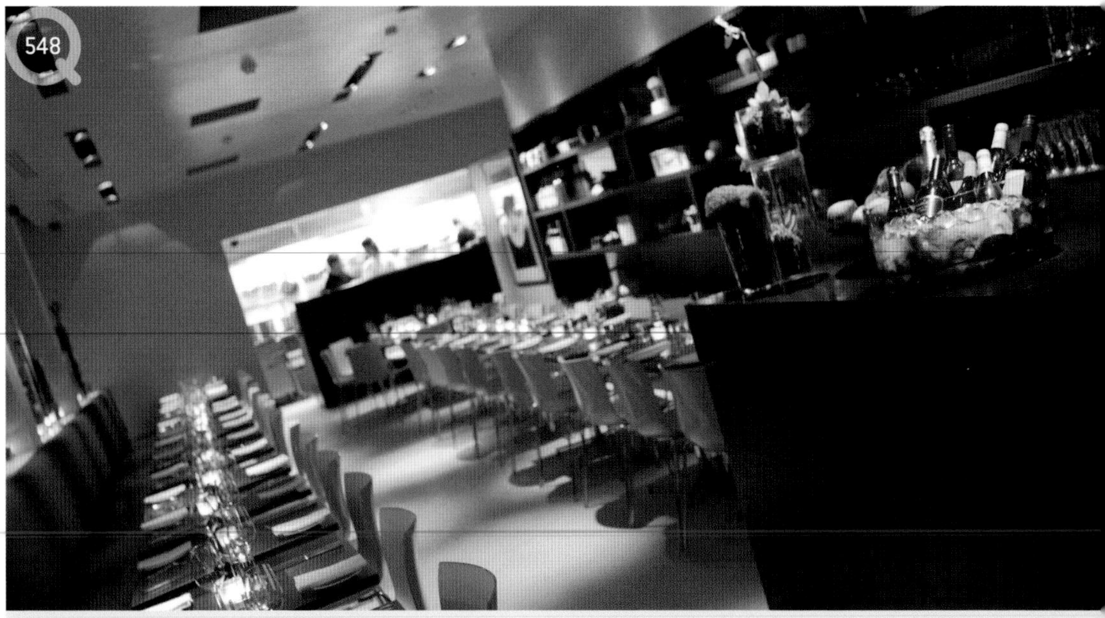

Acorn House Restaurant

© Waugh Thistleton Architects Ltd.

Acorn House is considered to be the first sustainable restaurant. It was built out of recycled materials, and uses green fuel, subscribing to the slow food philosophy. The restaurant only serves water bottled by Belu: a company that uses carbon neutral producing methods and whose earnings are earmarked for projects that supply water to desert areas in Africa.

Acorn House wird als das erste nachhaltige Restaurant betrachtet. Es wurde mit wiederverwerteten Materialien erbaut, verwendet grüne Energie und folgt der *Slow Food*- Philosophie. Es wird nur von Belu abgefülltes Wasser serviert, einer Firma, deren Abfüllmethoden CO_2-neutral und deren Gewinne für Wasserversorgungs-Projekte in Wüstenzonen von Afrika bestimmt sind.

Acorn House est considéré comme le premier restaurant durable. Il a été construit à partir de matériaux recyclés, utilise de l'énergie verte et a adopté la philosophie du *slow food*. Ils ne servent que de l'eau mise en bouteille par Belu, une entreprise qui observe des méthodes de production produisant un bilan carbone neutre et dont les profits sont reversés à des projets d'approvisionnement en eau pour les zones désertiques d'Afrique.

Acorn House wordt beschouwd als het eerste duurzame restaurant. Het werd met gerecyclede materialen gebouwd, gebruikt groene energie en hangt de *Slow Food* filosofie aan. Er wordt alleen water geserveerd dat is gebotteld door Belu, een bedrijf dat volgens de methoden van neutrale koolstofproductie bottelt en waarvan de winst wordt besteed aan projecten die woestijngebieden in Afrika van water voorzien.

@ **Waugh Thistleton Architects Ltd.**
London, United Kingdom
www.waughthistleton.com

Recycled materials / Matériaux recyclés / Wiederverwertete Materialien / Gerecyclede materialen

Slow food, less packaging, energy efficiency, bioclimatic architecture, composting / *Slow food*, réduction des emballages, efficience énergétique, stratégies bioclimatiques, compostage / *Slow Food*, Reduktion von Verpackungen, Energieeffizienz, bioklimatische Strategien, Kompostierung / *Slow food*, reductie van verpakkingen, energie-efficiëntie, bioklimatologische principes, compostering

VOLPAIA

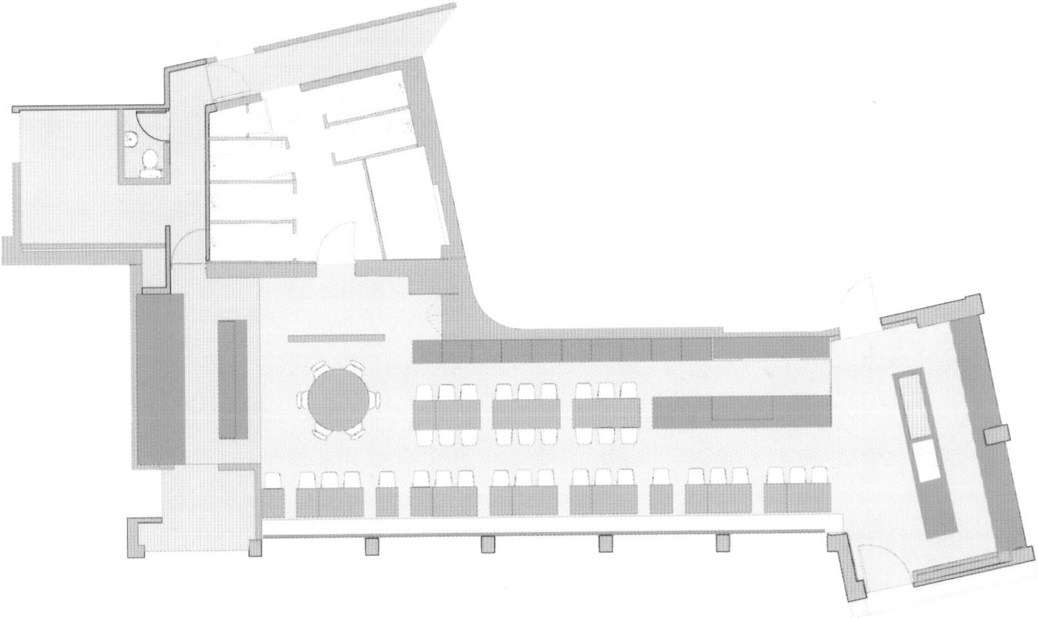

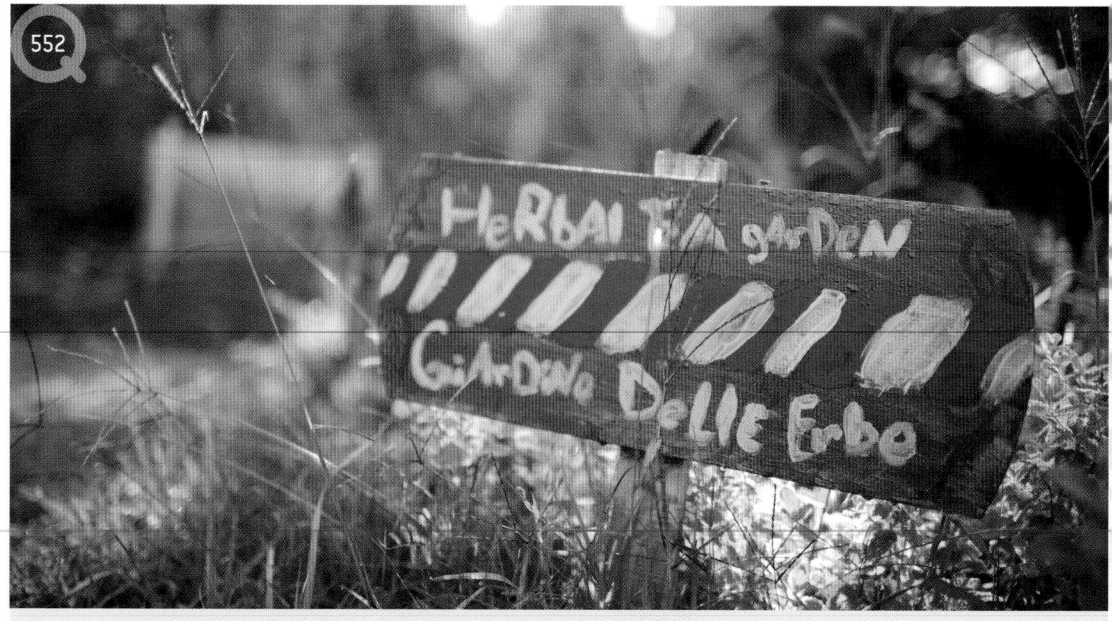
HeRbAl
gArDeN

The Edible Schoolyard

© Katie Standke

Alice Waters, leader of the organic movement in California, introduced her ideas in schools through The Edible Schoolyard project. This project involves students directly in planting, harvesting and cooking their own products.

Alice Waters, Anführerin der Öko-Bewegung in Kalifornien, führte ihre Ideen in den Schulen mit „The Edible Schoolyard“ ein. Dieses Projekt bindet die Schüler unmittelbar in den Anbau, die Ernte und die Zubereitung ihrer eigenen Produkte ein.

Alice Waters, leader du mouvement organique en Californie, a introduit ses idées dans les écoles grâce à « The Edible Schoolyard ». Ce projet implique directement les étudiants qui plantent, ramassent et cuisinent leurs propres produits.

Alice Waters, leidster van de organische beweging in Californië, introduceerde haar ideeën op scholen met "The Edible Schoolyard". Dit project betrekt de scholieren direct bij het planten, oogsten en koken van hun zelf verbouwde producten.

Chez Panisse Foundation
Berkeley, USA
www.edibleschoolyard.org

Environmental awareness / Éducation environnementale / Umwelterziehung / Milieu-educatie

GAP

34

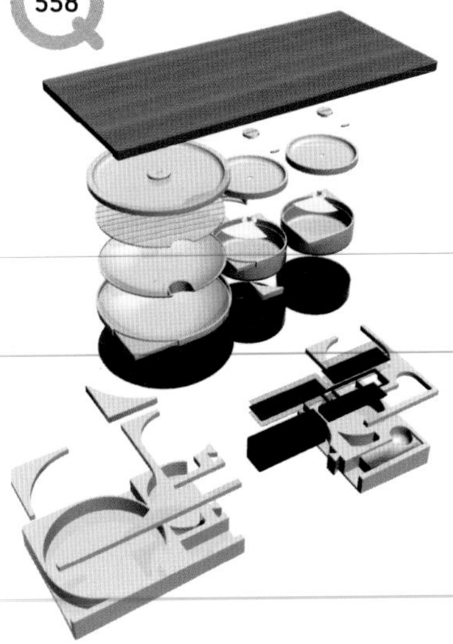

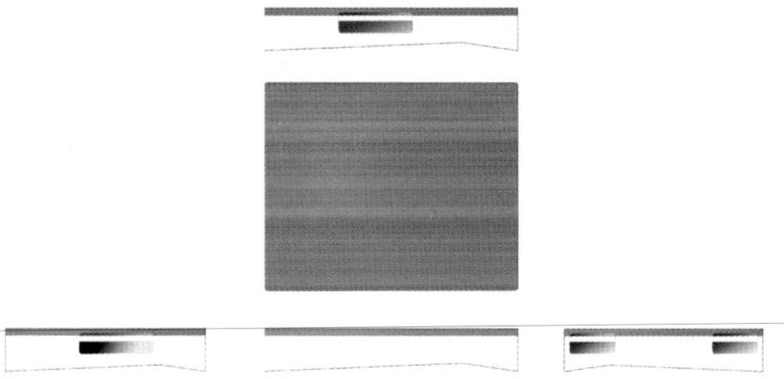

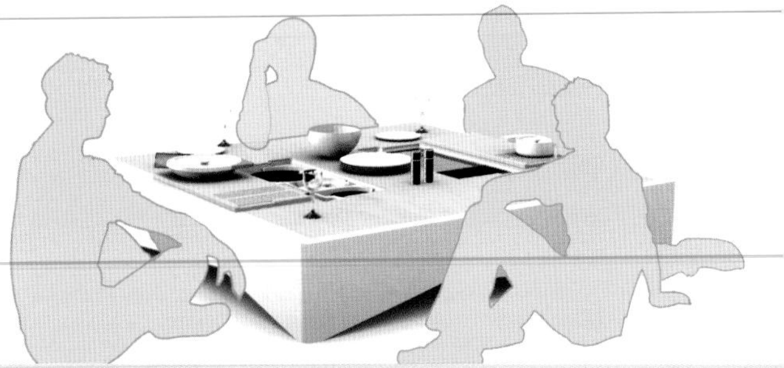

Single Person Cooker [SPC]

The aim of the SPC is to be an incentive to healthy cooking for singles. It combines a stove burner, a cutting board, utensils, and a WiFi screen so the user can consult thousands of recipes on Internet.

Der Zweck des *SPC* ist es, das gesunde Kochen unter den Alleinstehenden zu fördern. Er besteht aus einer Kochplatte, Küchenbrett, Küchenutensilien und einem WiFi-Monitor, damit der Benutzer Tausende von Rezepten im Internet nachschlagen kann.

L'objectif de *SPC* c'est d'encourager les célibataires à faire de la cuisine saine. On y trouve une plaque de cuisson, une table de cuisine, des ustensiles et un écran avec accès WiFi pour que l'utilisateur puisse consulter des milliers de recettes sur Internet.

Het doel van de *SPC* is de gezonde keuken onder singles aan te moedigen. Het bevat een kookplaat, een snijplank, keukengerei en een scherm met Wifi zodat de gebruiker duizenden recepten op Internet kan bekijken.

Alex Bradley
London, United Kingdom
www.alexbradleydesign.co.uk

Corian, beechwood, ceramics, and ABS / Corian, hêtre, céramique, ABS / Corian, Buche, Keramik, ABS / Corian, beuken, keramiek, ABS

Regenerative processes, biomimicry, and reduced use of chemical fertilizers / Processus régénératif, biomimesis, réduction de l'utilisation d'engrais chimiques / Regenerativer Prozess, Bionik, Reduzierung von chemischem Dünger / Regeneratieproces, biomimesis, reductie kunstmest

1
spc
my cookbook
spc

spc

562

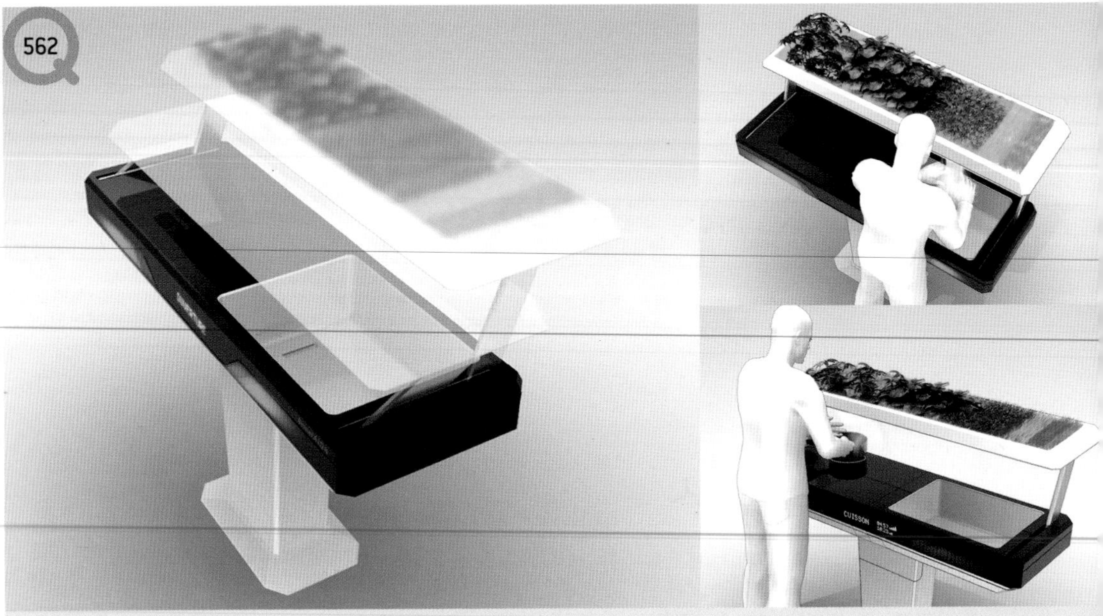
CUISSON

Brandt Aion

© Antonie Lebrun

This organic cooker incorporates the cultivation of hydroponic plants at the top of the appliance, which generate clean water. When the cooker is in cleaning mode (the top is lowered closing the cooker) both the cooking surface and the dishes left in the sink unit are cleaned.

Diese ökologische Küche verfügt über Hydrokultur-Pflanzen im oberen Teil, die sauberes Wasser erzeugen. Wenn die Küche auf Reinigungsbetrieb gestellt ist (der obere Teil wird heruntergeklappt und die Küche geschlossen) werden sowohl die Kochfläche als auch das Geschirr, das in der Spüle hinterlassen wurde, gesäubert.

Cette cuisine écologique dispose dans sa partie supérieure de cultures hydroponiques de plantes, ce qui permet de générer de l'eau propre. Lorsque la cuisine est en mode nettoyage (la partie supérieure se rabat, fermant la cuisine) la plaque de cuisson et les assiettes laissées dans l'évier sont nettoyées.

Deze milieuvriendelijke keuken heeft aan de bovenkant een hydroponisch kweeksysteem van planten die schoon water produceren. Wanneer de keuken wordt gereinigd (de bovenkant klapt in en sluit de keuken af) wordt zowel het kookoppervlak als de afwas die we in de wasbak hebben gezet schoongemaakt.

Antoine Lebrun
for **FAGOR BRANDT**
Paris, France
www.antoinelebrun.fr

Self-sufficiency / Autosuffisant
Selbsterhaltend / Zelfvoorzienend

LAVAGE
TEMPS RESTANT
02:30

Tri3

© Felipe Ribon

Constance Guisset and Grégory Cid are the designers of this selective waste container featuring three compartments – one for organic refuse, another for plastic, and the third for glass. A different pedal opens each part of the container.

Constance Guisset und Gregory Cid haben diesen Eimer mit drei Fächern zur Mülltrennung entwickelt – mit einem Fach für organische Abfälle, einem für Plastik und einem für Glas. Jeder Teil des Eimers wird mit einem eigenen Pedal geöffnet.

Contance Guisset et Grégory Cid sont les inventeurs de cette poubelle sélective à trois compartiments, un pour les déchets organiques, un autre pour le plastique et le dernier pour le verre. Chaque partie de la poubelle s'ouvre avec une pédale différente.

Constance Guisset en Grégory Cid zijn de makers van deze vuilnisemmer voor gescheiden afval met drie vakken, één voor organisch afval, een ander voor plastic en het derde vak voor glas. Elk deel van de afvalbak wordt met een onafhankelijke pedaal geopend.

Constance Guisset, Grégory Cid
Paris, France
www.constanceguisset.com

Plastic / Plastique / Kunststoff / Kunststof

Selective waste collection / Collecte sélective / Getrennte Wertstoffsammlung / Gescheiden inzameling

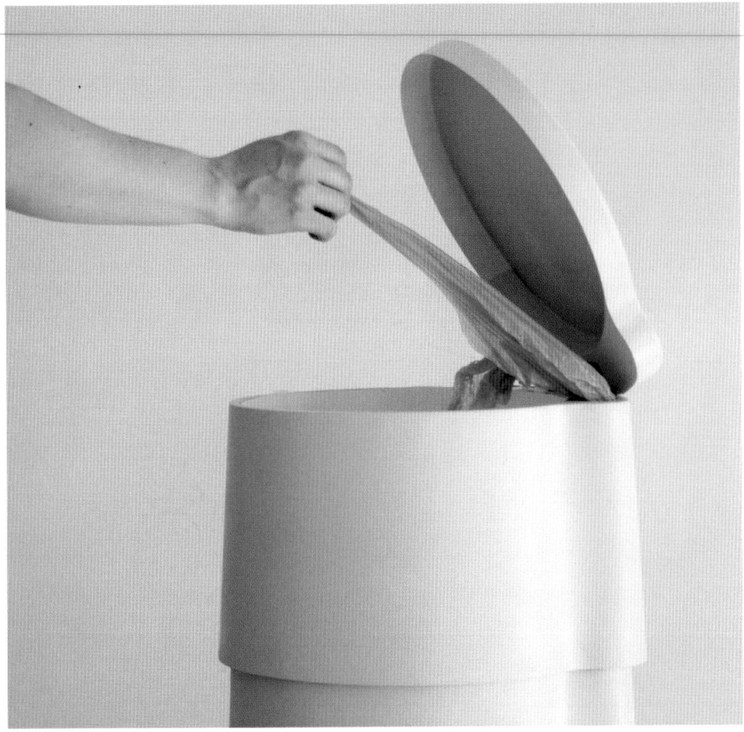

The lower compartment, with greater capacity, is only for the glass.

Le compartiment inférieur, doté d'une plus grande capacité, est réservé au verre.

Das untere Fach mit mehr Fassungsvermögen ist für Glas vorgesehen.

Het onderste en tevens grootste vak is bestemd voor het glas.

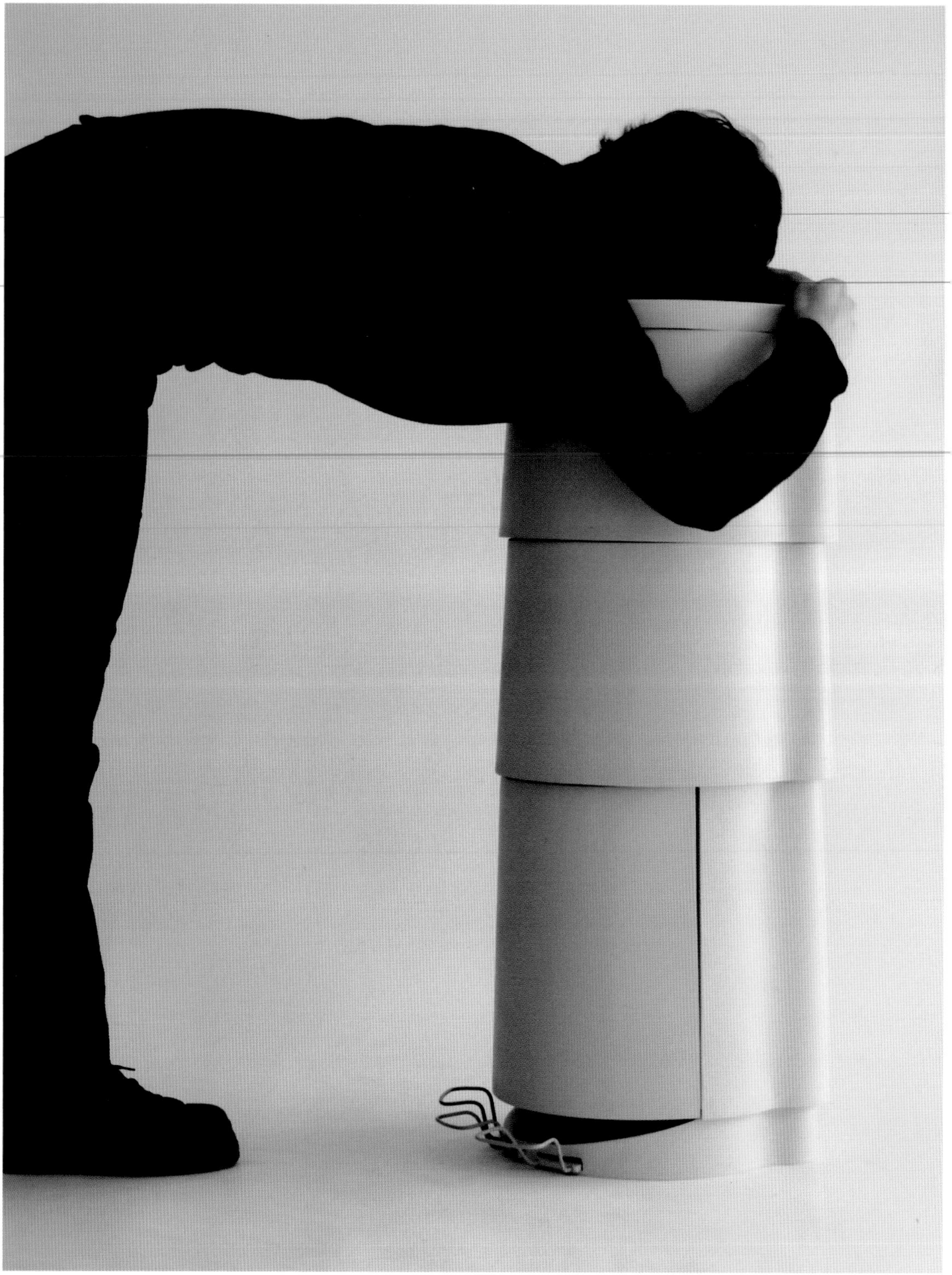

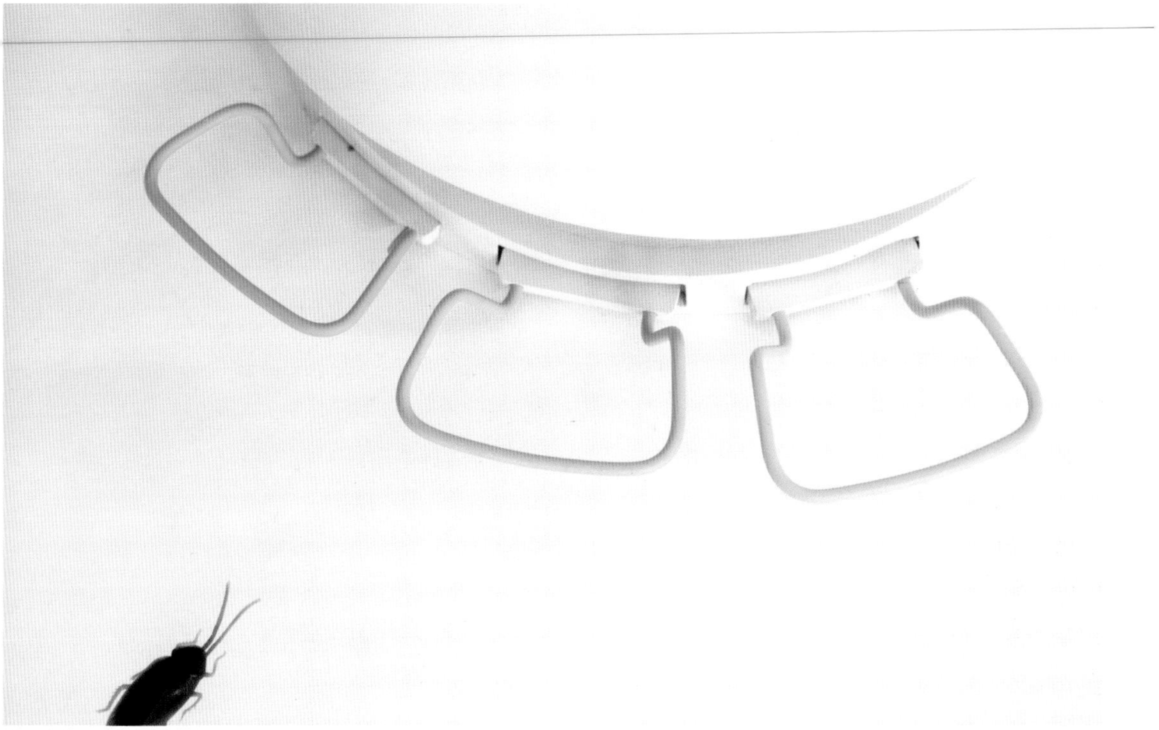

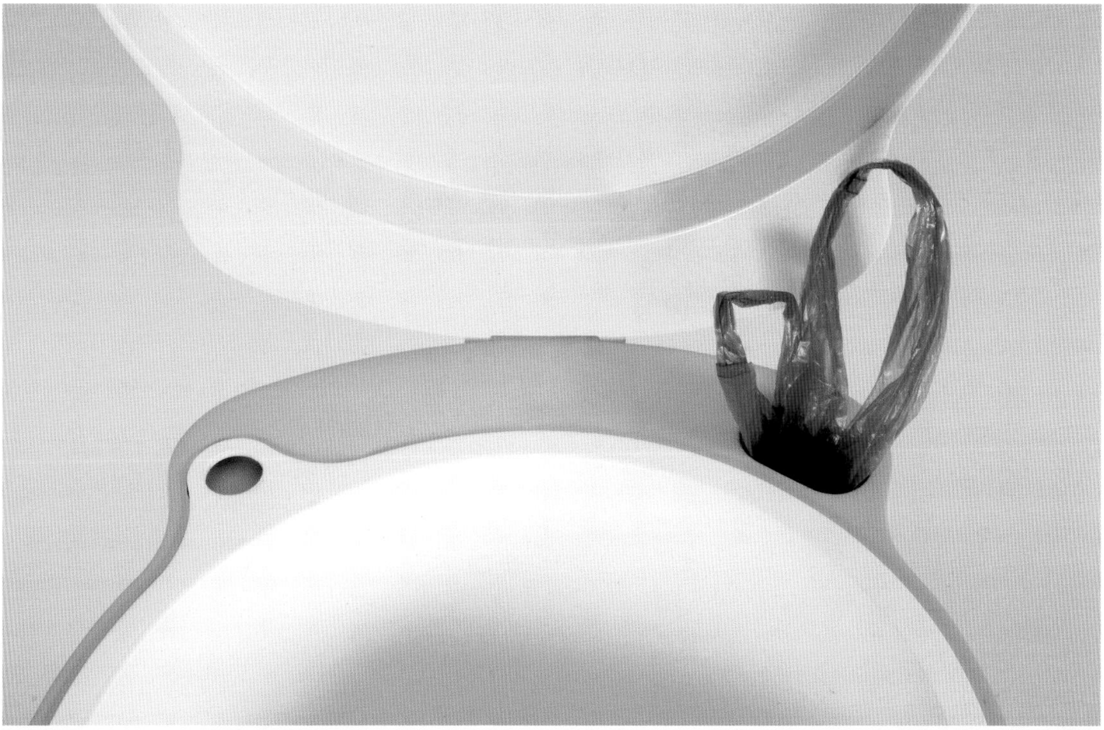

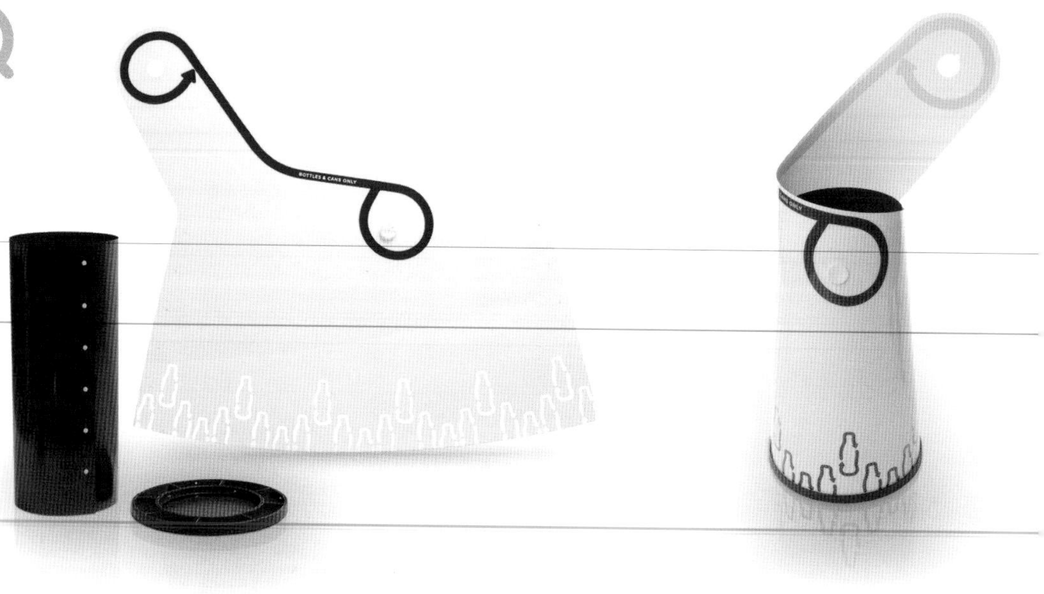

Coca-Cola Refresh Recycling Bin

© fuseproject

Coca-Cola and fuseproject developed a recycling bin that goes beyond the traditional container. It is made from recycled plastic water and soda bottles, a sample of the enormous potential offered by plastic.

Coca-Cola und fuseproject entwickelten einen Recycling-Container, der über den traditionellen Container hinausgeht. Er wird aus Wasser- und Softdrink-Flaschen aus Plastik hergestellt und ist ein Beispiel für das außerordentliche Potential, das der Kunststoff bietet.

Coca-Cola et fuseproject ont développé un conteneur de recyclage qui va bien au-delà du conteneur traditionnel. Il est fabriqué avec des bouteilles d'eau et de soda en plastique recyclé, une démonstration de l'immense potentiel qu'offre le plastique.

Coca-Cola en fuseproject hebben een recyclingcontainer ontwikkeld die een stapje verdergaat dan de traditionele container. Hij is gemaakt van gerecycled plastic waterflessen, een voorbeeld van het enorme potentieel dat plastic te bieden heeft.

fuseproject *for* **COCA-COLA**
San Francisco, New York, USA
www.fuseproject.com
www.constancehotels.com

Post-consumer recycled PET soda and water bottles / Bouteilles d'eau et de soda PET recyclées après consommation / Wiederverwertete PET-Wasser- und Erfrischungsgetränke-Flaschen / Post consumer recycled PET water- en frisdrankflessen

Recycling / Recyclage / Wiederverwertung / Recycling

& CANS ONLY

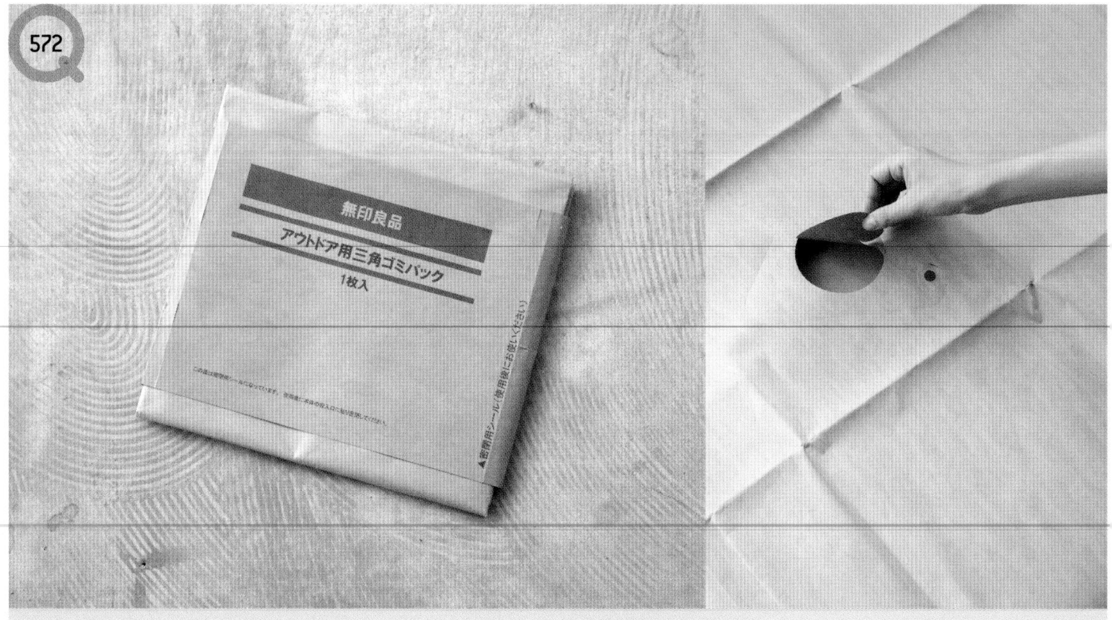
無印良品
アウトドア用三角ゴミパック
1枚入

Trash Pack

© Muji

Designers Ken Sugimoto and Eri Sugimoto designed a garbage bag that stands up by itself. They based their design on the triangular packaging created in Sweden, which was also used for years to serve milk in Japanese schools. It is ideal for picnics or outdoor activities.

Die Designer Ken Sugimoto und Eri Sugimoto entwarfen einen Müllsack, der von selbst steht. Sie gingen von den aus Schweden stammenden dreieckigen Behältern aus, in denen jahrelang auch in den Schulen von Japan die Milch serviert wurde. Ideal für Picknick oder Aktivitäten im Freien.

Les créateurs Ken Sugimoto et Eri Sugimoto ont conçu un sac poubelle qui s'autosuffit. Ils sont partis de la forme des emballages triangulaires inventés en Suède et qui ont également été utilisés pendant des années pour servir le lait dans les écoles japonaises. Idéal pour un pique-nique ou des activités en plein air.

De designers Ken Sugimoto en Eri Sugimoto ontwierpen een afvalzak die vanzelf rechtop blijft staan. Ze baseerden zich op de vorm van driehoekige verpakkingen die in Zweden ontstonden en die ook jarenlang werden gebruikt om melk te serveren op scholen in Japan. Ideaal voor picknicks en activiteiten in de buitenlucht.

Ken Sugimoto, Eri Sugimoto ***for*** **MUJI**
Tokyo, Japan
www.muji.com

Recycled paper / Papier recyclé / Altpapier / Kringlooppapier

Recycling, reduced volume / Recyclage, réduction du volume / Wiederverwertung, Verminderung von Volumen / Recycling, omvangvermindering

無印良品
アウトドア用三角ゴミパック
1枚入

The bag is completely foldable, easy to assemble and takes up little space.

Il est entièrement pliable, facile à monter et occupe peu d'espace.

Ganz zusammenklappbar, einfach zu montieren und platzsparend.

Hij is geheel opvouwbaar, gemakkelijk te monteren en neemt weinig ruimte in beslag.

NatureMill

Automatic Indoor Composter

With this small indoor composter by Naturemill, the organic refuse we produce (some 40%) can be recycled and returned to the land as humus for plants and crops. 30 kg of organic fertilizer is obtained from every 100 kg of organic waste.

Dank dieses kleinen Haus-Komposters von Naturemill kann der organische Abfall, den wir erzeugen (ungefähr 40 %) wiederverwertet und der Erde in Form von Humus für Pflanzen und Anbauflächen zurückgegeben werden. Aus 100 kg organischem Abfall erhält man 30 kg organischen Dünger.

Grâce à ce petit composteur intérieur de Naturemill, les ordures organiques que nous produisons (40 %) pourront être recyclées et retournées à la terre sous forme d'humus pour les plantes et les cultures. Avec 100 kg de déchets organiques, on obtient 30 kg d'engrais organique.

Dankzij deze kleine indoor compostmachine van Naturemill kan het organisch afval dat we produceren (40%) worden gerecycled en in de vorm van humus voor planten en groenten aan de grond worden teruggegeven. Uit elke 100 kg organisch afval wordt 30 kg organische mest verkregen.

Naturemill
San Francisco, USA
www.naturemill.com

Recycled and recyclable materials / Matériaux recyclés et recyclables / Wiederverwertete und wiederverwertbare Materialien / Gerecyclede en recyclebare materialen

Regenerative processes, biomimicry, and reduced use of chemical fertilizers / Processus régénératif, biomimesis, réduction de l'utilisation d'engrais chimiques / Regenerativer Prozess, Bionik, Reduzierung von chemischem Dünger / Regeneratieproces, biomimesis, reductie kunstmest

Automatic Composter
Push to Transfer
OK
Power
Mixing
Wait up to 48 hour delay
Jam clear jam, push OK
Full empty trays, push OK
NatureMill
Compost Made Easy!

Its small size enables the composter to be installed in a kitchen closet.

Sa petite taille permet de disposer d'un composteur dans l'un des placards de la cuisine.

Durch die geringe Größe ist es möglich, in einem der Küchenschränke über einen Kompostierer zu verfügen.

Dankzij de geringe afmetingen kan deze compostmachine in een van de keukenkasten worden opgeborgen.

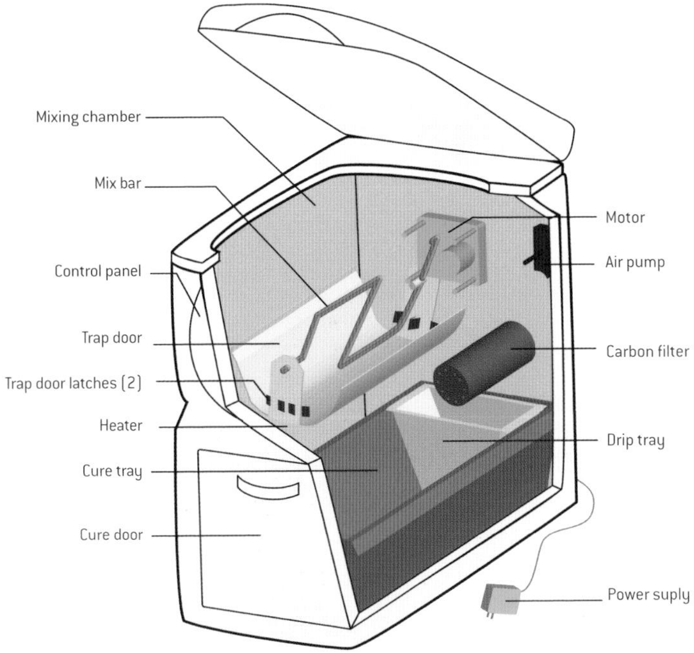
Mixing chamber
Mix bar
Control panel
Trap door
Trap door latches (2)
Heater
Cure tray
Cure door
Motor
Air pump
Carbon filter
Drip tray
Power suply

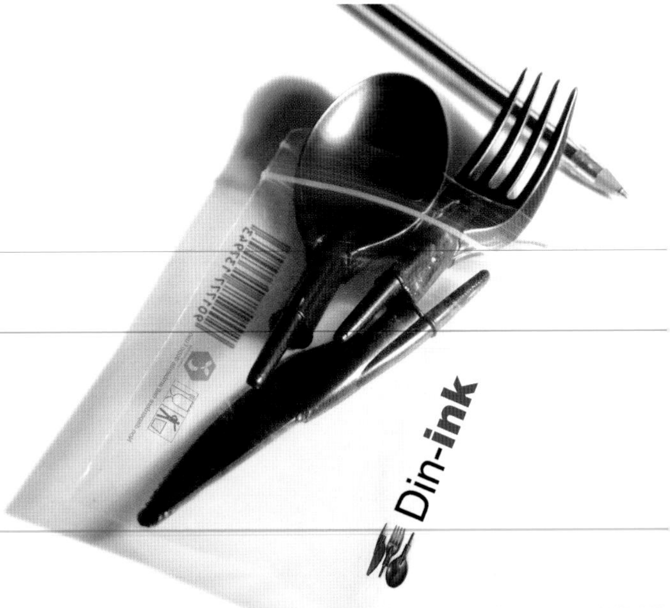
Din-ink

Din-ink

Din-ink is a complete set of cutlery made from ballpoint pen caps so as to be able to eat anywhere, anytime. The caps are suitable for use with food, and are made from 100% biodegradable materials, which are hygienic and non-toxic.

Es handelt sich um ein komplettes Essbesteck, aus Kugelschreibern hergestellt, damit man auf improvisierte Weise essen kann. Die Verschlusskappen sind zum Gebrauch für Lebensmittel geeignet und aus zu 100 % abbaubarem, ungiftigem und hygienischem Material hergestellt.

Il s'agit d'un set complet de couverts créés à partir de stylos pour pouvoir manger sur le pouce. Les capuchons conviennent à une utilisation alimentaire et sont fabriqués avec des matériaux 100 % biodégradables, non toxiques et hygiéniques.

Het gaat om een complete bestekset die bestaat uit balpennen waarmee op geïmproviseerde wijze kan worden gegeten. De doppen zijn geschikt voor levensmiddelen en zijn vervaardigd van 100% biologisch afbreekbare, niet giftige en hygiënische materialen.

Zo-loft Architecture & Design
Pescara, Italy
www.zo-loft.com

Natural starch, fibers / Amidon naturel, fibres / Natürliche Stärke, Fasern / Natuurlijk zetmeel, vezels

Reusable, biodegradable / Réutilisation, biodégradable / Wiederverwendung, biologisch abbaubar / Hergebruik, biologisch afbreekbaar

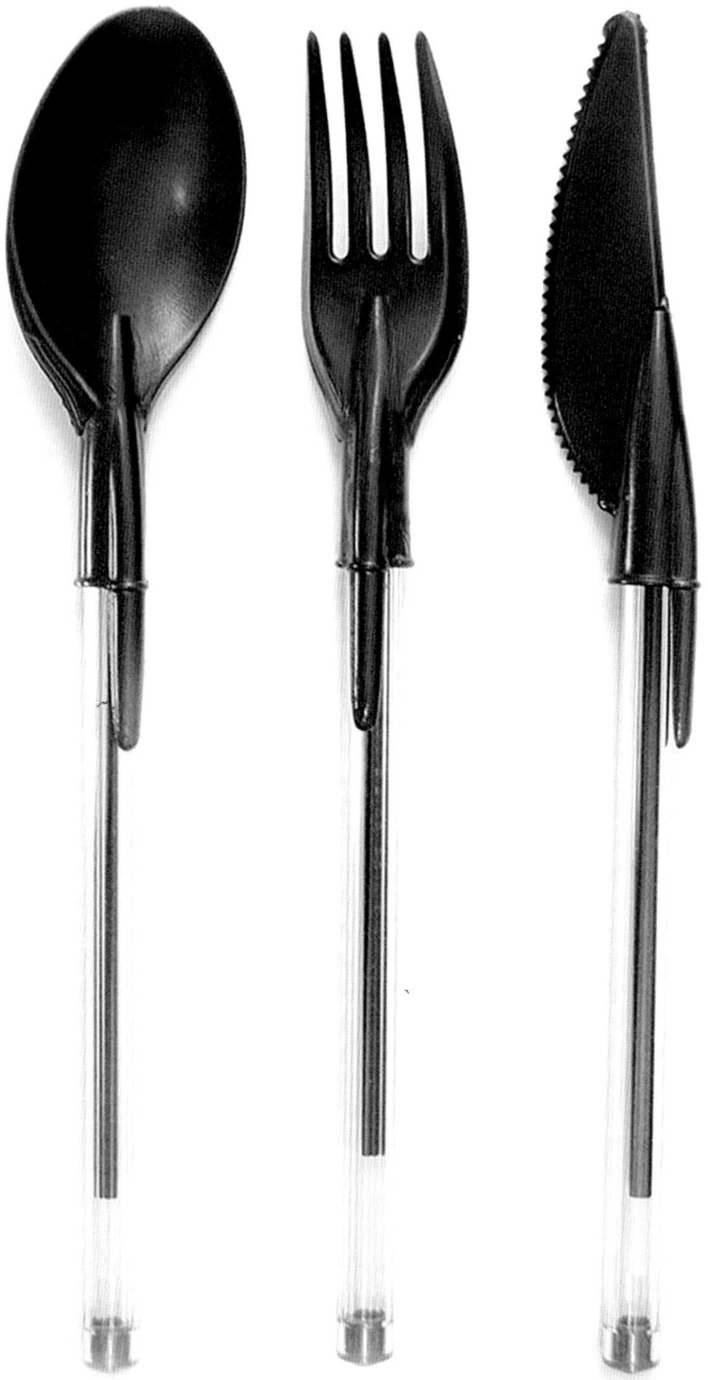

A 100% biodegradable alternative to plastic cutlery.

Une alternative totalement biodégradable aux couverts en plastique.

Eine komplett biologisch abbaubare Alternative für Plastikbesteck.

Een geheel biologisch afbreekbaar alternatief voor plastic bestek.

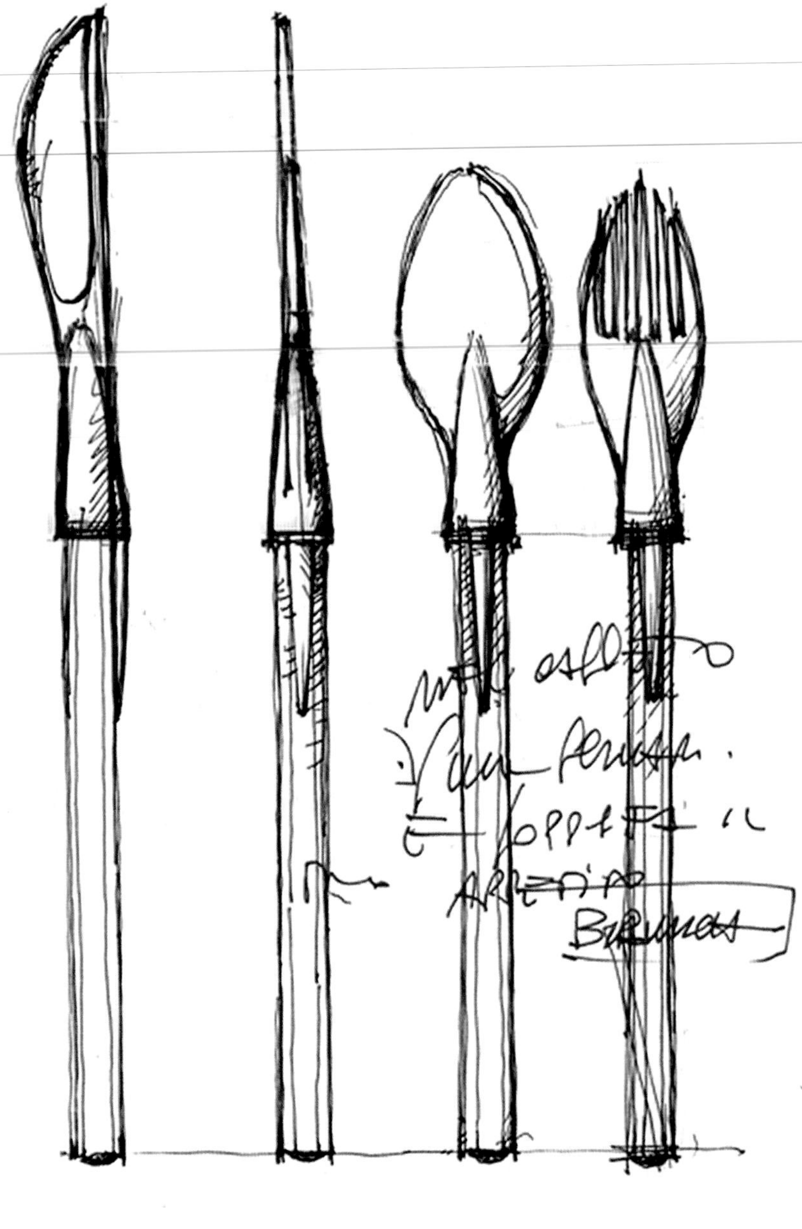

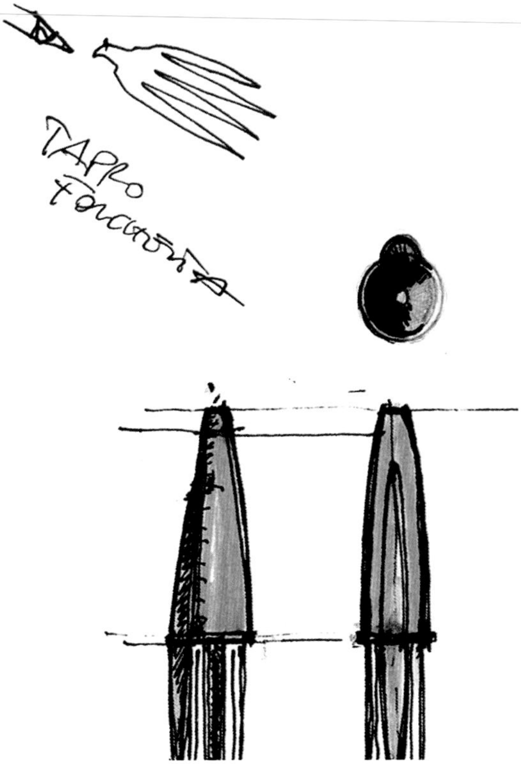
TAPPO

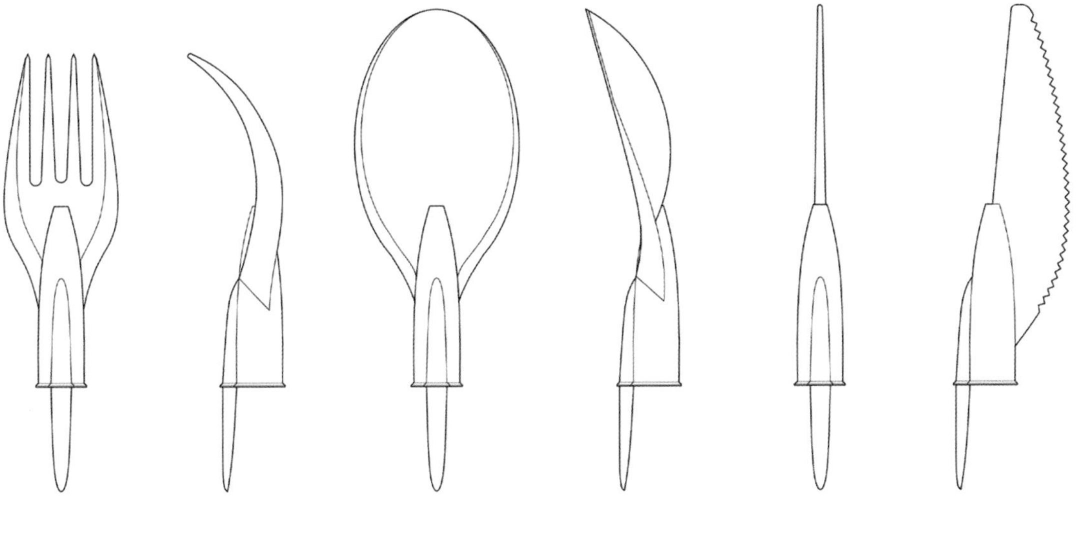

MUJI
REPACK
WASHING-UP
POWDER
100% NATURE POWER
made by CAMELLIA
ecologe/safe/economy
950g
MUJI
WASHING-UP
POWDER

Washing Powder

© Muji

Camellia Oleifera is a variety of wild camellia that grows in the mountains of Taiwan and is used to make cooking oil. This oil leaves a sediment known as tea powder, and this is used to wash dishes. It is antibacterial and economic, seeing that it comes from waste.

Die Camelia Oleifera ist eine wilde Kamelienart, die in den Bergen von Taiwan wächst und als Speiseöl verwendet wird. Dieses Öl hinterlässt einen pulverförmigen Bodensatz, Tee-Pulver genannt, der zum Geschirrspülen benutzt wird. Er ist antibakteriell und billig, da er aus Rückständen hergestellt wird.

Le camélia oléifère est un spécimen de camélia sauvage qui pousse dans les montagnes de Taïwan et dont on utilise l'huile pour cuisiner. Cette huile laisse un dépôt qui ressemble à de la poudre, et qu'on appelle poudre de thé. On l'utilise pour faire la vaisselle, elle est antibactérienne et économique puisqu'elle provient de résidus.

De Camelia Oleifera is een wilde cameliasoort die in de bergen van Taiwan groeit en als bakolie wordt gebruikt. Deze olie laat op de bodem een bezinksel achter in de vorm van poeder, theepoeder genoemd, dat wordt gebruikt om de afwas te doen. Het is antibacterieel en bovendien goedkoop omdat het afkomstig is van afvalstoffen.

Huang Yi Tang *for* **MUJI**
Tokyo, Japan
www.muji.com

Tea powder / Poudre de thé / Teepulver / Theepoeder

By-product use, anti-bacterial, and reduced phosphate residues / Utilisation d'un sous-produit, antibactérien, réduction des résidus de phosphate / Nutzung eines Nebenprodukts, antibakteriell, Reduzierung von Phosphatrückständen / Gebruik van bijproduct, antibacterieel, reductie van fosfaatafvalstoffen

MUJI
REPACK
WASHING-UP POWDER
100% NATURE POWER
made by CAMELLIA
ecologe/safe/economy
950g
MUJI
REPACK
WASHING-UP POWDER
100% NATURE POWER
made by CAMELLIA
ecologe/safe/economy
300g

The resulting sediment is ideal for washing dishes. It is kind to the skin and does not harm the environment.

Mit dem entstehenden Pulver kann man Geschirr spülen. Es ist sanft zur Haut und nicht umweltschädlich.

Les résidus, sous forme de poudre, sont utilisés pour laver la vaisselle. Ils n'agressent pas la peau et ne sont pas nuisibles pour l'environnement.

Het resulterende poeder is geschikt om af te wassen. Het is zacht voor de huid en niet schadelijk voor het milieu.

Pulp

© Ingmar Timmer

Pulp is a range of pots made from recycled paper pulp, designed using throwaway pots as a mold. The combination of paper pulp with other epoxy materials and polyurethane has produced this new water-resistant material.

Pulp ist eine Kollektion von Behältern, die aus Altpapiermasse und entsorgten Gefäßen hergestellt werden. Die Kombination von Papiermasse mit Epoxidharz und Polyurethan ergibt als Resultat dieses neue, wasserdichte Material.

Pulp est une collection de pots fabriqués avec de la pâte à papier recyclé, conçue à partir de pots ayant été rejetés comme moule. La combinaison de la pâte à papier, de l'époxy et du polyuréthane permet d'obtenir ce nouveau matériau résistant à l'eau.

Pulp is een potten- en schalencollectie gemaakt van kringlooppapierstof waarbij oude, weggegooide potten en schalen als mal worden gebruikt. De combinatie van papierstof met andere epoxy- en polyurethaanmaterialen heeft dit nieuwe waterbestendige materiaal als resultaat.

Jo Meesters
Eindhoven, The Netherlands
www.jomeesters.nl

Recycled paper paste, epoxy materials, and polyurethane / Pâte de papier recyclé, matériaux époxydes, polyuréthane / Altpapier-Masse, Epoxide, Polyurethan / Kringlooppapierstof, epoxymaterialen, polyurethaan

Recycling and reuse / Recyclage, réutilisation / Wiederverwertung, Wiederverwendung / Recycling, hergebruik

Straw Straw

© Muji

Straw Straw was the winning project of the Muji Award 03, a design by Yuki Lida. The project was based on the first murals discovered in the ruins of Mesopotamia, where people are depicted using a wheat straw to drink. The result is a totally biodegradable plant fiber made from 100% natural wheat.

Straw Straw von Yuki Lida war das Projekt, das den Muji Award 03 gewann. Das Projekt geht von den ersten Wandbildern aus, die in den Ruinen von Mesopotamien entdeckt wurden. Auf diesen sind Personen zu sehen, die Strohhalme zum Trinken benutzen. Das Ergebnis ist eine pflanzliche Faser, die vollständig biologisch abbaubar ist und deren natürliche Struktur aus 100 % Weizen besteht.

Straw Straw était le projet conçu par Yuki Lida, vainqueur du Muji Award 03. Le projet s'inspire des premières fresques découvertes dans les ruines de Mésopotamie, où figurent des personnes utilisant une paille de blé pour boire. Le résultat est une fibre végétale totalement biodégradable dont la structure est naturelle, 100 % blé.

Straw Straw was het winnende project van de Muji Award 03 en is een ontwerp van Yuki Lida. Het project baseert zich op de eerste muurschilderingen die ontdekt zijn in de ruïnes van Mesopotamië, waarop mensen te zien zijn die drinken met behulp van een graanrietje. Het resultaat is een volledig biologisch afbreekbare plantaardige vezel waarvan de structuur 100% natuurlijk graan is.

Yuki Lida for MUJI
Tokyo, Japan
www.muji.com

100% wheat / 100 % blé / 100 % Weizen / 100% tarwe

Biodegradable / Biodégradable / Biologisch abbaubar / Biologisch afbreekbaar

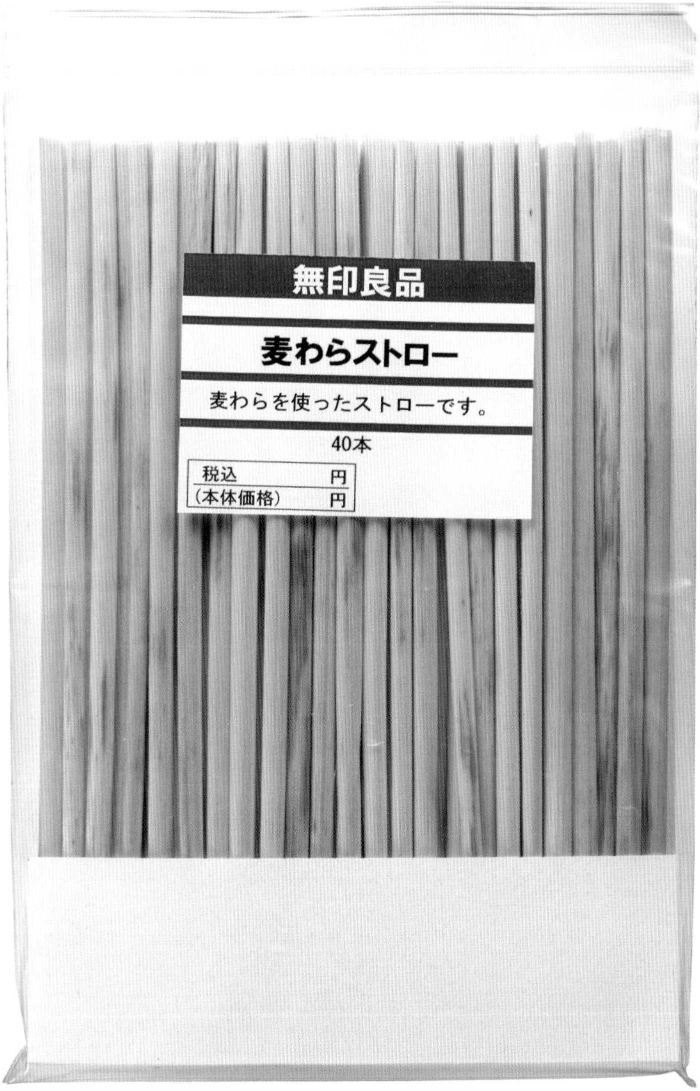
無印良品
麦わらストロー
麦わらを使ったストローです。
40本
税込 円
（本体価格） 円

CON LECHE BIO Y VAINILLA INDIA DE POLLACHI

CON ACEITE DE OLIVA VIRGEN EXTRA

ChocoLate Orgániko

This company makes and designs its own chocolates from 100% organic Trinitario cocoa beans from the Dominican Republic and the Island of Trinidad.

Sie produzieren und entwerfen ihre eigenen Schokoladen, alle aus 100 % biologischen Kakao-Bohnen aus der Dominikanischen Republik und der Insel Trinidad.

Ils élaborent et conçoivent leurs propres chocolats à partir de fèves de cacao de la trinité 100 % biologiques en provenance de la République Dominicaine et de l'Île de la Trinité.

Dit merk ontwikkelt en ontwerpt zijn eigen chocolade op basis van 100% biologische Trinitario cacaobonen afkomstig uit de Dominicaanse Republiek en het eiland Trinidad.

ChocoLate Orgániko
Madrid, Spain
www.chocolateorganiko.es

100% organic cocoa beans / Fèves de cacao 100 % biologiques / 100% biologische Kakaobohnen / 100% biologische cacaobonen

Organic product / Produit organique / Organisches Produkt / Organisch product

CHOCO
LATE
orgániko
CHOCOLATE NEGRO BIO 70% CACAO
Organic Dark ChocoLate 70% Cocoa

Bio Organic
ChocoLate con Leche 46% Cacao con Chili, Vainilla y Canela
Elaborado con Habas de Cacao Biológicas
Milk ChocoLate 46% Cocoa with Chilli, Vanilla and Cinnamon
Made with Organic Cocoa Bean
www.ChocoLateorganiko.es

Chocolate spiced with rosemary, black tea, cinnamon and cloves.

Chocolats aromatisés au romarin, au thé noir, à la cannelle et au clou de girofle.

Mit Rosmarin, schwarzem Tee, Zimt und Nelke gewürzte Schokoladen.

Chocolade gekruid met rozemarijn, zwarte thee, kaneel en kruidnagel.

Bio Organic
ChocoLate Negro 70% Cacao con Café de Etiopía
Elaborado con Habas de Cacao Biológicas
Black ChocoLate 70% Cocoa with Ethiopia Coffee
Made with Organic Cocoa Bean
www.ChocoLateorganiko.es

Bio Organic
ChocoLate Negro 70% Cacao con Menta
Elaborado con Habas de Cacao Biológicas
Black ChocoLate 70% Cocoa with Mint
Made with Organic Cocoa Bean
www.ChocoLateorganiko.es

ROMERO
ChocoLate
con crema de romero

TÉ NEGRO
ChocoLate
té negro de ceylán

CANELA
ChocoLate
especiado de canela

CLAVO
ChocoLate
trufado al clavo

This exclusive box contains 3 varieties of ChocoLate Orgániko, ranging from the purest taste of the bars of dark chocolate, to the smooth, creaminess of white chocolate.

Ce ballotin exclusif contient les 3 sortes de ChocoLate Orgániko, qui vont des saveurs les plus authentiques des tablettes de chocolat noir à la douceur et l'onctuosité du chocolat blanc.

Die exklusive Schachtel enthält 3 Sorten ChocoLate Orgániko, deren Geschmack vom puren Geschmack der dunklen Tafeln bis zur Milde und Cremigkeit der weißen Schokolade reicht.

De exclusieve doos bevat 3 soorten ChocoLate Orgániko, gaande van de puurheid van de tabletten pure chocolade tot de milde, romige smaak van witte chocolade.

ChocoLate Negro
cacao amargo y muy aromático
ChocoLate Negro
cacao amargo y muy aromático

ChocoLate Blanco
de sabor suave y fresco
ChocoLate Blanco
de sabor suave y fresco

semi skimmed milk
daylesfordorganic
organic milk 0.5l min vol.
skimmed milk
daylesfordorganic
organic milk 0.5l min vol.

Daylesford Organic

The container for Daylesford Organic milk products does not harm the environment, as it is 100% biodegradable. Daylesford Organic offers organic products that are grown by its small farm producers and in its own kitchen gardens.

Die Verpackung der organischen Milch Daylesford Organic schädigt die Umwelt nicht, da sie vollständig biologisch abbaubar ist. Daylesford Organic bietet Produkte aus ökologischem Anbau an, die aus ihren kleinen Produktionsbetrieben und eigenen Gärten stammen.

L'emballage du lait organique Daylesford Organic ne pollue pas l'environnement, car il est entièrement biodégradable. Daylesford Organic propose des produits issus de l'agriculture écologique qui proviennent de petits producteurs affiliés et de leurs propres cultures.

De verpakking van de organische melkproducten van Daylesford Organic is niet schadelijk voor het milieu, want zij is volledig biologisch afbreekbaar. Daylesford Organic biedt biologisch verbouwde producten die van kleine boeren en uit eigen tuinen afkomstig zijn.

Daylesford Organic
London, United Kingdom
www.daylesfordorganic.com

Calcium carbonate with astringent agent / Carbonate de calcium avec agent astringent / Calciumcarbonat mit astringierendem Mittel / Calciumcarbonaat met bindende stof

Biodegradable, organic product / Biodégradable, produit organique / Biologisch abbaubar, organisches Produkt / Biologisch afbreekbaar, organisch product

whole milk
daylesfordorganic
organic milk 0.5l min vol.
this milk is organically produced on our own farm
the heart of the Cotswolds.

GIN OLIVE OIL

Lambda

This is a Premium Extra Virgin olive oil from the region of Krista in Greece, with a very low level of acidity (0.19°), fruity flavors and vanilla. It is bottled by hand to prevent it from oxidizing.

Es handelt sich um ein natives Olivenöl Extra der Premiumklasse aus der Region Krista in Griechenland, mit sehr wenig Säure (0,19°), in den Geschmacksrichtungen fruchtig und Vanille. Es wird von Hand abgefüllt, um die Oxidation zu vermeiden.

Il s'agit d'une huile d'olive Premium Vierge Extra provenant de la région de Krista, en Grèce, très faiblement acide (0.19°), à la saveur fruitée et vanillée. Elle est mise en bouteille à la main pour éviter l'oxydation.

Het gaat om een Premium Extra Virgen olijfolie afkomstig uit de regio Krista, in Griekenland, met een lage zuurgraad (0,19°) en een fruitige vanillesmaak. De olie wordt handmatig gebotteld om oxidatie te vermijden.

@ **Giorgos Kolliopoulos, Corinna Michaelidou** *for* **SPEIRON**
Athens, Greece
www.speironcompany.com

Koroneiki olives / Olives *Koroneiki* / *Koroneiki*-Oliven / *Koroneiki*-olijven

Healthy diet / Régime sain / Gesunde Ernährung / Gezond dieet

λ
ULTRA PREMIUM EXTRA VIRGIN OLIVE OIL
/lambda/

FRESHLY MADE
100% PURE JUICE
BEETROOT
CARROT &
HERBS
COLD-PRESSED
FOR INTENSITY
100% ORGANIC
WB&CO
VEG. JUICE
FRESHLY MADE
100% PURE JUICE
CARROT &
GINGER
COLD-PRESSED
FOR INTENSITY
100% ORGANIC
WB&CO
VEG. JUICE

WB&CO

WB&CO specializes in 100% organic fruit juices using organic herbs and vegetables. The vegetable pulp obtained from squeezing the juice is recycled to produce Hi-Fiber Organic Vegetable Cookies or else it is converted into organic fertilizer. The bottles can be reused.

WB&CO ist auf 100 % organische Säfte spezialisiert und verwendet ausschließlich organische Kräuter und Gemüse. Das Fruchtfleisch, das man nach dem Auspressen erhält, wird für die *Hi-Fiber Organic Vegetable Cookies* wiederverwertet oder in organischen Dünger verwandelt. Die Flaschen können wieder verwendet werden.

WB&CO est spécialisée dans la fabrication de jus 100 % organiques, élaborés à partir d'herbes et de végétaux organiques. La pulpe végétale obtenue après pressage est recyclée pour les *Hi-Fiber Organic Vegetable Cookies* ou transformé en engrais organique. Leurs bouteilles sont réutilisables.

WB&CO is gespecialiseerd in 100% organische sappen waarvoor organische kruiden en groenten worden gebruikt. De pulp die wordt verkregen na het uitpersen van de sap wordt gerecycled voor de *Hi-Fiber Organic Vegetable Cookies* of omgezet in organische mest. De flessen kunnen hergebruikt worden.

Seed Creative Consultants
for **WB&CO ORGANIC VEGETABLE JUICE**
Singapore, Singapore
www.wildbunchandcompany.com

Vegetables / Végétaux / Pflanzlich / Plantaardige organismen

100% organic, healthy diet, composting, recycling, reusable / 100 % organique, régime sain, compostage, recyclage, réutilisation / 100% organisch, gesunde Ernährung, Kompostierung, Recycling, Wiederverwendung / 100% organisch, gezond dieet, compostering, recycling, hergebruik

FRESHLY MADE
100% PURE JUICE
SPINACH
CARROT
& HERBS
COLD-PRESSED
FOR INTENSITY
100% ORGANIC
WB&CO
VEG. JUICE

Y Water

Y Water is a brand of organic, nutrient-rich and low-calorie water that is rich in nutrients and low in calories, and especially flavored and made for children. When the contents are finished, the empty container can be connected up with other containers to produce building blocks.

Y Water ist eine insbesondere für Kinder gedachte Mineralwassermarke, reich an Nährstoffen, kalorienarm und mit Geschmacksstoffen. Wenn der Behälter leer ist, kann man ihn mit anderen leeren Behältern verbinden, um Bauelemente daraus zu machen.

Y Water est une marque d'eau organique, riche en nutriments et pauvre en calories, conçue et aromatisée tout spécialement pour les enfants. Une fois que l'eau a été bue, l'emballage de la bouteille peut s'imbriquer dans d'autres emballages vides pour armer des blocs de construction.

Y Water is een caloriearm organisch watermerk dat rijk is aan voedingsstoffen, een speciale smaak heeft en bedoeld is voor kinderen. Wanneer het drankje op is kunnen de lege verpakkingen onderling verbonden worden en als bouwblokken in elkaar gezet worden.

fuseproject *for* Y WATER
Los Angeles, USA
www.ywater.us

Plastic / Plastique / Kunststoff / Kunststof

Reuse, environmental awareness / Réutilisation, prise de conscience environnementale / Wiederverwendung, Bewusstseinsbildung für die Umwelt / Hergebruik, milieubewustmaking

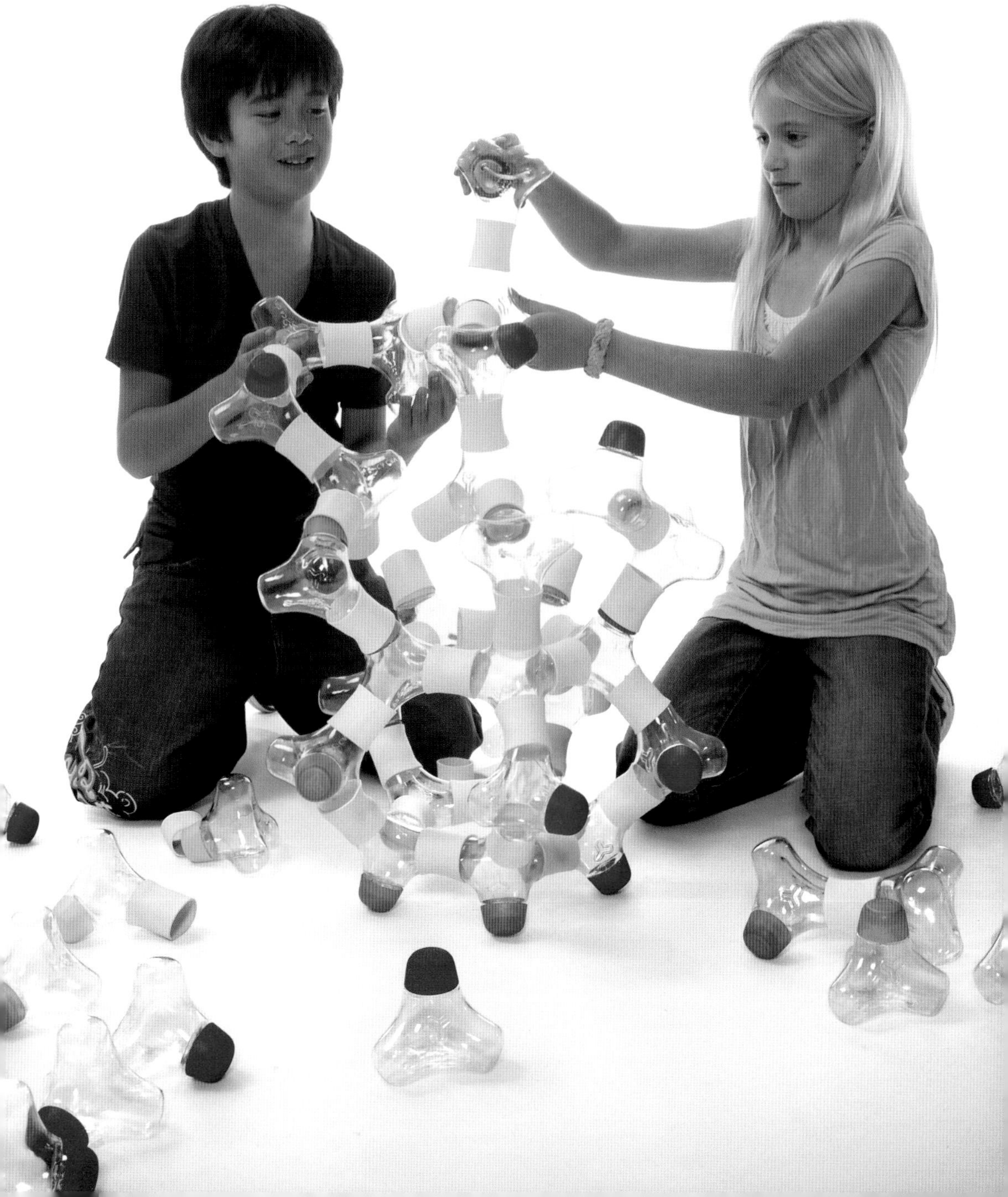

Pee
poo

Peepoo Bag

PeePoo is a bag designed to improve sanitary services in developing countries. It can only be used once and then disintegrates, and is suitable for use as a fertilizer. Its main strength: reducing illnesses and other sanitation problems caused by defecating outdoors.

PeePoo ist ein Beutel, der dafür gedacht ist, die sanitären Verhältnisse in Entwicklungsländern zu verbessern. Es handelt sich um einen Einwegbeutel, der sich zersetzt und als Dünger genutzt werden kann. Das Wichtigste dabei ist, Krankheiten und andere sanitäre Probleme zu vermindern, die durch die Erledigung des Stuhlgangs im Freien verursacht werden.

PeePoo est un sac qui vise à améliorer les services d'assainissement dans les pays sous-développés. À usage unique, il se décompose et peut être utilisé comme engrais. Le plus important : il freine la propagation des maladies et atténue d'autres problèmes d'assainissement causés par la défécation en plein air.

PeePoo is een zakje dat bedoeld is om de sanitaire diensten van ontwikkelingslanden te verbeteren. Het is voor eenmalig gebruik, afbreekbaar en kan daarna worden gebruikt als meststof. En het allerbelangrijkste: ziekten en andere sanitaire problemen veroorzaakt door ontlasting in de open lucht worden gereduceerd.

Peepoople AB
Stockholm, Sweden
www.peepoople.com

Biodegradable plastic, aromatic copolyester, polylactic acid (PLA) with a mixture of wax and lime / Plastique biodégradable, co-polyester aromatique, acide polylactique (PLA) avec un mélange de cire et de citron / Biologisch abbaubarer Kunststoff, aromatischer Copolyester, polylaktische Säure (PLA) mit einer Mischung aus Wachs und Limone / Biologisch afbreekbare kunststof, aromatisch copolyester, polymelkzuur (PLA) met een mengsel van was en limoen

Biodegradable, easy to carry, prevents sanitary hazards / Biodégradable, facile à transporter, évite les risques sanitaires / Biologisch abbaubar, leicht zu transportieren, vermeidet Gesundheitsrisiken / Biologisch afbreekbaar, gemakkelijk te vervoeren, voorkomt sanitaire risico's

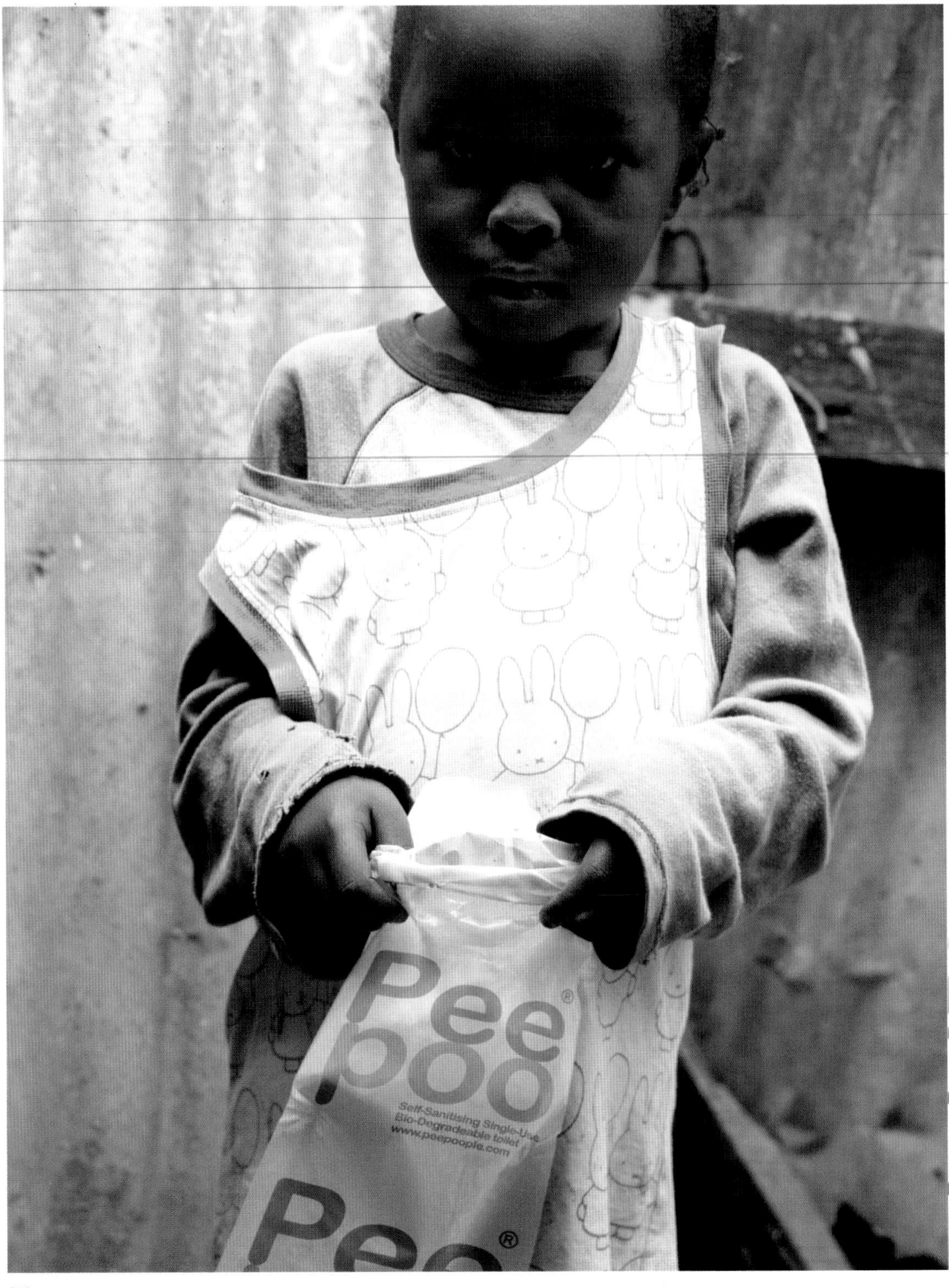
Pee poo®
Self-Sanitising Single-Use
Bio-Degradeable toilet
www.peepoople.com

Pee
poo
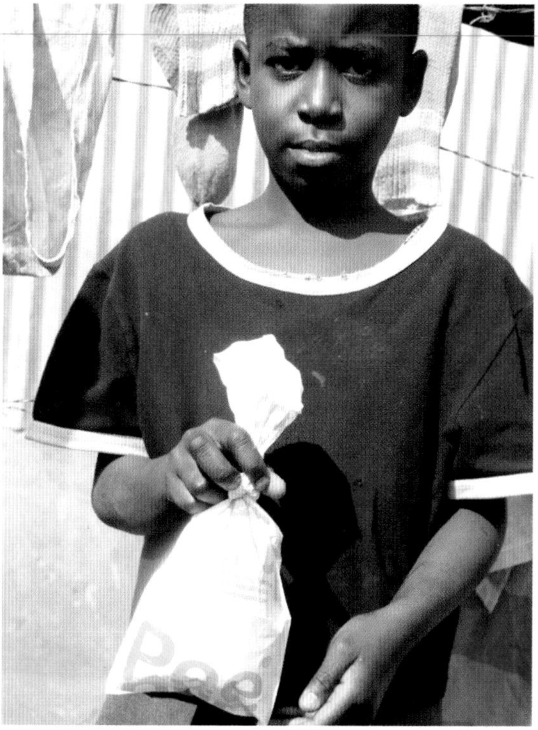

Pee
poo
Pee
poo

ECOLOGICAL GLOSSARY

Biodegradable:
A substance that can decompose through biological processes which are caused by the digestive action of aerobic and anaerobic microorganisms.

Biodiversity:
The huge variety of living beings on the Earth and their natural patterns; a result of billions of years of evolution.

Biomimesis:
Human productive systems that imitate nature in order to make products that are compatible with the biosphere.

Bioclimatic architecture:
Designing buildings in a manner that contemplates the prevailing climate (sun, vegetation, rain, wind) in order to reduce their environmental impact and energy consumption.

Carbon footprint:
This is the measurable impact caused by human activity on the environment.

Climate change:
Alteration of the factors that determine the Earth's climate.

Composting:
Complete recycling process of an organic material by which it is subjected to a controlled aerobic fermentation process in order to generate a product that can be used in agriculture.

Corporate social responsibility (CSR):
Companies' active and voluntary contribution to social, economic and environmental improvements.

Cradle to Cradle:
William McDonough and Michael Braungart have authored a book subtitled *Remaking the Way We Make Things*, which proposes a new way of interpreting the eco-design of products, with a 100% green life cycle.

Corporate social responsibility (CSR):
Companies' active and voluntary contribution to social, economic and environmental improvements.

Deforestation:
Man's large-scale destruction of forests, which contributes to the global warming of the Earth.

Environmentalism:
A diverse social movement aiming to protect the environment.

Eco-construction:
Building systems that utilize materials with a low environmental or ecological impact, which are recycled or highly recyclable, or that use materials extracted using simple, low cost processes.

Energy efficiency:
Reducing energy consumption while yielding the same output.

Environmental education:
Education to show how natural environments function and how mankind can look after ecosystems in order to live in a sustainable manner.

Forest Stewardship Council (FSC) Certification:
International label guaranteeing timber originates from forests managed using sustainable principles and criteria.

Global warming:
The rise in the Earth's temperatures caused by intense human activity in the last 100 years.

Greenhouse effect:
A phenomenon by which certain gases retain part of the energy that the ground emits after being warmed by solar radiation.

Green Globe Certification:
Seal of environmental quality for responsible tourism.

Greenwashing:
Marketing actions that some organizations use to conceal the less green facet of their operations.

Nature reserve:
Area with flora and fauna in a primitive state.

Noise pollution:
Pollution caused by noise.

Non-renewable energy:
Sources of energy that exist naturally in limited amounts and which, once completely used up, cannot be replaced.

Permaculture:
The design of sustainable human habitats by monitoring nature's patterns.

Pollution:
Damaging change to the chemical, physical and biological features of an environment or location.

Recycling:
Converting used materials into raw materials which are then used to manufacture new products.

Regenerative capacity:
The capacity of an element to once again reach a certain biological state after having been disturbed.

Renewable energy:
Energy that is obtained from inexhaustible natural sources or from the large amount of energy they contain, or because these sources can be regenerated using natural systems.

Reuse:
To use a product or material several times over without submitting it to any form of treatment, amounting to direct recycling.

Slow food:
An international movement that originated in Italy promoting local food culture, and combining pleasure and knowledge.

Smart clothes:
Clothes that combine textile engineering with microelectronics.

Sustainability:
Meeting the needs of today's generation without compromising the capacity of future generations to do the same.

Sustainable mobility:
Quest for environmental and social improvements in motor powered transport around urban areas.

Selective waste collection:
Collection of waste that is separated and classified by its producer.

Visual pollution:
Pollution spoiling the view of the landscape in built-up areas.

Volatile organic compounds (VOCs):
Hydrocarbons that are present in gaseous form and contribute to the formation of photochemical smog and the greenhouse effect. Moreover, these are ingredients for tropospheric ozone.

Waste-to-energy plant:
Facility that produces controlled combustion in order to transform waste into slag, ash and gases causing minimal pollution.

Water saving policies:
A range of measures to regulate and conserve water reserves.

GLOSSAIRE ÉCOLOGIQUE

Biodégradable :
Substance qui peut se décomposer par le biais de processus biologiques, qui constituent la digestion effectuée par des micro-organismes aérobies et anaérobies.

Bioclimatique :
Conception de bâtiments en tenant compte des conditions climatiques (soleil, végétation, pluie, vent) pour réduire l'impact environnemental et la consommation d'énergie.

Bioconstruction :
Systèmes d'édification à l'aide de matériaux à faible impact environnemental ou écologiques, recyclés ou hautement recyclables, ou pouvant être extraits par des processus simples et peu onéreux.

Biodiversité :
La grande variété d'êtres vivants présents sur la Terre et les milieux naturels qui la compose, résultat de milliards d'années d'évolution.

Biomimesis :
Imiter la nature dans les systèmes productifs humains afin de les rendre compatibles avec la biosphère.

Capacité régénérative :
Aptitude à renouer avec un état biologique déterminé après avoir souffert une perturbation.

Centre de valorisation énergétique :
Installation qui, Par combustion contrôlée, transforme les déchets en scories, cendres et gaz, en dégageant le moins de pollution possible.

Certificat forestier FSC (*Forest Stewardship Council*) :
Label international qui garantit que les produits forestiers proviennent d'une forêt gérée selon les principes et les critères de la durabilité.

Changement climatique :
Altération des facteurs qui conditionnent le climat de la Terre.

Collecte sélective :
Collecte des déchets triés et classés par leur producteur.

Compostage :
Recyclage complet de la matière organique soumise à une fermentation contrôlée (aérobie) afin d'obtenir un produit utile pour l'agriculture.

COV (Composés Organiques Volatiles) :
Ce sont tous les hydrocarbures qui se présentent à l'état gazeux et contribuent à la formation du *smog* photochimique et à l'effet de serre. Ils sont également à l'origine de l'ozone troposphérique.

***Cradle to Cradle* :**
Sous-titré *Remaking the Way We Make Things*, est un ouvrage écrit par William McDonough et Michael Braungart qui propose une nouvelle manière d'interpréter l'éco-conception des produits, qui seraient dotés d'un cycle de vie totalement «vert».

Déforestation :
Destruction massive des forêts par l'action humaine. Elle contribue au réchauffement de la planète Terre.

Durabilité :
Satisfaire les besoins de la génération actuelle sans compromettre la capacité des générations futures à répondre aux leurs.

Écologisme :
Mouvement social hétérogène qui revendique la protection de l'environnement.

Économie d'eau :
Ensemble des mesures pour la régulation et la préservation des réserves d'eau.

Éducation environnementale :
Éducation visant à montrer comment fonctionnent les milieux naturels et en particulier comment les êtres humains peuvent prendre soin des écosystèmes pour vivre de manière durable.

Effet de serre :
Phénomène par lequel certains gaz retiennent une partie de l'énergie que le sol émet après avoir été réchauffé par radiation solaire.

Efficience énergétique
Réduction de la consommation d'énergie tout en fournissant les mêmes services énergétiques.

Empreinte carbone :
C'est la mesure de l'impact que provoquent les activités de l'homme sur l'environnement.

Énergie non renouvelable :
Sources d'énergie qui se trouvent dans la nature en quantité limitée et qui, une fois épuisées, ne peuvent être remplacées.

Énergie renouvelable :
Énergie obtenue de sources naturelles inépuisables, soit de l'immense quantité d'énergie qu'elles contiennent, soit parce qu'elles peuvent se régénérer par des moyens naturels.

Green Globe Certification :
Label de qualité environnementale pour le tourisme responsable.

Greenwashing :
Actions *marketing* qu'utilisent certaines organisations pour dissimuler la partie la moins « verte » de leur activité.

Mobilité durable :
Recherche d'une amélioration environnementale et sociale dans les déplacements motorisés en ville.

« Permaculture » :
Conception d'habitats humains durables dans le respect des modèles de la nature.

Pollution :
Changement préjudiciable des caractéristiques chimiques, physiques et biologiques d'un milieu ou d'un environnement.

Pollution sonore :
Pollution résultant du bruit.

Pollution visuelle :
Pollution touchant le paysage des foyers urbains.

Réchauffement global :
Altération de la température de la planète Terre, résultant de l'activité humaine intensive de ces 100 dernières années.

Recyclage :
Transformer des matériaux déjà utilisés en matières premières pour fabriquer de nouveaux produits.

Réserve naturelle :
Zone où l'on trouve des conditions intactes de faune et de flore.

Responsabilité sociale corporative (RSC) :
Contribution active et volontaire à l'amélioration sociale, économique et environnementale de la part des entreprises.

Réutiliser :
Utiliser à nouveau un produit ou un matériau plusieurs fois sans traitement. Cela équivaut à un recyclage direct.

Slow food :
Mouvement international né en Italie qui promeut la culture de l'alimentation locale, alliant plaisir et conscience.

« Vêtements intelligents » :
Des vêtements qui allient le génie des tissus et la microélectronique.

ÖKOLOGIE-GLOSSAR

Akustische Verschmutzung:
Durch Lärm verursachte Belästigung.

Anlage zur energetischen Verwertung:
Anlage, in der durch kontrollierte Verbrennung Abfallstoffe in Schlacke, Asche und Gase verwandelt werden und dabei möglichst wenige Schadstoffe anfallen.

Biologisch abbaubar:
Durch biologische Prozesse zersetzbare Substanz. Diese Prozesse erfolgen mittels Fermentation durch aerobe und anaerobe Mikroorganismen.

Biodiversität:
Große Vielfalt von Lebewesen auf der Erde und ihrer natürlichen Erscheinungsformen als Ergebnis von Jahrmilliarden der Evolution.

Biomimese (Bionik):
Imitation der Natur bei den Produktionssystemen der Menschen, um diese mit der Biosphäre verträglich zu machen.

Biologisches Bauen:
Bausysteme unter Verwendung ökologischer oder wenig umweltbelastender Materialien, die wiederverwertet oder in hohem Maß wiederverwertbar sind oder durch einfache, kostengünstige Verfahren gewonnen werden können.

Bioklimatik:
Baugestaltung unter Berücksichtigung der klimatischen Bedingungen (Sonne, Vegetation, Regen, Wind), um Umweltbelastungen und Energieverbrauch zu verringern.

***Cradle to Cradle*:**
Ein Buch von William McDonough und Michael Braungart mit dem Untertitel *Remaking the Way We Make Things*, in dem ein neues Verständnis des Ökodesigns von Produkten mit einem vollkommen «grünen» Lebenszyklus angeregt wird.

CO2-Fußabruck:
Das Ausmaß der Auswirkungen menschlicher Aktivitäten auf die Umwelt.

Entwaldung:
Massive Zerstörung der Wälder durch menschliche Einwirkung. Trägt zur globalen Erwärmung des Planeten Erde bei.

Environmentalismus:
Heterogene gesellschaftliche Bewegung, die für den Umweltschutz eintritt.

Energieeffizienz:
Verringerung des Energieverbrauchs unter Beibehaltung der gleichen energetischen Leistungen.

Erneuerbare Energie:
Energie, die aus unerschöpflichen natürlichen Quellen gewonnen wird, entweder aufgrund der enormen in ihnen enthaltenen Energiemengen oder weil sie sich auf natürliche Weise regenerieren können.

Forstwirtschafts-Zertifikat FSC (*Forest Stewardship Council*):
Internationales Gütesiegel als Garantie dafür, dass Waldprodukte aus Wäldern stammen, die nach Prinzipien und Kriterien der Nachhaltigkeit verwaltet werden.

Globale Erwärmung:
Änderung der Temperatur des Planeten Erde als Ergebnis der intensiven menschlichen Aktivität der letzten 100 Jahre.

***Green Globe Certification*:**
Umweltgütesiegel für verantwortlichen Tourismus.

***Greenwashing*:**
Marketing-Aktionen, durch die gewisse Organisationen den weniger «grünen» Teil ihrer Aktivität verbergen.

Getrennte Wertstoffsammlung:
Sammlung von Abfallstoffen, die durch ihren Produzenten bereits getrennten und sortiert worden sind.

«Intelligente Kleidung»:
Kleidung, bei der Gewebetechnik und Mikroelektronik kombiniert werden.

Kompostierung:
Vollständige Wiederverwertung organischer Materie, wobei diese einer kontrollierten (aeroben) Fermentation unterzogen wird, um ein landwirtschaftlich nutzbares Produkt zu erzielen.

Klimawandel:
Änderung der Faktoren, die das Klima der Erde bedingen.

Nachhaltigkeit:
Die Bedürfnisse der aktuellen Generation erfüllen, ohne die Fähigkeit zur Erfüllung der Bedürfnisse künftiger Generationen zu beeinträchtigen.

Naturschutzgebiet:
Gebiet, in dem Flora und Fauna unter natürlichen Bedingungen existieren.

Nicht erneuerbare Energie:
Energiequellen, die sich in begrenzter Menge in der Natur finden, und die nicht ersetzt werden können, wenn sie erst einmal aufgebraucht sind.

«Permakultur»:
Gestaltung von umweltgerechten menschlichen Lebensräumen durch Befolgung der Muster der Natur.

Regenerationsfähigkeit:
Fähigkeit, einen bestimmten biologischen Zustand nach einer Störung zurückzuerlangen.

***Slow food*:**
In Italien entstandene internationale Bewegung, die für die lokale Ernährungskultur eintritt und dabei Genuss und Wissen kombiniert.

Treibhauseffekt:
Phänomen, mittels dessen bestimmte Gase einen Teil der Energie zurückhalten, die vom durch Sonnenstrahlung erwärmten Boden abgegeben wird.

Umweltverschmutzung:
Schädliche Änderung der chemischen, physischen oder biologischen Eigenschaften der Umwelt oder Umgebung.

Umwelterziehung:
Erziehung mit dem Ziel zu lehren, wie die natürliche Umwelt funktioniert und insbesondere, wie die Menschen die Ökosysteme erhalten können, damit ihre Lebensweise mit einer nachhaltigen Entwicklung vereinbar ist.

Umweltgerechte Mobilität:
Suche nach Verbesserung der motorisierten Fortbewegung in den Städten nach umweltbezogenen und gesellschaftlichen Gesichtspunkten.

Unternehmerische Gesellschaftsverantwortung (CSR)
Aktive, freiwillige Beteiligung an gesellschaftlicher, wirtschaftlicher und umweltgerechter Verbesserung seitens der Unternehmen.

Visuelle Verschmutzung:
Durch Stadtgebiete verursachte Beeinträchtigung der Landschaft.

VOC (flüchtige organische Verbindungen):
Das sind alle Kohlenwasserstoffe, die in gasförmigem Zustand auftreten und zur Bildung von photochemischem *Smog* und zum Treibhauseffekt beitragen. Sie sind außerdem Vorläufer des troposphärischen Ozons.

Wasserwirtschaft:
Gesamtheit der Maßnahmen zur Regulierung und Erhaltung der Wasserreserven.

Wiederverwertung:
Umwandlung bereits verwendeter Materialien in Rohstoffe zur Herstellung neuer Produkte.

Wiederverwenden:
Ein Produkt oder Material mehrmals wiederverwenden, ohne es einer Behandlung zu unterziehen. Dies entspricht einer direkten Wiederverwertung.

ECOLOGISCHE WOORDENLIJST

Akoestische vervuiling:
Vervuiling die teweeg wordt gebracht door geluidsoverlast.

Biologisch afbreekbaar:
Een stof die door middel van biologische processen kan worden verteerd, dankzij de werking van aërobe en anaërobe micro-organismen.

Biodiversiteit:
Verscheidenheid aan levende wezens op de aarde en de natuurlijke patronen waaruit die bestaat; het resultaat van miljarden jaren evolutie.

Biomimesis:
Het nabootsen van de natuur in menselijke productiesystemen, met het doel om deze verenigbaar te maken met de biosfeer.

Bioconstructie:
Bouwsystemen waarbij gebruik wordt gemaakt van materialen met weinig milieueffecten, ecologische, gerecyclede of in grote mate recyclebare materialen of grondstoffen die kunnen worden gewonnen door middel van eenvoudige en goedkope processen.

Bioklimatologie:
Ontwerp van gebouwen waarbij rekening wordt gehouden met de weersomstandigheden (zon, begroeiing, regen, wind) om het effect op het milieu te verminderen en het energieverbruik terug te dringen.

Broeikaseffect:
Fenomeen waardoor bepaalde gassen een deel van de energie vasthouden die door de aarde wordt afgegeven door verwarming door de zonnestralen.

***Cradle to Cradle*:**
Met als ondertiteling *Remaking the Way We Make Things*, is een boek geschreven door William McDonough en Michael Braungart, waarin een voorstel wordt gedaan voor een nieuwe interpretatiewijze van het eco-design van producten, met een geheel «groene» levenscyclus.

Compostering:
Volledige recycling van organisch materiaal, waarbij dat materiaal wordt onderworpen aan gecontroleerde (aërobe) gisting, met als doel een product te verkrijgen dat kan worden gebruikt in de landbouw.

Duurzame mobiliteit:
Het zoeken naar een verbetering op het gebied van milieu en maatschappij bij gemotoriseerde verplaatsingen in de steden.

Duurzaamheid:
Het voorzien in de behoeftes van de huidige generatie zonder dat die van toekomstige generaties in het gedrang komt.

Energie-efficiëntie:
Vermindering van het energieverbruik met behoud van dezelfde energiediensten.

FSC-certificaat (*Forest Stewardship Council*):
Internationaal certificaat dat garandeert dat de bosbouwproducten afkomstig zijn van bossen die beheerd worden volgens duurzame principes en criteria.

***Green Globe Certification*:**
Milieukwaliteitskeurmerk voor duurzaam toerisme.

Gescheiden inzameling:
Het inzamelen van door de producent gescheiden en geclassificeerd afval.

***Greenwashing*:**
Marketing-acties die door bepaalde organisaties gebruikt worden om de minder «groene» aspecten van hun activiteiten te verdoezelen.

Hernieuwbare energie:
Energie verkregen uit onuitputtelijke natuurlijke bronnen, dankzij de enorme hoeveelheid energie die zij bevatten, ofwel doordat ze op natuurlijke wijze kunnen worden geregenereerd.

Hergebruik:
Een product of materiaal meerdere keren opnieuw gebruiken, zonder deze te behandelen. Dit komt overeen met het rechtstreeks recyclen daarvan.

«Intelligente kleding»:
Kleding waarin weefseltechnologie gecombineerd wordt met micro-elektronica.

Installatie voor energieterugwinning:
Installatie waarin een gecontroleerde verbranding plaatsvindt, om afvalstoffen om te zetten in slakken, as en gassen, waarbij zo min mogelijk vervuilende stoffen ontstaan.

Koolstofvoetafdruk:
De mate van impact op het milieu veroorzaakt door menselijk toedoen.

Klimaatverandering:
Verandering van de factoren die bepalend zijn voor het klimaat op de aarde.

Maatschappelijk Verantwoord Ondernemen (MVO):
Actieve en vrijwillige bijdrage aan de maatschappelijke, economische en milieuverbetering door het bedrijfsleven.

Milieuactivisme:
Heterogene maatschappelijke beweging ten behoeve van milieubescherming.

Milieueducatie:
Educatie gericht op het onderwijzen van de manier waarop natuurlijke milieus werken en, in het bijzonder, hoe de mens zorg kan dragen voor de ecosystemen door middel van een duurzame levenswijze.

Niet-hernieuwbare energie:
Energiebronnen die zich in beperkte hoeveelheden in de natuur bevinden en die, als ze eenmaal volledig zijn verbruikt, niet kunnen worden vervangen.

Natuurreservaat:
Gebied waarin er oorspronkelijke omstandigheden voor wat betreft flora en fauna bestaan.

Opwarming van de aarde:
Verandering van de temperatuur van de planeet als gevolg van de intensieve menselijke activiteit over de laatste 100 jaar.

Ontbossing:
Vernietiging op grote schaal van de bossen door toedoen van de mens. Draagt bij aan de opwarming van de aarde.

«Permacultuur»:
Ontwerp van duurzame menselijke leefomgevingen door het navolgen van natuurlijke patronen.

Recycling:
Het omzetten van reeds gebruikte materialen in grondstoffen voor de vervaardiging van nieuwe producten.

Regeneratief vermogen:
Het vermogen om opnieuw een bepaalde biologische staat te bereiken nadat deze is ontwricht.

Slow food:
Internationale beweging, ontstaan in Italië, waarin de cultuur van lokaal voedsel wordt gepromoot en waarbij genot wordt gecombineerd met kennis.

Vervuiling:
Schadelijke verandering in de chemische, natuurkundige en biologische kenmerken van een milieu of omgeving.

Visuele vervuiling:
Vervuiling wat betreft de aanblik van het stedelijke landschap.

VOS (vluchtige organische stoffen):
Dit zijn alle koolwaterstoffen in gasvorm die bijdragen aan de vorming van fotochemische *smog* en het broeikaseffect. Het zijn bovendien voorlopers van troposferische ozon.

Waterbesparing:
Geheel van maatregelen gericht op het beheer en het behoud van de watervoorraden.